데이터 활용 광고 & 신新유형

심성욱 지음

서울경제경영

머릿말

최근에 매체 환경이 변화함에 따라 다양한 미디어가 등장하고 있다. 그리고 소비자들의 매체 소비가 달라짐에 따라 다양한 포맷의 디지털 광고들이 나타나고 있다. 특히 소비자들을 이와 같이 달라진 환경 속에서 이해해야만 이들에게 도달할 수 있게 되었다. 지금은 인공지능(Artificial Intelligence: AI)을 활용하여 소비자 맞춤형 광고들이 제작되고 있으며 이에 따라 소비자들의 반응이 예전의 일방향적인 광고와 달리 능동적이며 상호작용적인 방향으로 전환하고 있다.

이러한 가운데 다양한 신유형 광고가 등장하면서 새로운 광고 패러다임을 열고 있다. 신유형 광고는 소비자의 '선택과 반응'이 내재 되어 있기 때문에 전통적인 광고와는 많은 차이가 난다. 무엇보다 두드러지는 광고의 특징은 기존 매체 광고에서는 불가능했던 상호작용성에 있다. 예를 들어, 기존의 TV 광고는 광고주가 보낸 광고 메시지를 시청자는 일방적으로 보았다고 하지만 디지털 TV 광고에서는 시청자에게 조정권과 선택권이 주어지게 되어 시청자가 원하는 광고를 선택할 수 있게 되었다. 최근 아마존 광고를 보면 프로그램을 보면서 정지한 상황에서 상품을 검색하며 장바구니에 넣을 수 있게 만들었다. 이는 TV 광고가 진행되는 동안에 소비자가 광고 내용과 상호작용하면서 원하는 광고 내용을 탐색하거나 원하는 바를 얻기 위해 적극적으로 반응하는 것이다.

OOH광고에서는 단순한 노출이 아닌 OOH광고에서 노출되는 콘텐츠에 소비자가 반응을 하게 한다. 소비자가 지닌 스마트폰으로 자동차 경주를 한다든지, 아니면 자신의 콘텐츠를 업로드하여 대형 디지털 사이니지에 노출하기도 한다. 그 외에도 자신의 행동이 대형 OOH광고에서 나타나는 실감형 매체로도 진화하고 있다.

이처럼 신유형 광고는 단순히 보여지는 광고로 끝나는 것이 아니라 소비자가 참여하는 광고로 발전하게 된다. 아울러 신유형 광고에서는 시청자 세분화가 용이하고 특정 고객 집단을 대상으로 타켓팅하는 것이 가능하게 된다. 실제가 아닌 가상의 공간, 인물, 제품이 소비자가 보고 경험하는 매체에 노출된다.

이러한 상황 가운데, 다양한 매체의 신유형 광고는 새롭게 계속 만들어지고 있다. 이 책을 쓰는 순간에도 만들어지고 있기 때문에 신유형 광고를 소개하는 것이 쉽지는 않을 것이다. 특히 AI가 더욱 발전할 것이기 때문에 어떠한 방향으로 신유형 광고가 진행될지도 판단하기 어렵다. 이 책에서는 1부 '광고 환경의 변화와 신유형 광고의 대두'를 다루었다. Chapter 1에서는 서론, Chapter 2에서는 신유형 광고와 관련된 광고 시장의 이슈를 얘기하고 Chapter 3. 신유형 광고의 이해를 신유형 광고의 개념과 범위를 다루었다. 그리고 다양한 매체의 신유형 광고를 포함했다. 그래서 본격적으로 Chapter 4에서는 확장현실 활용과 메타버스 플랫폼 내 광고, Chapter 5에서는 가상 인플루언서와 VPP광고, Chapter 6에서는 진화형 TV 광고와 인공지능 광고, Chapter 7에서는 디지털 사이니지, Chapter 8에서는 리테일 미디어와 OTT플랫폼 내 광고, Chapter 9에서는 온라인/소셜미디어 광고를 다루었다.

2부 '데이터, 광고를 혁신하다'에서는 다양한 광고속에 다루어지는 데이터를 다루었다. 데이터를 통해 광고를 집행하는 것을 보여주었다. 구체적으로 Chapter 10에서는 프로그래매틱 광고, Chapter 11에서는 온라인 광고, Chapter 12. 온라인 광고와 소셜미디어 광고 효과 지표들, Chapter 13에서는 소셜미디어 광고와 함께 SNS 계정을 활용한 캠페인 사례 (한독의약박물관 캠페인)을 소개하면서 소셜미디어 데이터를 보며 결과 지표를 보는 방법을 다루었다. 그리고 Chapter 14에서는 최근에 유동인구와 광고 데이터를 OOH광고 사례를 다루었으면 Chapter 15에서는 AI를 통해 소셜미디어 캠페인 결과를 분석해주는 결과를 소개했다. 마지막 3부에서는 '미래의 광고 시장의 전망과 우리의 과제' 다루었다. Chapter 16에서는 신유형 광고의 업계 동향 및 전망을 소개했다.

이와 같이 이 책에서는 신유형광고를 소개함과 동시에 신유형광고와 관련된 데이터를 활용을 소개하고 있다. 그래서 누구나 데이터를 통해 광고 기획, 전략 수립, 활용에 도움이 될 수 있도록 하였다.

이 책이 나오기까지 여러 사람들의 도움이 있었다. 이 책이 시작하게 된 동기를 준 케이스탯의 노혜정 팀장, 여러 관련 데이터를 제공하여준 디지털광고회사 위브랩 CPO 김동욱, 포도미디어 김대원 대표, 모토브 고문석 부문장, 한독제약 윤동민 팀장, 한국제약바이오협회 김명중팀장 그리고 다양한 관련 자료를 정리해 준 전민희 박사, 마혜현 박사, 책을 리뷰해준 조선대 최윤우교수님, 선문대 김운한교수님, 마지막 오탈자를 확인해 준 박현정 대학원생, 소셜미디어 캠페인을 정리해준 김지은학생에게도 감사를 표하고 싶다. 그리고 책 출판에 힘써주신 서울경제경영 이민동 대표와 편집자 분들게 감사를 드린다.

2025년 12월

심성욱

목차

1

PART

광고 환경의 변화와 신유형 광고의 대두

1

CHAPTER

서론

최근에 매체 환경이 변화함에 따라 다양한 미디어가 등장하고 있다. 그리고 소비자들의 매체 소비가 달라짐에 따라 다양한 포맷의 디지털 광고들이 나타나고 있다. 특히 소비자들을 이와 같이 달라진 환경 속에서 이해해야만 이들에게 도달할 수 있게 되었다. 지금은 인공지능(Artificial Intelligence: AI)를 활용하여 소비자 맞춤형 광고들이 제작되고 있으며 이에 따라 소비자들의 반응이 예전의 일방향적인 광고와 달리 능동적이며 상호작용적인 방향으로 전환하고 있다.

이러한 가운데 다양한 신유형 광고가 등장하면서 새로운 광고 패러다임을 열고 있다. 신유형 광고는 소비자의 '선택과 반응'이 내재 되어 있기 때문에 전통적인 광고와는 많은 차이가 난다. 무엇보다 두드러지는 광고의 특징은 기존 TV 광고에서는 불가능했던 상호작용성에 있다. 예를 들어, 기존의 TV 광고는 광고주가 보낸 광고 메시지를 시청자는 일방적으로 보았다고 하지만 디지털 TV 광고에서는 시청자에게 조정권과 선택권이 주어지게 되어 시청자가 원하는 광고를 선택할 수 있게 되고, TV 광고가 진행되는 동안 광고 내용에 상호작용하면서 원하는 광고 내용을 탐색하거나 원하는 바를 얻기 위해 적극적으로 광고에 반응하게 된다. 이처럼 신유형 광고는 단순히 보여지는 광고로 끝나는 것이 아니라 시청자가 참여하는 광고로 발전하게 된다. 아울러 신유형 광고에서는 시청자 세분화가 용이하고 특정 고객 집단을 대상으로 하는 어드레서블 광고(Addressible Advertising)가 가능하다. 인터랙티브 TV 가입 가구 개개인이 어느 채널의 프로그램을 시청하고, 어느 광고에 노출되고, 또 어떠한 반응(상품문의, 주문 등)을 보이는 가에 대한 각종 행태는 셋톱박스에 의해 자동 저장되며, 이 기록은 전화선을 통해 방송국의 가입관리자 시스템으로 전송되어 데이터베이스화될 수 있다. 그리고 사전에 확보한 소비자의 데이터베이스를 기반으로 잠재적 고객층에게도 효율적으로 노출시킬 수 있다. 이와 같은 변화는 방송통신이 융합되면서 가능해지기 시작했다[1].

지금의 신유형 광고는 변상규(2015) 연구에서 제안되었던 채널변경광고, EPG (Electr-onic Program Guide) 광고, VOD (Video on Demand) 광고를 넘어, 하드웨어, 네트워크 인프라, 데이터, 인공지능(AI), 사물인터넷(Internet of Things: IoT), 증강현실(Augmented Reality: AR), 가상현실(Virtual Reality: VR), 공간 컴퓨팅(Spatial Co-mputing) 등 고도화된 기술을 활용한 광고들이 미디어·플랫폼·콘텐츠의 경계를 자유롭게 넘나든다. 데이터에 기반해 이용자들이 원하는 정보를 제공함은 물론이고, 나아가 이용자의 참여와 상호작용을 이끌기도 한다[2].

이와 같이 데이터를 기반으로 하여 신유형 광고는 메타버스 광고, 디지털 옥외광고 등 다양한 영역으로 확산되고 있다. 이에 새로운 플랫폼이 나타남에 따라 광고 상품들이 등장하고 있다. 예를 들어, OTT 서비스가 새로운 광고를 삽입하기 시작했으며 카카오모빌리티는 택시 조수석 등받이에 RSE(Rear Seat Entertainment) 광고를 실시하는 등 새로운 교통수단의 등장에 따른 신유형 광고가 등장하고 있다.

따라서 이 책에서는 전반부에서는 신유형 광고의 정의와 범위, 종류에 대해 알아보고 후반부에서는 이러한 신유형 광고들이 데이터를 통해 활용되는 사례를 알아봄으로써 향후 광고를 활성화하는 방안을 살펴보고자 한다.

CHAPTER 2

신유형 광고와 관련된 광고 시장의 이슈

2.1

미디어 이용 및 광고 트렌드

코로나19 팬데믹 이후 디지털 미디어 시장이 확대되었고, 개인의 모바일 사용 또한 증가했다. 이에 따라 온라인 내에서 쇼핑이 급증하고, 소비자의 소비 성향 변화와 다매체 시대에 따라 미디어 이용 및 광고 트렌드 또한 다양하게 나타나고 있다.

첫째, 디스플레이 광고의 변화를 살펴볼 수 있다. 디스플레이 광고는 웹 사이트, 동영상, 앱 및 소셜 미디어 배너, 오디오 및 텍스트를 포함하는 그래픽이나 이미지를 활용한 광고이다. 역동적이고 소비자 개인 맞춤형의 모바일 디스플레이 광고와 배너 광고, 동영상 광고는 더욱 다양화될 것으로 전망하고 있으며 이는 검색 엔진을 통해 소비자의 검색어와 관련된 추천 광고를 제시함으로써 개인 관심사를 파악하고 데이터를 사용해 최적화된 광고를 수행할 수 있다.

둘째, 개인 맞춤화 광고이다. 모바일을 통해 쇼핑을 경험한 소비자들은 검색어를 통해 제품 및 서비스를 추천받고, 재구매에 이르게 된다. 이때 소비자는 브랜드와 공유된 정보를 기반으로 개인화된 추천 광고를 시청하거나 추천 제품에 접근할 가능성이 높다[1]. 즉 개인의 검색, 클릭, 광고 및 제품에 대한 시청 시간 등의 데이터를 기반으로 제품 정보를 수집하고 이러한 콘텐츠를 데이터를 통해 개인화한다. 따라서 광고 시청자의 행동을 분석하여 선호할 만한 콘텐츠를 추천할 수 있다. 이에 따라 선호도와 관심사를 기반으로 개인 맞춤형 쇼핑 경험을 제공하는 행동 마케팅 전략을 수립한다.

셋째, 프로그래매틱 광고이다. 이는 인공지능(AI)을 활용해 소비자를 타겟팅한 후 광고를 자동화하여 노출하는 것인데, 플랫폼을 통해 광고주가 광고할 온라인 공간을 구매하면 실시간 입찰 또는 수요자 측 공급자를 통해 경쟁업체에 대해 입찰한 다음 낙찰자의 광고가 최종 사용자에게 표시된다. 낙찰된 광고의 광고주는 광고가 표시될 때마다 비용을 지불하는 방식이다. 통계에 따르면 프로그래밍 방식을 통한 디지털 디스플레이 광고는 2022년에는 16.3% 상승하여 1천 2백 3십억 불 정도, 2023년에는 15.2% 성장하여 1천 4백십억 불 정도 나타날 것으로 기대하고 있다[2]. 또한 페이스북(Facebook)은 미국에서 프로그래밍 방식의 모바일 디스플레이 광고의 약 60%를 차지하고 있다. 주로 넷플릭스(Netflix)와 같은 OTT(Over-the-Top) 서비스에서 증가하고 있음을 확인하였다. 프로그래매틱 광고는 사용자 데이터의 가용성을 기반으로 하며, 광고 시청자가 광고 차단 기능을 사용할 수 없고, 데이터 개인정보보호 규정을 위반하지 않고 클릭 행동 유도가 가능하기 때문에 지속적으로 증가할 것으로 예상하고 있다.

넷째, 비대면 사회의 도래에 따른 모바일 광고 증가이다. 소비자들은 모바일을 통해 쇼핑, 동영상 시청, 게임 등을 하며 보내는 시간이 증가했고, 이에 따라 모바일 광고 지출도 꾸준히 증가할 것이라고 전망하고 있다[3]. 모바일 커머스가 확대됨에 따라 소비자의 위치를 이용한 타겟 마케팅도 가능한 상황이며, 이동중인 소비자의 위치를 파악해 적절한 정보를 제공하는 위치 중심 광고를 제공할 수 있다. 특히 증강현실과 모바일 게임의 결합을 통해 가상 경험을 제공하고 그것을 바탕으로 소비자가 실제 제품을 구매할 수 있도록 유도하는 데에 큰 이점이 있다.

다섯째, 동영상 광고이다. 유튜브(Youtube) 앱 분석 리포트에 의하면[4], 국내 2020년 9월 한 달간 유튜브 애플리케이션의 사용자는 4,319만 명에 이르며 1인당 사용 시간도 29.5시간에 달해 각 12시간, 11.7시간, 10.2시간에 그친 카카오톡(Kakao Talk), 페이스북(Facebook), 네이버(Naver) 보다 크게 앞선다. 유튜브는 개인 소비자의 취향에 적합한 콘텐츠를 시청하고, 시청 중인 콘텐츠 시작 전이나 중간, 또는 후에 광고를 삽입하여 이용자가 광고를 시청한 뒤 광고 소재에 대한 후속 행위를 가능하게 한다[5]. 즉 소비자가 콘텐츠를 시청하면 이전의 소비자 검색어와 콘텐츠를 기반으로 추천 제품을 노출하는 형태의 광고가 가능하며, 이용자는 공유(share) 기능을 통해 다른 이용자에게 광고를 전달할 수 있다. 모바일 기기를 이용해 콘텐츠를 소비하는 Z세대는 이동 중 짧은 시간 콘텐츠를 시청하는 성향이 있으며, 이에 맞는 스낵컬쳐(Snack Culture) 콘텐츠와 숏폼(Short-form) 형식의 콘텐츠가 주목받고 있다[6].

여섯 번째, 소셜 미디어 광고이다. 코로나19 팬데믹으로 비대면 커뮤니케이션을 위한 소셜 미디어 사용이 증가했다. 국내 이용자들은 2022년 2월 기준, SNS 및 커뮤니티 앱 중 밴드(18,970,990명)를 가장 많이 이용하고 있으며 인스타그램(18,336,470명), 페이스북(11,697,509명), 카카오스토리(9,924,381명) 순으로 이용하고 있는 것으로 조사되었다[7]. 연령별 통계를 보면, 10대~30대는 인스타그램을 주로 이용하고 있으며, 40~60대는 밴드를 가장 많이 이용하는 것으로 나타났다. 소셜 미디어 이용이 증가하면서 소셜 커머스도 함께 증가했는데, 인스타그램이나 페이스북 내에서 게시물처럼 제품을 광고하는 형태나 해당 제품 홈페이지로 이동이 가능하고 직접 구매까지 이어지는 형태의 광고가 지속적으로 확대되고 있다. 이밖에도 메타버스와 같은 증강 현실을 이용한 광고 마케팅 전략도 증가하고 있다. 스냅챗(Snapchat)은 증강 현실을 사용해 소비자가 제품을 구매하기 전, 가상 체험할 수 있도록 제공하고 있다.

소비자는 모바일 기기를 이용하여 온라인 내에서 많은 시간을 보내고 있다. 다양한 소셜 미디어 플랫폼을 비롯해 다매체 시대에서 디지털 광고도 변화해야 한다. 온라인동영상서비스(OTT), 유튜브, 모바일 콘텐츠 등 미디어 시청 패러다임이 변화했고, 소비의 중심이 오프라인에서 온라인으로 전환되면서 온라인 시장은 가파르게 성장했다. 이러한 흐름이 지속되면서 기존 오프라인 중심의 기업들도 온라인 역량 강화에 속도를 내고 있다. 시장에서 도태되지 않으려면 디지털 전환은 선택이 아니라 필수가 된 것이다. 그러나 앞으로는 트래킹과 타겟팅 광고 집행이 어려워진다. 개인정보보호의 중요성이 부각되면서 서드 파티(Third-Party) 쿠키 사용을 제한하는 정책들이 발표되어 산업 분야에 적용되기 때문이다. 이에 현재 디지털 마케팅 시장에서 서드 파티의 대안으로 '퍼스트 파티(First-Party)'가 화두로 부상했다. 퍼스트 파티 쿠키는 웹사이트 운영자가 직접 수집하는 데이터로 즉, 자사 데이터를 말한다. 이는 자사의 온라인 채널 강화가 중요해졌다는 뜻이다[8]. 이 같은 정책의 변화는 산업 분야의 변화를 가져오고, 이에 대한 광고, 마케팅 전략의 개선이 요구되고 있다.

2.2

생성형AI 등장이 광고 시장에 미치는 변화

챗GPT는 인간의 고유 영역으로 여겨졌던 '창조'의 영역에 진입한 생성 AI이다. 챗GPT는 생성 AI의 대표적 모델인 GPT(Generative Pre-trained Transformer) 기술을 기반으로 하는데, 말 그대로 '자가 학습'하여 답변을 '생성'하고 대량의 데이터와 맥락을 처리할 수 있는 '트랜스포머(변환기)' 기술을 의미한다. 여기서 핵심적인 기술은 GPT 중 'T'에 해당하는 '트랜스포머(Transformer)'인데, 앞서던 것을 기억하고 오류를 수정하는 기술로 '사람'과 대화하는 것처럼 느끼게 한다[9].

챗GPT는 비즈니스 환경에 많은 영향을 줄 것으로 보인다. 챗GPT의 '창조성'을 기반으로 업무 효율화를 극대화하고, 다양한 콘텐츠를 신속히 생성해 내면서 산업생태계 내 생산, 유통, 소비 과정의 혁명이 일어날 수 있을 것이다. 그리고 챗GPT는 기존에 사람의 노력이 많이 필요했던 비즈니스 자료 생성, 법적 문서 검토, 고객 응대 등의 작업을 보다 빠르고 정확하게 처리해주어, 인간의 업무 생산성과 효율성 향상에 기여할 것으로 보인다. 운영비를 절감하는 효과가 있기 때문에 '화이트칼라(White -collar)' 노동자들의 일자리를 대체할 수도 있다는 우려가 나타나고 있다. 다음은 챗GPT와 같은 AI 기술을 활용하여 업무 효율을 높일 수 있는 비즈니스 분야 예시이다.

표 1. 생성형 AI 활용 분야

분야	생성형 AI 활용 내용 예시
마케팅, 영업	마케팅 및 영업 콘텐츠 (SNS, 기술서 등) 생성
	상품 및 서비스 사용 가이드북 생성
	고객 피드백 요약 및 분석
	최적화된 영업 방법 추출하여 서비스 향상
	실시간 고객 지원 서비스 제공
운영	생산 상품 관련 고객 문의 사항 해결
	프로세스 에러, 생산 이상, 상품 결함 등 파악
	프로세스 자동화를 통해 고객 서비스 향상
	문서 분석을 통해 구체적인 계약 조건 파악
IT, 엔지니어링	복잡한 코딩 문제 해결, 신규 코드 생성
	데이터 테이블 자동 생성
	머신러닝 모델의 훈련 정확도를 높이기 위해 합성 데이터 생성
법률	계약, 특허출원 등 법적 문서 검토
	대량의 규제 관련 문서들을 검토, 규제 변화 추적
	공공 및 민간 기관 관련 법적 문서 내 질의 사항 답변
인사	인력 채용 시 사용될 면접 질문 생성
	HR 업무 자동화 처리 (예: 직원 온보딩, 복지, 규정 등 설명)
인력 최적화	사내 커뮤니케이션 기능 최적화 (예: 이메일 발송 자동화, 번역 등)
	비즈니스 프레젠테이션 생성
	온라인 회의 내용, 발표 자료 등 업무 요약
	사내 지식 포털 관련 Q&A 자동화 처리
	고성능 스캐너, 머신러닝, 문서 인식 등으로 회계업무 자동화

출처: 삼일PwC경영연구원

챗GPT는 빅데이터에 대한 자가 학습 능력이 있어 새로운 창작물을 생성할 수 있기 때문에 수많은 산업 내 혁명을 일으킬 것으로 보고 있다. 특히 콘텐츠 산업(교육, 광고, 메타버스)과 IT산업(반도체, 데이터보안) 중심으로 큰 변화가 일어날 것으로 보인다. 이것을 정리하면 다음과 같다.

표 2. 생성형 AI등장으로 인해 예상되는 변화

산업분야	적용분야	예상되는 변화
콘텐츠 산업	교육	•'표질' 가능성으로 학습에 대한 부정적인 영향 끼침 •'근본적인 교육 방식'의 변화, AI 활용 범위 검토 등 대응책 필요
	광고, 미디어	•인간보다 더 '빨리', '강력한', '맞춤형' 콘텐츠 생성 가능 •'인간 창작' 예술 가치 하락, 비윤리적 콘텐츠 등 대응 필요
	가상세계	•메타버스 사용자 서비스 향상, 가상공간 개발 등 지원 가능 •가상세계 인구가 늘어남에 따라 메타버스 세상 더 빨리 도래할 것
IT 산업	반도체	•AI 및 데이터센터용 반도체에 대한 수요 증가할 전망 •관련 업체들의 선제적 AI 반도체 기술 개발이 경쟁력에 기여할 것
	사이버보안	•악성코드 생성, 프로그래밍 언어 변환 등으로 보안업계에 위협 •AI를 적극 활용하여 사이버 보안 기술의 고도화 필요

출처: 삼일PwC경영연구원

위 표에서 보듯이 광고, 미디어는 인간보다 더 빠르게 '맞춤형' 콘텐츠를 생성할 것으로 보인다. 이와 더불어 가상세계에서도 영향을 주어 메타버스 세상이 더 빨리올 것으로 예상하고 있다. 그 예로, 할리웃 배우이자 미국 모바일 통신사 민트 모바일(Mint Mobile)의 대표인 라이언 레이놀즈(Ryan Reynolds)는 챗GPT를 이용해 광고 대본을 작성하기도 하였다. 라이언 레이놀즈는 챗GPT에게 "라이언 레이놀즈의 말투로 민트 모바일 광고 대본을 작성하라", "농담과 욕설을 사용해 민트모바일의 홀리데이 프로모션이 여전히 진행중이라는 사실을 사람들에게 알려라"라는 명령을 내린 뒤, 챗GPT가 작성한 광고 대본을 읽어 내려갔는데, 챗GPT가 그가 원하는 조건들을 완벽하게 담아

내어 "챗GPT가 약간 무섭긴 하지만, 굉장히 설득력 있다"고 말한 사례가 있다.

그림 1. Mint Mobile 광고 스크립트 작성 사례

출처: 스톤브랜드커뮤니케이션즈 (2023)

이러한 챗GPT는 해외 검색광고 시장에 변화를 가져오고 있다. 챗GPT가 나오면서 구글 검색광고에 영향을 미치고 있다. 사용자가 직접 검색 결과를 뒤져야 하는 구글 검색의 단점이 드러나기도 했다. 챗GPT가 구글의 위협이 될 것이라는 보도가 있을 정도이다. 전문가들은 앞으로 더 많은 사용자가 정보검색을 위해 AI에 의존하기 시작하면서 구글의 1,490억 달러(약 183조 9,405억 원) 규모 비즈니스 부문 중 가장 큰 검색광고를 약화시킬 것으로 내다보고 있다. 현재 챗GPT로 인해 생성형 AI 개념에 대한 미디어 보도는 두 배로 늘어났으며, 일부 매장에서는 소비자에게 챗GPT와 구글의 성능을 테스트하도록 하며 비교하고 있는 것으로 나타났다[10].

2.3

신유형 광고의 기반이 되는 도구들

1. AI를 기반으로 한 서비스 플랫폼

현재 AI를 기반으로 한 서비스 플랫폼이 나타나고 있다. 상품 이미지와 소개 텍스트만으로도 배너 사이즈별 광고 이미지와 짤막한 광고 동영상을 만들 수 있다. 또 AI를 기반으로 하고 있어 이미지와 텍스트는 상품 URL을 통해서도 추출할 수 있다고 한다.

광고 디자이너는 다음과 같은 상황을 가정할 수 있다. 광고를 게재할 쇼핑몰 사이트와 SNS별 각기 다른 배너 사이즈로 제작해야 하고 사이트별 이미지·영상 크기를 다르게 해야 하며, 크기 수정 시 레이아웃을 정리해야 하는 번거로운 작업이 있을 수 있다. 그리고 하나의 상품으로도 행사별, 시기별, 쇼핑몰별 다양한 내용의 콘텐츠를 제작해야 하며 할인율, 1+1행사, 사은품 증정 등 각기 다른 내용으로 광고 이미지·영상을 제작해야 하는 상황도 있다. 또 행사 시작 후 기업이 예측한 인기 상품과 소비자가 구매한 인기 상품이 다를 경우 즉시 주력 상품 광고 이미지·영상을 교체하고 빠른 시간 내에 광고를 제작해야 하는 시점에 이 서비스는 단기간에 다양한 내용을 제작할 수 있다고 한다. 다양한 템플릿을 제공할 뿐만 아니라 상품에 맞는 색상, 디자인을 추출하고 커스터마이징도 가능해 간편한 툴을 이용해 수정 및 변경할 수 있다고 한다[11].

그림 2. 브이캣(VCAT.AI)의 사용 영상 이미지

출처: 파이온코퍼레이션

신유형 광고가 등장하면서 소비자 행위에 따라 그만큼 빠르게 디자인이 변화해야 하는데, 이러한 서비스를 이용하여 광고 제작이 쉽고 빠르게 진행되고 있다.

2. 광고 분야의 AI

AI는 이미 광고 제작 분야에서 많은 변화를 주고 있다. 현대백화점을 비롯한 많은 기업이 AI로 카피를 작성하고 있고, 중국의 블루포커스는 카피라이터와 디자이너를 AI로 대체한다고 발표했다. AI는 크리에이티브 영역에 깊숙이 들어오고 있다. 그러나 AI가 이메일과 소셜 캠페인을 등을 제작할 수 있지만, 잘못된 정보 및 브랜드 안전과 관련된 여러 가지 위험이 있으며, 근본적인 콘셉트 추출 등에 있어서는 아직 부족한 점이 많다는 얘기도 나오고 있다[12]. 이와 관련된 예측은 다음과 같다.

먼저, 생성형 AI는 고객 이메일, 랜딩 페이지, 검색 및 소셜 광고, 전자책 제작에 탁월하고 곧 동영상 광고 제작도 가능하지만 다른 사람들이 유명브랜드를 모방한 모방 광고를 만들 수 있는 안전성에 대한 문제가 있다고 한다. 두 번째, 대량 개인화가 가능하다. 컨텍스트와 소비자 정체성에 따라 광고를 조정할 수 있다는 의미이다. 이러한 광고는 사람의 검토 없이도 게재된다. 그렇지만 이를 위해 소비자의 정보를 수집하는 것은 앱 추적 투명성, 쿠키 사용 중단 및 규제 문제로 해결되지 못한 과제이기도 하다. 셋째, 브랜드간의 협업이 활발해질 것으로 보고 있다. 예를 들어, 인공지능은 두 브랜드를 정말 흥미로운 방식으로 결합하여 코카콜라 크록스와 같은 제품을 만들어낼 수 있다고 한다. 한편으로 브랜드가 강력한 아이덴티티를 구축해야 한다는 숙제를 주고 있다. Nova AI의 창립자이자 CEO인 롭 메이(Rob May)는 "이러한 AI 도구가 모든 실행과 운영 작업을 더 쉽고 간편하게 만들어주는 이 세상에서 브랜드는 더욱 중요해졌다."라고 말했다[13].

3. 광고와 데이터

❶ 데이터

최근 데이터들은 기업의 무기가 될 정도로 데이터의 중요성이 높아지고 있다. 데이터를 기반으로 한 소비자의 맞춤형 광고가 진행되고 있다. 소비자에 관한 다양한 데이터들이 쌓이고 있다. 모바일을 통한 웹사이트 방문, 앱 방문, 소셜 미디어를 통한 제품구매, 포털을 이용한 소비형태 등을 통한 데이터를 활용하여 적합한 소비자에게 적합한 시간에 광고를 내보낼 수 있게 되었다. 예를 들어, 퍼포먼스 마케팅은 온라인 마케팅의 하나로, 데이터를 바탕으로 성과를 측정해서 개선하고 창출하는 것에 중점을 둔 마케팅 방법이다. 이를 통해 소비자에게 다운로드나 구매 등 전환율을 높일 수 있다.

데이터 기반 마케팅은 기존의 불특정 다수에게 노출시키는 광고에 비해 효율성이 높아졌다. 데이터를 활용하여 가설을 세우고, 그 가설을 검증하여 마케팅 효과를 높이려 한다. 정확한 타겟을 선별하고, 그 타겟에게 메시지를 전달하여 노출이 아닌 구매 유도를 위해 지속적인 메시지 관리를 하게 한다. 이로 인해 불필요한 마케팅 예산을 줄일 수 있다[14].

이러한 데이터를 기반으로 온라인 검색을 통한 예를 들어 보면 다음과 같다. 마케터의 집행과 검색 사이트의 최적화가 합쳐져 검색광고는 물론 검색 결과도 개인화된 검색 결과를 제공하게 된다. 예를 들어 '원피스'라는 정보를 검색하는 경우, 10대 남성에게는 일본 만화인 원피스에 대한 검색 결과가 상단에 노출된다. 반면, 20대 여성에게는 여성 원피스 상품의 검색광고나 쇼핑 광고가 상단에 노출된다. 이 경우 마케터는 20대 여성을 타겟으로만 광고와 메시지를 노출할 수 있다. 실제 개인화된 데이터를 활용할 경우 20대 여성 안에서도 더 세분화되고 개인화된 타겟에게 차별화된 메시지를 전달할 수도 있다. 마케터는 전달하는 마케팅 채널뿐 아니라 크리에이티브나 메시지까지 세분화하고 개인화해 제공할 수 있다. 물론 메시지뿐 아니다. 최대한 고객이 원하는 대로 상품과 서비스를 제공하고, 효율적으로 최선의 결과를 가져오게 된다[15].

이와 같이 신유형 광고는 데이터를 기반으로 하여 적합한 타킷에게 적합한 메시지를 담은 광고가 도달하게 된다.

3
CHAPTER

신유형 광고의 이해

3.1

광고 환경의 진화

사회 전반에 걸친 디지털 전환이 가속화됨에 따라 광고산업 역시 새로운 국면을 맞이했다. 과거와 비교하여 광고의 제작 및 소비에 영향을 미치는 다양한 내·외적 요인들이 끊임없이 변화하면서 광고산업을 바라보는 새로운 관점이 필요하게 되었다. 광고는 변화하는 시대와 트렌드를 가장 발 빠르게 따라가거나 주도하는 산업으로, 광고산업에 직·간접적으로 영향을 미치는 요인들은 개인이 광고와 상호작용하는 방식을 변화시키기도 한다[1]. 이에 학계에서는 현재 새로운 환경에 적합한 광고의 개념을 재정의하거나 광고의 진화 양상에 대한 논의를 하고 있다[2,3,4]. 광고의 본질과 목적에 대한 새로운 이해가 필요하다는 전제 아래에서 기존의 매커니즘과 전략을 현재의 광고산업 환경에 응용하기 위한 시도들이 지속적으로 이루어지고 있다.

먼저, 전통적인 광고의 개념을 현재의 환경에 적절하게 재정의하려는 시도는 다음과 같다. 해외에서는 Kerr & Richards(2021)가 전통적인 광고의 핵심 구성요소를 기반으로 광고를 “식별 가능한 브랜드에 의해 활성화된 페이드(paid), 온드(owned), 언드(earned) 미디어를 매개로 한 커뮤니케이션으로, 소비자의 현재 또는 미래의 인지적, 정서적, 행동적 변화를 유도하기 위한 설득적 의도(paid, owned, and earned mediated communication activated by an identifiable brand and intent on persuading the consumer to make some cognitive, affective, or behavior change, now or in the future)”라고 정의를 내렸다. Taylor & Carlson(2021)은 기존에 광고

를 개념화할 때 사용해 왔던 일부 요인들을 현재 광고의 개념에 일괄적으로 적용하기 어렵다는 점을 들어 광고를 "사람들에게 영향을 미칠 목적으로 이루어지는 브랜드 주도의 커뮤니케이션 (brand-initiated communication intent on impacting people)"으로 폭넓게 정의를 내리기도 하였다. 또한 국내에서는 김병희(2013)의 연구에서 광고를 "광고 주체가 수용자를 설득하는데 영향을 미치기 위해 매체를 활용해 아이디어와 제품 및 서비스 내용을 전달하는 단계별 커뮤니케이션 활동"으로 정의하기도 하였다. 김병희·손영곤(2023)의 연구에서는 기존 문헌에서 제시한 광고의 정의와 관련된 요인들에 대해 광고업계 전문가들의 심층 면접 및 설문조사를 통해 새로운 정의를 도출했다. 이들은 광고를 "광고 주체가 미디어(플랫폼)을 통해 제품 정보나 브랜드 콘텐츠 메시지를 소비자에게 전달하거나 상호작용함으로써 소비자 행동에 영향을 미치기 위한 전략적 마케팅 커뮤니케이션"이라고 정의하였다[5]. 이렇듯 광고를 재정의하려는 시도들은 광고를 구성하는 요소들을 식별하고, 추가하거나 삭제하는 등 보완하려는 노력으로 요약해 볼 수 있다. 예를 들면, 최근 들어 새롭게 정의되고 있는 광고의 정의에는 커뮤니케이션이 마치 일방향적이라는 것을 전제하는 듯한 이미지를 주는 "수신자"라는 단어를 살펴보기 힘들고, "유료", "광고주체", "비대인적" 등의 일부 단어 역시 연구자에 따라 다양한 해석을 통해 배제하는 경향이 있었다. 이러한 맥락에서 김병희·손영곤(2023)은 광고의 정의를 구성하는 다섯 가지 요인에 대해 각각의 새로운 의미를 부여하기도 하였다.

표 3. '광고' 정의에 대한 구성요소의 변화

전통적 정의		새로운 정의
광고주	⇒	광고 주체
비용의 유료성	⇒	미디어(플랫폼)
내용의 제시성	⇒	브랜드 콘텐츠 제시
비대인적 전달	⇒	전달 또는 상호작용
메시지의 설득성	⇒	전략적 마케팅 커뮤니케이션

출처: 김병희 · 손영곤(2023)

다음으로, 광고의 진화 양상에 대한 논의는 광고산업에 영향을 미치는 요인들을 식별하고 그것들을 명확하게 이해하기 위한 범주화 작업을 수반하고 있다. 이에 따라 광고산업에 영향을 미치는 주요 요인들을 다음과 같이 네 가지 범주로 구분할 수 있다[6]. 첫째, 광고산업을 둘러싼 경쟁적 및 경제적환경은 미디어 혼잡의 확산, 광고의 투자수익률을 증명해야 하는 압박, 세계적 경제 성장 및 럭셔리 브랜드 마케팅과 같은 요소로 구성된다. 둘째, 기술적 환경은 광고산업의 또 다른 주요 영향 요인으로, 인터넷 및 디지털 미디어의 부상, 빅데이터 및 데이터 관리 플랫폼/맞춤형 커뮤니케이션, 소셜 미디어, 온라인 구전, 인플루언서 마케팅, 인공지능과 같은 새로운 기술적 측면이 이에 해당한다. 셋째, 법적 및 규제적 환경은 개인정보 보호 규정, 표시 광고 규정 등과 같은 법적 측면이 이에 해당한다. 넷째, 소비자 및 사회적 환경은 개인정보에 대한 태도, 기업의 사회적 책임의 중요성, 환경에 대한 우려 증가, 다양성에 대한 태도와 같은 요소가 이에 해당한다. 이러한 논의들은 광고산업을 바라보는 하나의 프레임워크로 작용하기도 하는데, 예를 들면, Kumar & Gupta(2016)는 광고의 미래를 논의하기 위해 통합적 프레임워크를 제시하였다(<그림 1> 참조). 이들은 향후 광고를 기획하고 제작하는 전략에 영향을 미치는 거시적인 요인으로 1) 소비자가 광고 커뮤니케이션에서 추구하는 요인, 2) 광고회사에서 광고 제작 및 기획의 주안점, 3) 기술적 환경, 4) 정보의 확산 매커니즘

그림 3. 미래의 광고에 대한 통합적 프레임워크

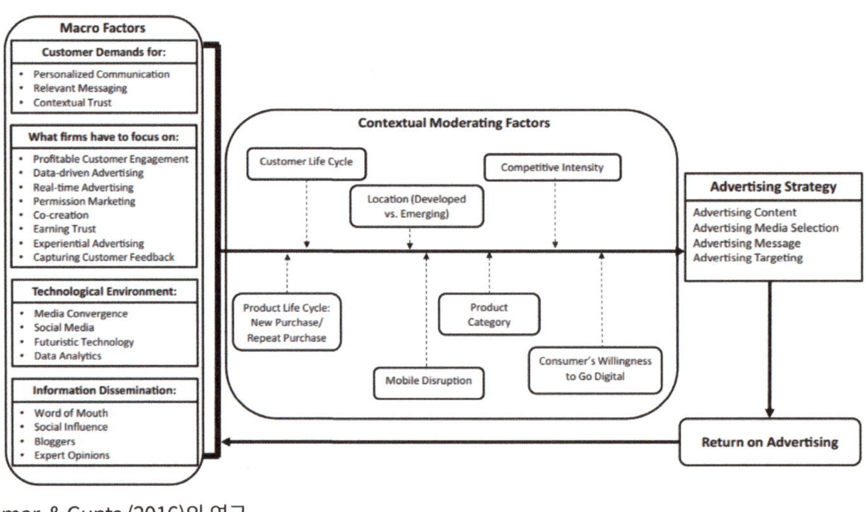

출처: Kumar, & Gupta (2016)의 연구

을 제안하였다. 또한 이러한 거시적인 주요 요인들이 광고 전략에 미치는 영향에 제품 및 소비자의 라이프 사이클, 커뮤니케이션 위치, 모바일 이용 패턴, 제품 유형, 경쟁 강도, 소비자의 디지털화 의지 등의 맥락적 요인들이 영향을 줄 수 있다고 제안하였다. 이상의 연구들을 고려하면 현재 전통적인 광고의 개념에서 확장된 새로운 광고의 개념을 이해하고, 더불어 광고산업이 직면하고 있는 복합적인 환경과 여러 영향 요인들을 다각적으로 이해하려는 노력이 필요한 시점이라는 것을 알 수 있다.

3.2

신유형 광고의 정의 및 범위

1. 기존의 '신유형 광고' 개념 및 범위에 대한 논의

신유형 광고는 일반적으로 '새롭게 등장하는 광고'를 통칭하는 개념으로 사용되지만, 이에 대한 뚜렷한 정의나 분류는 제한적으로 이루어져 왔다[7 8]. '신유형 광고'라는 개념에는 여러 해석이 존재하며, 스마트 미디어 광고, 스마트 광고, 뉴미디어 광고, 디지털(미디어) 광고, 양방향 광고 등과 같은 용어로 사용되기도 했다. 이러한 신유형 광고는 간접광고와 가상광고 도입 논의에서 처음 사용되었으며, 이후 채널변경광고, EPG 광고, VOD 광고 등의 시청권 침해 논의를 통해 본격화되는 등 주로 규제관점에서 법으로 규정되지 않는 광고를 지칭하는 데 쓰여왔다고 보고되었다[9 10]. 현재 광고 시장에서는 신유형 광고로 간주 되는 다양한 형태의 광고가 시도되고 있는상황이며, 이러한 신유형 광고를 의미하는 용어에 대한 정의 또는 신유형 광고의 범위를 어떻게 설정할 것인지에 대한 논의도 지속적으로 이루어져 왔다. 그럼에도 이에 대한 포괄적인 합의는 아직 부족한 실정이다. 신유형 광고는 기존의 광고 형태와 다르게 기술의 발전과 소비자 행동의 변화에 따라 계속해서 변화하고 있기 때문에 이에 대한 개념적 정의와 범위의 설정은 중요한 과제임에 틀림없다. 다양한 관점과 산업적 변화를 고려하여 신유형 광고와 신유형 광고로 간주할 수 있는 유사한 개념에 대한 기존의 논의를 정리하면 다음과 같다.

먼저, 신일기(2011)의 연구에서는 뉴미디어를 통해 상호작용성(양방향성)과 개인 맞춤의 두 특성을 구현할 수 있는 모든 광고를 스마트 광고로 개념화하고, 광고 메시지의 개인 맞춤형 정도와 광고의 목표(선택중심 또는 노출중심)에 따라 네 가지 유형으로 구분하였으며, 가장 중요한 변인으로 침입성을 제안하였다. 미래창조과학부[1](2013)에서는 당시 새롭게 등장한 광고를 스마트 광고라 명명하고, 이를 스마트TV, 스마트폰, 태블릿PC, 인터넷, IPTV(VOD), 디지털 사이니지 등 스마트미디어를 통해 제공되는 양방향·맞춤형 특성을 가진 새로운 패러다임의 광고라고 정의하였다. 또한 맞춤형 광고, 디지털 사이니지 광고, 실감·체험형 광고, 입체 광고, VOD 광고, 위치 기반 광고, 리워드 광고를 스마트 광고의 세부 유형으로 분류하였다. 변상규(2015)의 연구에서는 신유형 광고에 대해 정의를 내리지는 않았지만 신유형 광고의 주요 속성으로 양방향성(vs. 일방향성)과 맞춤형(vs. Mass형)을 제시하였으며, 과거부터 최근까지 신유형 광고로 분류 되어온 광고 형태를 소개하였다. 여기에는 데이터방송 광고, 간접광고, 가상광고와 더불어 디지털 기술에 기반을 두는 뉴미디어 광고(양방향 광고, 맞춤형 광고, 인터넷 광고, 기타 잠재력을 가진 뉴미디어 광고)가 포함되었다. 박종구·강신규(2016)의 연구 역시 신유형 광고에 대해 정의를 내리지는 않았으며, 국내 신유형 광고의 유형으로 채널변경광고(즉, 재핑 광고), EPG광고, VOD광고를 제시하였다. 이종원 외(2017)의 연구에서는 미래창조과학부(2013)의 스마트 광고 정의를 기반으로 정의하였으며, 스마트 광고의 범위에는 기존의 분류체계에서 PPV(Pay per veiw) 광고와 옥외광고연동의 2개 광고 유형을 추가로 제안하였다. 황준호·심홍진·송민선(2017)의 연구에서는 신유형 광고를 기존 법체계 속에서 명시적으로 개념화되어 있지 않거나 특정한 종류로 열거되어 있지 않은 새로운 유형의 광고로 보고, 규제가 필요함에도 방송광고에 포함되지 않는 VOD 광고, 재핑광고, 트리거광고를 중심으로 고찰하였다. 미국 인터랙티브광고협회(Interactive Advertising Bureau, IAB)에서는 2017년 표준 광고 단위 포트폴리오(IAB New Ad Portfolio)를 발표하면서 뉴미디어 경험 섹션을 추가하

1 현 과학기술정보통신부

였다[11]. 해당 섹션에는 이모지 및 스티커 콘텐츠(Emoji and Sticker Content), 세로형 동영상 광고(Vertical Video Ads), 360° 이미지 및 비디오(360-Degree Images and Videos), 가상현실 광고(VR Ads), 증강현실 광고(AR Ads)가 새롭게 포함되었다. 그리고 강신규·이해수(2021)의 연구에서는 신유형 광고를 '미디어 기술과 결합해, 이용자 참여 혹은 이용자와의 상호작용을 기반으로, 데이터를 활용한 맞춤형 정보를 제공하는 새로운 광고'로 정의내렸다. 또한 이러한 정의를 바탕으로 신유형 광고의 범위를 크게 TV & 라디오, 메타버스, 미디어 커머스, 인플루언서, 디지털 사이니지의 6개 유형으로 범주화하여 제안하였다.

표 4.신유형 광고의 개념 및 범위에 대한 기존의 논의

연구자	유형	설명
신일기 (2011)	선택중심 & 고 개인 맞춤형 광고	이용자가 자발적으로 광고 배너나 광고 디렉토리를 선택하여 광고를 열람하는 유형이면서, 기존에 축적된 데이터베이스를 기반으로 타겟팅을 통해 적절한 광고를 노출하는 광고 형태
	노출중심 & 고 개인 맞춤형 광고	타겟팅을 통해 선별된 소비자나 서비스 신청자의 데이터베이스 구축 후 소비자의 제품 이용 및 라이프스타일을 통해 특정 제품 서비스 이용시점에 광고를 전송하는 광고 형태
	노출중심 & 저 개인 맞춤형 광고	소비자나 서비스 신청자를 대상으로 먼저 메시지를 전송하는 광고 형태
	선택중심 & 저 개인 맞춤형 광고	소비자에게 적합한 상품이나 광고 메시지를 전달하는 형태로 광고 이용자가 자발적으로 광고 배너나 광고 디렉토리를 선택하여 광고를 열람하는 형태를 가진 광고 형태
미래창조 과학부 (2013)	맞춤형 광고	이용자의 성향이나 취향에 맞는 광고를 선별하여 개인별로 광고를 노출시키거나 제공하는 광고
미래창조 과학부 (2013)	디지털 사이니지 광고	카메라 센서로 디지털 사이니지 주변 사람의 나이와 성별을 인식한 뒤 적합한 광고를 양방향·맞춤형으로 제공
	실감·체험형 광고	인터넷 환경하에서, 상점에 직접 나가지 않더라도 아바타 등을 통해 광고 제품을 직접 체험하면서 제품을 구매
	입체 광고	스마트기기의 카메라로 신문지면의 입체 광고 코드를 스캔하면 스마트기기 화면에 관련 제품이 실감 영상으로 나타나는 광고

연구자	유형	설명
미래창조 과학부 (2013)	VOD 광고	가정내 TV 셋톱박스의 카메라 센서가 시청자의 나이와 성별을 파악한 뒤 나이와 성별에 맞는 VOD 광고를 제공
	위치 기반 광고	스마트기기의 카메라 센서를 통해 이용자 위치와 주변 거리를 인식한 뒤 주위 상점의 할인쿠폰을 제공하는 광고
	리워드 광고	어플을 이용하여 광고를 본 뒤 게임 등 이벤트에 참여하면 포인트나 상품을 획득하는 양방향·맞춤형 광고
변상규 (2015)	데이터방송 광고	방송사업자의 채널을 이용하여 데이터를 위주로 이에 따르는 영상·음성·음향 등으로 구성된 방송프로그램을 송신하는 방송
	간접 광고	방송프로그램 안에서 상품을 소품으로 활용하여 노출시키는 형태의 광고
	가상 광고	방송프로그램에 컴퓨터 그래픽을 이용하여 만든 가상의 이미지를 삽입하는 형태의 광고
	양방향 광고	광고를 시청하는 이용자들이 광고 상품에 대한 추가적인 정보 탐색, 구매, 이벤트 참여를 즉각적으로 할 수 있는 광고 형태
	맞춤형 광고	광고 메시지를 타겟화된 특정 소비자에게만 전달하는 개인형 광고
	인터넷 광고	인터넷을 매체로하여 홍보를 목적으로 하는 정보제공, 이벤트, 프로모션 등 고객과의 일련의 커뮤니케이션 활동
변상규 (2015)	기타 뉴미디어 광고	• 모바일 광고: 기존의 인터넷 광고(예: 디스플레이 광고, 검색광고) 모델을 모바일 광고시장에 적용한 형태 • 스마트TV용 광고: VoD, 트리거, 배너형, 광고주 전용 홈페이지, 프로그램 연동형 광고
박종구 · 강신규 (2016)	채널변경 광고	디지털TV 이용자가 채널을 전환할 때 발생하는 1~2.5초의 전송지연 시간에 검은 화면 대신 노출되는 이미지 전면광고
	EPG 광고	편성 시간 등이 기재된 채널 목록이나 채널 정보를 제공해주는 전자프로그램가이드(EPG)와 함께 노출되는 광고
	VOD 광고	VOD서비스 이용에 수반되는 광고로 콘텐츠를 선택한 결과로 노출되는 광고
이종원 외[a] (2017)	PPV 광고	시청 관련 데이터를 실시간으로 분석하여 광고를 100% 시청했을 경우에만 광고비를 부과하는 광고
이종원 외[a] (2017)	옥외광고 연동	디지털 사이니지 등의 옥외광고와 연동하여 사용자의 스마트폰 움직임을 통해서 광고주가 제공하는 다양한 이벤트를 바로 수신할 수 있는 양방향 광고
IAB (2017)	이모지 및 스티커 콘텐츠	소셜 커뮤니케이션 및 메시징 환경에서 사용되는 브랜드 이모지 및 스티커

연구자	유형	설명
IAB (2017)	세로형 동영상 광고	전통적인 가로 방향이 아닌 세로 방향에서 재생되는 비디오 형식의 디스플레이 광고
	360° 이미지및 비디오	생생하고 몰입감있는 360° 이미지 및 동영상 기반의 광고
	가상현실 광고	3D 또는 가상현실 환경에서 표시되는 광고 (예: 3D 360° Video, Interactive Object, Virtual Room)
	증강현실 광고	주어진 환경(시간, 위치 등)에서 사용가능한 데이터를 기반으로 동적으로 생성될 수 있으며, 스캔 또는 인식된 오브젝트와 함께 이동할 수 있는 디스플레이 브랜드 콘텐츠
강신규 · 이해수 (2021)	TV & 라디오	• 어드레서블 TV 광고: 광고 상품 카테고리와 관심 시청자군 매칭으로 노출 최적화 • 디지털 라디오: ADID 기반으로 이용자별 광고 송출 및 노출 빈도 지정
	메타버스	• 브랜드 콜라보레이션: 실제 상품을 동일하게 재현한 아이템을 가상세계 아바타가 착용할 수 있도록 판매·제공 • 디스플레이 광고: 가상환경과 조화로운 형태의 광고 공간 (예: 가상 건축·구조물 등에 브랜드/상품 노출) • 마켓플레이스: 가상세계에서 판촉-체험-구매가 가능한 새로운 유통채널 • 브랜드 채널: 가상세계에 구축 • 가상 이벤트: 공연, 미팅, 채용 설명회, 입학식 등 다양한 이벤트 개최 • 증강현실 활용: 모바일 기기로 실물 스캔 시 브랜디드 콘텐츠 재생 • 이용자 트랙커 활용: 이용자 행동 데이터를 추출, 광고· 마케팅에 활용
	미디어 커머스	• D2C 모델: 자사몰로 고객 유입 및 구매유도 • 콘텐츠 마케팅 모델: 대형 유통사가 콘텐츠 역량을 강화, 기존 제조·유통자원과 시너지 창출 • 큐레이션 모델: 데이터 사업자 중심 모델로, 플랫폼 파워와 이용자 데이터 운영역량 활용 • 라이브 커머스: 온라인 플랫폼의 라이브방송을 통해 브랜드를 마케팅하고 상품을 판매
	인플루언서	• 가상 인플루언서: 3D 그래픽을 통해 생성된 가상의 디지털 인물로, 온라인 활동에 기반해 이용자에게 영향력 행사
강신규 · 이해수 (2021)	디지털 사이니지	• 옥외 디지털 사이니지: 형태, 송출방식, 표현방식 등에 따른 다양한 광고표현 • 디지털 키오스크: 지역·매장특성·설치목적별 유연한 설계 • 모빌리티 디지털 사이니지: 타겟지역 중심 이동형 디지털 사이니지(택시캡) 및 플로팅 휠커버 & 개인차량 광고 중계 • 로보 사이니지: 자율형 이동로봇과 디지털 사이니지의 결합

출처: 개별 연구에서 발췌하여 저자 재정리
a) 미래창조과학부(2013)의 스마트 광고 범위에 2개 유형을 추가

이상의 논의를 종합해보면, 신유형 광고의 개념은 커뮤니케이션 메시지(What to say)와 접근방법(How to say)에 혁신적인 기술을 적용하는 광고 형태로 논의되고 있음을 알 수 있다. [표 4]에서 확인할 수 있듯, 신유형 광고는 가상현실, 증강현실, 메타버스 등 새롭게 등장한 기술 기반 미디어를 통해 전달하거나 TV, 라디오, 옥외광고 등 기존의 광고 매체를 통하더라도 콘텐츠(메시지) 개발 및 도달의 측면에서 새롭게 개발된 기술 기반 접근방법을 통해 전달된다. 즉, 다시 말하면, 이러한 기존에 없던 광고 형태는 광고주들로 하여금 더욱 효과적으로 소비자(이용자)들과 상호작용하고 타겟팅된 콘텐츠를 제공하는 데 도움을 주며, 다양한 채널을 활용하여 새로운 광고 경험을 창출할 수 있게 하는 도구라고 할 수 있다.

2. 이 책에서의 '신유형 광고' 정의 및 범위

그렇다면 앞으로 신유형 광고를 어떻게 정의할 것인가에 대한 질문이 남는다. 현재 새로운 광고 형태가 끊임없이 등장하는 환경속에서 신유형 광고를 명확하게 정의하는 것은 어려운 일이기 때문에 기존의 논의들은 학계와 산업계에서 신유형 광고를 다양한 형태로 정의하는 등 현재 등장한 새로운 광고 형태를 연역적으로 분류해왔다. 먼저 앞서 언급했듯, 신유형 광고의 개념은 커뮤니케이션 메시지(What to say)와 접근방법(How to say)에 혁신적인 기술을 적용하는 광고 형태로 논의되고 있음을 알 수 있다. 이는 새로운 기술이 어떤 형태로든 접목되어 있는 광고라는 것에 대한 전제를 가질 수 있다. 이를 기반으로 본 연구에서는 먼저 기존 광고 형태와 구별되는 신유형 광고의 정의에 포함되어야 할 필요가 있는 세 가지 핵심 개념을 제시하고자 한다.

❶ 실재성 (가상환경 vs. 실제환경)

실재성이란 시간 및 공간의 제약이 존재하는지, 실제적인지에 대한 특성으로, 어떠한 특정 오브젝트가 실존하는지에 대한 개념이다. 신유형 광고에서의 실재성은 시간과 공간의 제약이 없는 혁신적이고 독특한 특성을 나타낸다. 이 광고 형태는 기존의 광고 형태와는 다르게 현실의 제약을 넘어선 가상의 공간에서 구현될 수 있다. 이는 실재하는 것이 아닌, 가상의 현실을 창조하거나 현실을 넘어선 차원에서 소통되는 것을 의미한다. 예를 들어, 가상현실(VR)이나 증강현실(AR)과 같은 첨단 기술을 통해 소비자들은 현실과는 다른 세계에서 제품 또는 서비스와 상호작용할 수 있다. 이러한 초월성은 광고의 효과를 극대화하고 더욱 기억에 남도록 만드는 데 기여한다.

❷ 개인화 (맞춤형 vs. 일반형)

신유형 광고의 또 다른 핵심 개념은 데이터 기반의 개인화이다. 광고주들은 첨단 기술과 데이터 분석을 활용하여 소비자의 행동 패턴, 취향, 지역, 인구통계적 특성 등을 파악하고 이에 기반하여 맞춤형 광고 콘텐츠를 제공한다. 이는 타겟팅된 오디언스에게 효과적으로 도달하고, 개별 소비자에게 맞추어져 있고 흥미로운 광고를 전달하는 데 도움이 된다. 데이터 기반의 개인화는 광고의 효율성을 높이고 소비자와의 상호작용을 강화하여 광고 메시지의 수용을 높이는 역할을 할 수 있다.

그림 4. 신유형 광고의 세 가지 기준

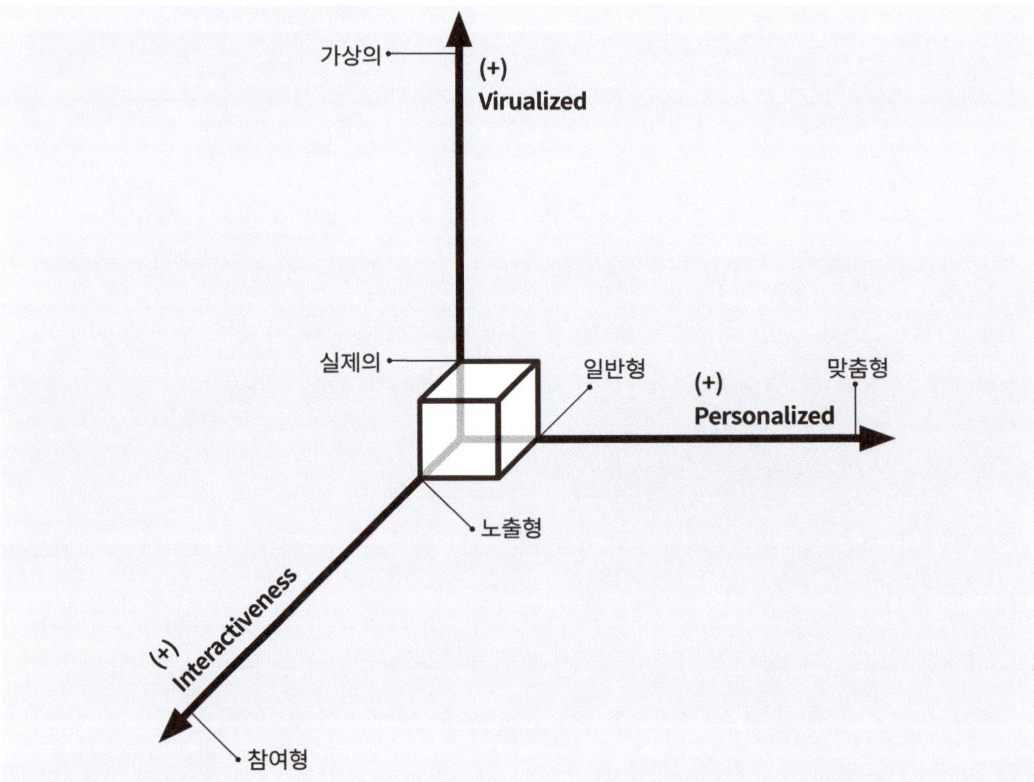

❸ 상호작용성 (참여형 vs. 노출형)

상호작용성은 신유형 광고에서 핵심적인 부분 중 하나로, 이는 광고를 시청하는 이용자가 광고 커뮤니케이션과 상호작용할 수 있는 능력을 의미한다. 이용자가 무조건적으로 광고를 수용하는 것이 아니라, 광고에 대해 의견을 나누거나 참여할 수 있는 기회 또는 직접 더 많은 정보를 알아보거나 구매할 수 있는 액션전환형 경로를 제공하는 것이 중요하다. 예를 들어, 소셜 미디어 플랫폼을 통한 신유형 광고는 이용자들이 광고 콘텐츠에 댓글을 남기거나 공유하며 직접 참여할 수 있게 한다. 이러한 상호작용성은 광고에 대한 사용자 참여를 촉진하며 브랜드와 소비자 간의 상호작용을 강화하는 데 기여할 수 있다.

따라서 신유형 광고는 "광고주에 의해 데이터 기반하여 보내지는 유료의 커뮤니케이션으로써 수용자의 개인화와 상호작용이 가능한 광고"로 정의할 수 있다.

표 5. 신유형 광고의 유형

구분			광고 유형
실재성	상호작용성	개인화	
가상의	참여형	맞춤형	VR, AR, MR 등 확장현실 활용 광고, 메타버스 전반 등
		일반형	메타버스 브랜드 가상공간, 메타버스 오프라인 연계 마케팅 등
	노출형	맞춤형	VPP 광고 등
		일반형	메타버스 가상 빌보드 광고, 메타버스 인게임 스폰서십 광고 등
실제의	참여형	맞춤형	CTV, ATV 등 진화형 광고, OTT 플랫폼 광고 등
		일반형	리테일 미디어 등
	노출형	맞춤형	(생성형) AI 광고 등
		일반형	디지털 사이니지 등

4
CHAPTER

확장현실 활용과 메타버스 플랫폼 내 광고

4.1

확장현실 활용 광고

가상환경 시장은 콘텐츠를 비롯해 서비스, 플랫폼, 디바이스, 소프트웨어, 전용 기술까지 포함되는 광범위한 산업이다. 가상환경은 크게 가상현실(VR), 증강현실(AR), 혼합현실(MR) 등의 유형으로 나뉘며, 이들을 확장현실(eXtended Reality: XR)이라고 포괄적으로 지칭할 수 있다. 이러한 확장현실 내에서 사용되는 전용 콘텐츠는 다른 말로 실감형 콘텐츠라고도 불리는데, 실감형 콘텐츠는 몰입감, 상호작용, 지능화라는 이른바 '3I(Immersive, Interactive, Intelligent)'를 통해 높은 현실감을 제공하고, 경험의 영역을 확장하는 것이 특징이다[1]. 과학기술정보통신부(2023)의 2022 VR·AR 산업실태조사 보고서에 의하면, VR·AR 산업의 전망을 2021년 1조 2,294억 원에서 2025년 2조 668억 원으로 증가할 것으로 추정하고 있다.

그림 5. VR·AR 산업 전망 (매출액)

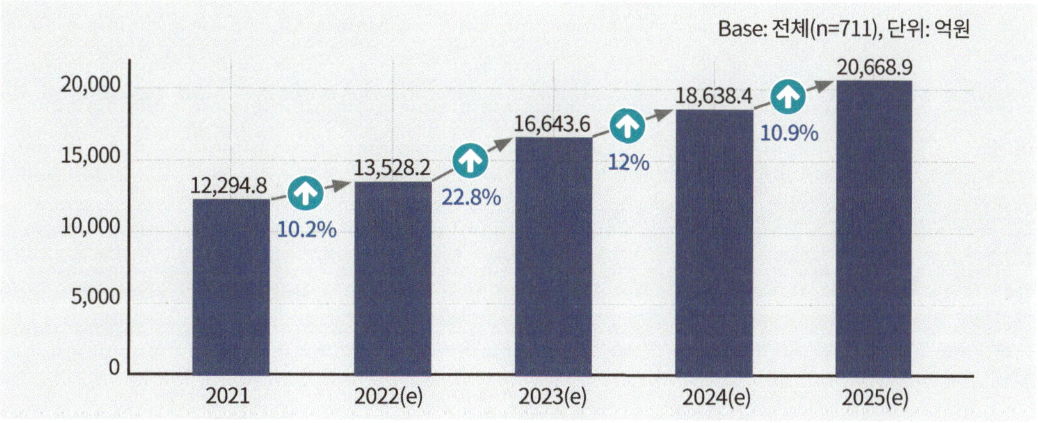

출처: 과학기술정보통신부 (2023)

확장현실(XR) 기술은 다양한 산업 분야로 확산되고 있으며, 광고 분야 역시 고객 경험의 측면에서 확장현실을 활용하는 커뮤니케이션 전략에 관심을 높아지고 있다. 특히 능동적으로 변화하는 미디어 환경에서 중요한 요소는 마치 현실과 같은 실재감과 몰입감을 전해줄 수 있는 사용자 경험이라고 할 수 있는데, 확장현실(XR)과 같은 실감형·몰입형 미디어는 이용자에게 실재감과 몰입 경험을 제공해 줄 수 있는 중요한 수단으로 주목받고 있다.

광고산업에서 이러한 확장현실(XR) 기술을 활용한 사례는 다음과 같다. 먼저, 가구 브랜드 이케아(IKEA)는 2018년 새로운 가정 및 소매 VR 애플리케이션의 형태로 가상의 쇼룸을 출시했다. 사람들은 이케아의 가상 쇼룸을 몰입형 VR 디바이스인 오큘러스 스토어를 통해 무료로 사용할 수 있었고, 자신이 원하는 인테리어를 디자인할 수 있는 경험을 할 수 있었다. 또한 마음에 드는 제품은 실시간 전자상거래 서비스를 통합하여 직접 구매할 수 있었다. 이케아는 이를 옴니채널의 일부일 뿐만 아니라 '판매 시점의(Points-of-sales) 중요한 디지털 전환'의 일환으로 짜여진 전략이라고 소개했다.

그림 6. 이케아(IKEA)의 VR 가상 쇼룸

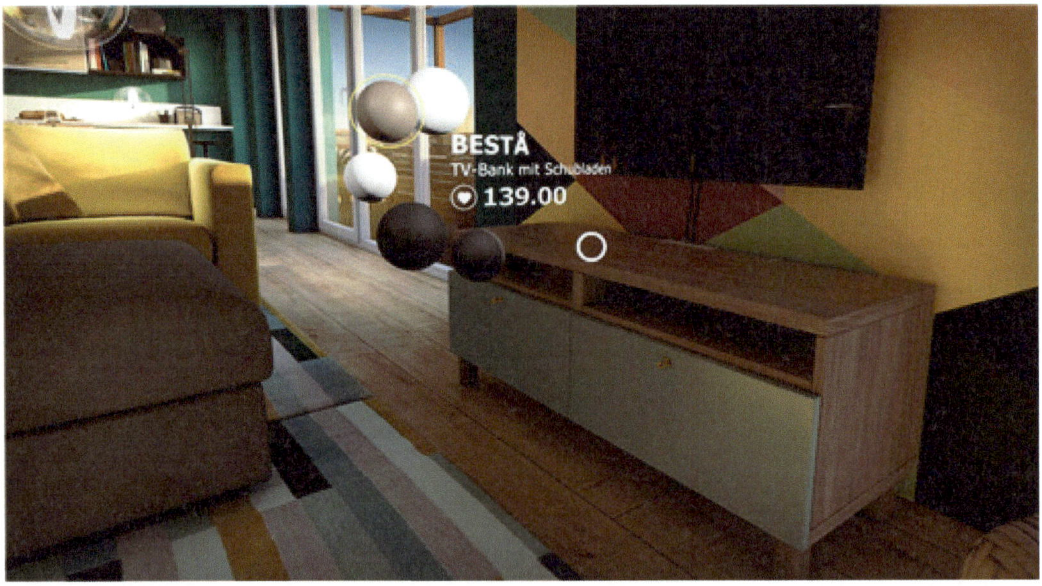

출처: IKEA (2018)

이케아는 AR 가구 배치 체험을 하도록 했다. 자사의 앱에 AR 기능을 도입하여 소비자가 자신의 집 공간에 가구를 직접 배치해 보는 경험을 제공하였다. 그리고 단순히 제품을 보여주는 것이 아니라, 소비자가 직접 가구의 크기, 색상, 배치를 시뮬레이션할 수 있도록 하여 높은 몰입감을 유도하였다. 이를 통해 소비자는 온라인 구매의 불안감을 줄이고, 현실감 있는 체험을 통해 구매 결정을 쉽게 내릴 수 있었다. 소비자 맞춤형으로 경험을 제공하고 높은 몰입도를 올릴 수 있었으며 구매 전환율이 상승되었다.

그림 7. 이케아(IKEA)의 AR 가구 배치 체험

다음으로, 2020년 버라이즌 미디어(Verizon Media)는 '버라이즌 미디어 이머시브(Verizon Media Immersive)'라는 광고주와 광고 제작자가 실감형 콘텐츠를 제작할 수 있는 WebXR 도구를 출시했다. 버라이즌 미디어 이머시브를 사용하면 이용자가 스마트폰 카메라를 통해 자기 모습을 가상의 3D 환경에 결합하여 가상공간 내에서 제품을 체험할 수 있다. 또한 웹 기반으로 구동이 가능한 WebXR은 사용자의 PC에서도 경험될 수 있는데, 예를 들면 포드(Ford)는 사용자의 데스크톱 브라우저에서 2021 머스

탱 마하-E(Mustang Mach-E) 시리즈의 상세 모델을 찾아보거나, 증강현실(AR) 기술을 통해 가상으로 투어할 수 있도록 버라이즌 미디어를 활용하였다.

그림 8. 버라이즌 미디어 기반의 광고사례

출처: Forbes (2020.6)

또한 기존의 광고 형태에 확장현실(XR) 기술을 더한 광고 캠페인도 다양하게 적용되고 있다. 예를 들면, 2020년 아마존(Amazon)은 기존의 온박스(On-Box) 광고 형태에 증강현실(AR) 기술을 더해 이용자들에게 즐거운 경험을 제공했다. 온박스 광고는 전형적인 옥외광고는 아니지만, 전통적인 옥외광고 미디어에 비해 더 가까운 방식으로 이용자와 연결된다는 특성이 있다. 이러한 기존 광고의 특성을 이용하여 아마존은 할로윈데이를 기념하는 증강현실(AR) 캠페인을 운영했다. 구체적인 캠페인 내용은 다음과 같다. 아마존을 이용하는 일부 소비자들에게 빈 호박 실루엣이 있는 아마존 택배 상자를 발송한 다음, 소비자들이 그 안에 자신의 개성을 담은 호박 얼굴을 커스터마이징하여 그리면 아마존 AR 플레이어 앱을 사용하여 볼 수 있는 형태의 캠페인이다. 이러한 캠페인을 통해 아마존은 새로운 아마존 AR 플레이어 앱을 다운로드할 수 있도록 유도하고, 소비자 개인의 증강현실(AR) 경험을 통해 브랜드(아마존)와 소비자 간 경험을 연결하였다.

그림 9. 아마존(Amazon) AR Player 광고 캠페인

출처: 아마존(Amazon) 공식 유튜브 (https://youtu.be/UTnjUxQNZsc?si=W4LwQSAIKy5Smhr5)

올리브영의 경우, 매장을 방문한 고객이 키오스크 앞에 서면 자동으로 셀카 모드가 실행되고, 브랜드 키 비주얼을 활용한 AR 필터가 적용되는 체험형 광고 콘텐츠를 운영되고 있다. 이는 가상의 참여형 맞춤형 광고로, 소비자가 직접 참여하여 사진과 영

그림 10. 올리브영 AR 체험형 광고 콘텐츠

상을 촬영하면서 브랜드와 상호작용하고 있다. 이러한 AR 체험은 매장에 머무르는 시간을 자연스럽게 늘려주고, 촬영된 이미지와 영상은 SNS를 통해 확산되어 브랜드 노출이 극대화된다. 결과적으로 방문객의 몰입감과 브랜드 경험이 강화되며, 이는 브랜드 인지도 상승으로 이어진다.[2]

나이키 역시 에어맥스 캠페인에서 AR을 활용하였다. 소비자가 스마트폰 카메라로 하늘을 비추면 구름 모양의 에어맥스가 나타나도록 했고, 나아가 발을 카메라에 비추면 가상으로 신발을 신어볼 수 있는 AR 커머스 서비스까지 제공했다. 이를 통해 고객은 집에서도 신발의 디자인과 착용감을 미리 경험할 수 있으며, 개인의 발 크기와 취향에 맞춘 맞춤형 추천을 받을 수 있다. 나이키의 AR 광고는 단순히 브랜드 경험을 넘어 실제 구매로 연결될 수 있는 특징을 갖고 있다.

그림 11. 나이키 에어맥스AR 캠페인

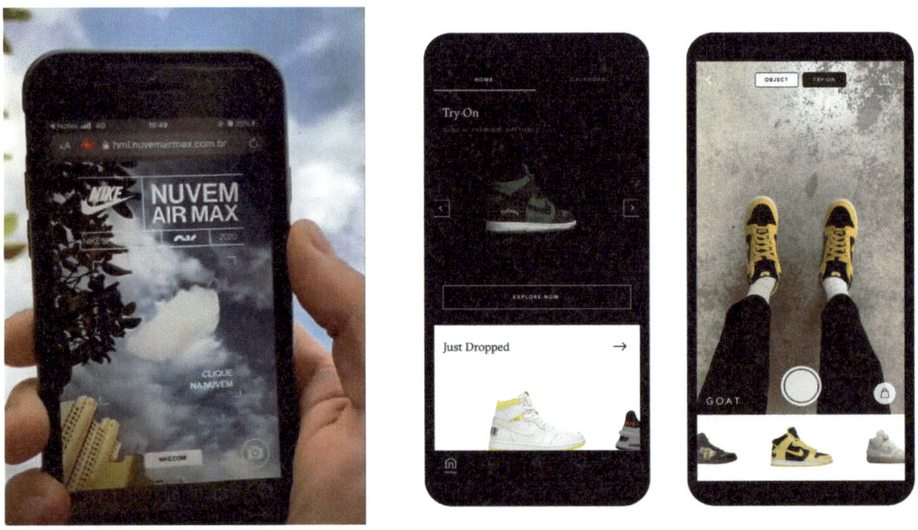

이처럼 올리브영과 나이키의 사례는 모두 AR 기반의 참여형 맞춤형 광고로, 소비자가 단순히 보는 것을 넘어 직접 체험하고 상호작용할 수 있도록 설계되었다. 올리브영은 오프라인 매장에서 체류 시간과 SNS 확산을 중심으로 효과를 높였고, 나이키는 온라인 환경에서 제품 체험과 구매 연결성을 강화했다. 결국 인터랙티브를 기반한 신유형 광고의 핵심은 소비자의 참여와 개인화 경험, 그리고 확산 효과를 동시에 만들어냈다.

2025년 6월 삼양식품의 Ride the Buldak High 캠페인은 불닭소스 리론칭을 알리기 위해 진행된 글로벌 프로젝트이다. 삼양은 총 9편의 영상을 제작해 유튜브, 인스타그램, 틱톡 등 주요 SNS에 공개하며 밈과 유머를 활용해 불닭의 매운맛을 효과적으로 표현했다. 여기에 AR 필터 게임과 코첼라를 비롯한 국내외 페스티벌 부스 체험을 더해, 불닭의 매운맛이 주는 강렬한 이미지를 다양한 방식으로 전달하며 글로벌 소비자에게 새로운 브랜드 경험을 제공했다.[3]

더불어, 삼양식품의 Ride the Buldak High 인터랙티브 AR 필터 게임은 소비자가 직접 참여할 수 있다. 스마트폰 카메라를 활용해 사용자의 얼굴을 인식함으로써 시작된다. 사용자는 다양한 음식 중, 불닭 소스가 더해진 음식을 찾아서, 입을 벌려 먹어야 점수가 채워진다. 불닭의 매운맛이 주는 짜릿한 경험을 체험형 게임으로 전달한 AR 활용 인터렉티브 광고 사례이다.

그림 12. 삼양식품 Ride the Buldak High 인터랙티브 AR 필터 게임

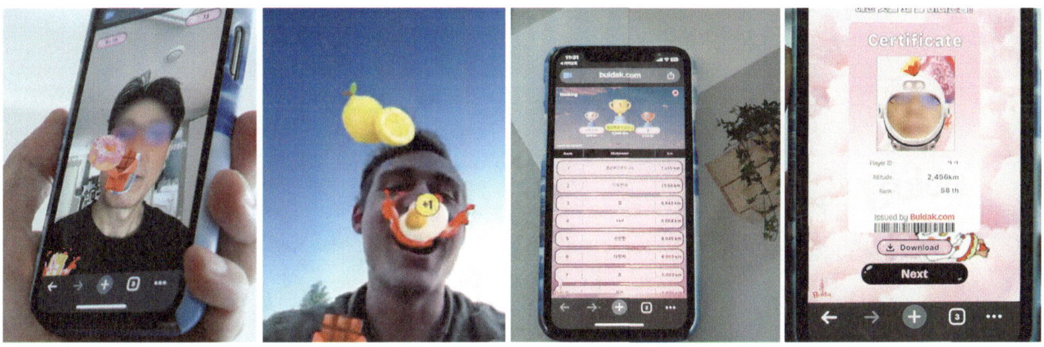

Ride the Buldak High AR 게임 광고는 책의 앞에 나왔던 신유형광고의 기준으로 설명하면 다음과 같다. 스마트폰 카메라를 통해 현실 화면 위에 가상의 불닭 이미지를 겹쳐 보여주는 증강현실 방식으로 진행되므로 '가상의' 광고에 해당한다. 또한 소비자가 단순히 광고를 시청하는 데 그치지 않고 직접 얼굴과 입 동작을 활용해 점수를 얻는 과정에 참여해야 하므로, 광고와 소비자 간 상호작용이 발생하는 '참여형' 광고로 볼 수 있다. 마지막으로, 이 광고는 개별 소비자의 데이터나 취향에 맞춰 내용이 달라지는 것이 아니라 모든 사용자에게 동일한 규칙과 경험을 제공하기 때문에 '일반형' 광고로 분류된다.

나이키의 Snapchat AR 가상 운동화 체험 필터 광고가 있다. 사용자는 스냅챗 카메라를 통해 가상의 나이키 운동화를 신어볼 수 있고 360도 회전 관찰, 영상 녹화, 공유가 가능하게 만들었다. 또한 링크를 통해 구매할 수도 있게 만들었다.[4]

그림 13. 나이키 에어맥스AR 캠페인

이 광고는 증강현실(AR) 기술로, 가상으로 운동화를 사용자가 신을 수 있게 하였으며 사용자는 단순히 영상이나 이미지를 수동적으로 시청하는 것이 아니라, 카메라를 통해 휴대폰과 발을 움직이며 다양한 각도에서 가상의 운동화를 확인할 수 있도록 했다. 그리고 영상 녹화나 스크린샷 공유를 통해 적극적으로 참여할 수 있게 했다. 매우 높은 수준의 상호작용성을 제공하고 있다. 가상 운동화가 사용자의 실제 발 위에 착용되며, 사용자의 현실 환경과 결합되어 "개인 맞춤형" 경험을 만들어 냈다.

4.2

메타버스 플랫폼 내 광고

메타버스(Metaverse)는 코로나19를 거치며 시장의 큰 기대를 받았다가 다소 주춤하는 기세를 보였으나, 지난 2023년 6월 애플 세계개발자대회(WWDC: Worldwide Developers Conference)에서 애플(Apple)이 새로 출시하는 혼합현실(MR) 헤드셋 '비전 프로(Vision Pro)'를 소개하면서 관련 분야에 대한 기대를 다시금 모으고 있다. 해당 제품은 2024년 2월 출시했으며[5], 비전프로 2가 2025년 하반기에 출시될 예정이다. 기존의 증강현실(AR) 및 가상현실(VR) 디바이스와 달리 사용자 외부환경을 투명하

그림 14. 애플(Apple) '비전 프로' 연출 이미지

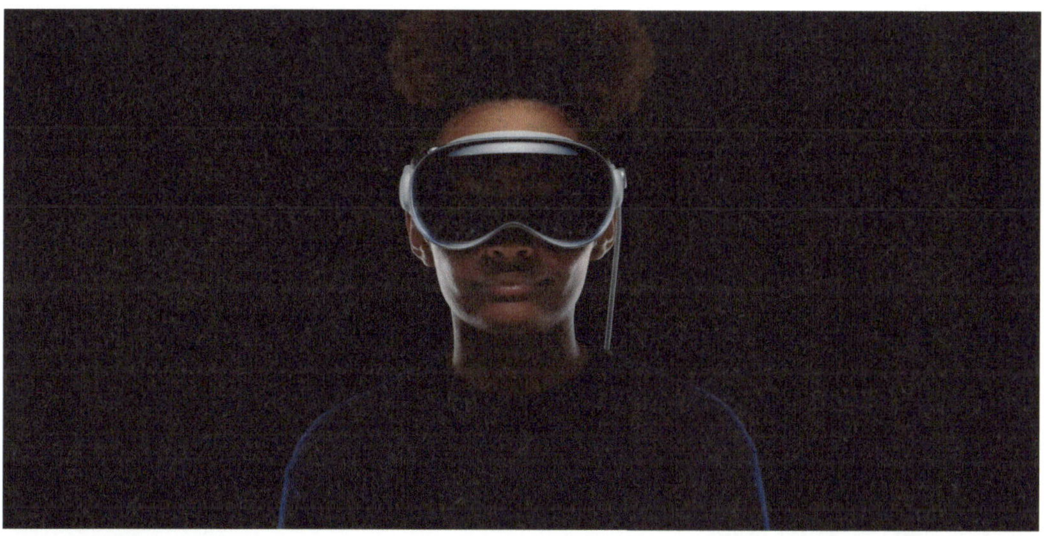

출처: Apple Newsroom

그림 15. 애플(Apple) '비전 프로' 제품 착용 이미지

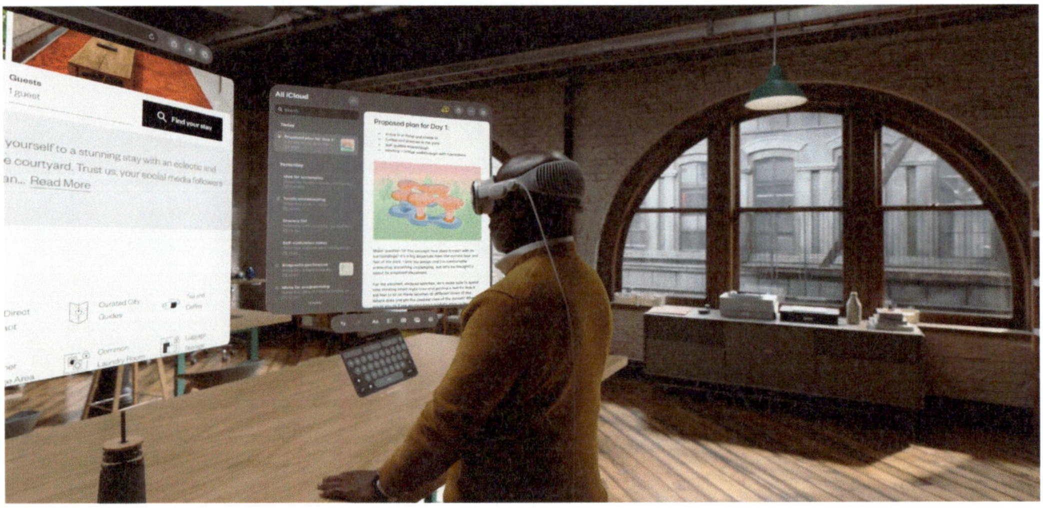

출처: Apple Newsroom

게 보여주는 등의 차별점을 가지고 있다. 특히 WWDC 비전 프로 행사장에 밥 아이거(Bob Iger) 디즈니 CEO가 등장해 VR 공간에서의 스트리밍 서비스 구동을 시연하며, 애플티비플러스(Apple TV+) 및 디즈니플러스(Disney Plus)와 같은 엔터테인먼트 스트리밍 플랫폼에서 구현되는 비전 프로에 대한 대중의 기대감을 끌어올렸다. 애플은 이 제품을 공간 컴퓨터(Spatial Computer)라고 지칭하며, 가상공간과 현실 공간을 끊김없이 연결하는 새로운 플랫폼으로 정의한 바 있다. 이에 시장에서는 메타버스 산업, 그리고 가상공간에서의 스트리밍 서비스를 애플이 주도할 것으로 보고, 비교적 긍정적인 전망으로 바라보고 있는 상황이다.

메타버스는 개인이 이용하는 하나의 제품이면서 서비스이자, 사회적 상호작용이 가능한 플랫폼의 일종으로서 [표 6]와 같은 네 가지 특징을 가지고 있는 것으로 정리할 수 있으며, 구체적으로는 가상세계 자체로서의 특징, 사회적 특징, 경제적 특징, 문화적 특징이 있다. 메타버스는 이러한 매체 특징에 기반하여 최근 새로운 광고 미디어로서 각광받고 있으며, 다양한 유형의 광고 전략을 선보이고 있다. 현재 메타버스 플랫폼에서 이루어지는 광고 커뮤니케이션은 매우 다양한 분야에서 여러 방법으로 실행되기에 본 연구에서 모두 다룰 수는 없겠지만, 신유형 광고의 한 유형으로서 주요 사례를 위주로 살펴보도록 하겠다.

표 6. 메타버스의 특징

구분	특징
가상세계	• 외적 인터페이스: 현실과는 독립된 가상세계로 연결 • 공간성: 컴퓨터 그래픽으로 만들어진 2D/3D 공간으로, 넓지만 무한하지는 않음 • 물리적 실체 부재: 메타버스 속 모든 것은 물리적 실체를 갖지 않음 • 세계관: 가상세계를 구성하는 기본 원리. 개방적이며 다른 세계관들과 호환 가능성이 높음 • 법칙+규칙: 시스템에 의해 강제로 지켜질 수밖에 없는 것(법칙) + 참여자들이 자발적으로 지키는 것(규칙) • 거울세계: 현실에 있는 많은 것들이 메타버스에 존재하며, 거기에는 현실의 논리가 작용하기도 함
사회적	• 아바타: 새로운 아이덴티티 부여 → 부캐릭터를 가능하게 함 • 동시접속: 다수의 참여자가 동시다발적으로 접속 가능 • 커뮤니케이션: 아바타 간이나 사물 간 상호작용, 대화, 정보교환 등이 가능 • 커뮤니티: 사회적 집단을 만들고, 내적 인터페이스(아바타, 홀로그램, 메시지 등)를 통해 가상의 관계성 형성
경제적	• 상업적 공간: 기업과 개인의 경제적 활동 및 가치 생성이 가능
문화적	• 행위의 무목적성 혹은 무한대의 목적성: 참여자들이 자유롭게 할 수 있는 일을 상상하고 찾고 목표를 설정

자료: 강신규(2020), 이광석(2021. 4.), 박근서(2009), Stephenson(1992, 2021) 등을 토대로 구성한 강신규(2023)의 연구에서 인용

1. 가상 빌보드

먼저, 메타버스 플랫폼 내에서 이루어지는 가장 간단하고 기존의 광고 형태와 유사한 유형은 가상 빌보드, 즉 가상 디스플레이 광고라고 할 수 있다. 광고가 삽입되는 위치가 가상의 메타버스 플랫폼이라는 것만 제외하면, 현실의 옥외광고와 동일한 형태이다. 이용자와 광고 간 아무런 상호작용이 설계되지 않은 채 정보 노출만 이루어질 경우 전통적인 옥외광고라 볼 수 있겠고, 이용자가 광고와 상호작용이 가능한 경우 인터랙티브 옥외광고 또는 디지털 사이니지와 유사한 형태로 볼 수 있겠다. 예를 들면, [그림 16]의 왼쪽 빌보드는 단순 노출형 광고의 형태이고, [그림 17]의 가운데 및 오른쪽 빌보드는 이용자가 직접 플레이하여 해당 브랜드의 세계로 이동할 수 있는 출입구 형태의 가상 빌보드 광고라고 할 수 있다. [그림 18]은 2021년 로블록스(Roblox) 내에서 브랜드 반스(Vans)가 '반스월드(Vans World)'를 운영했던 캠페인의 일부로, 반스월드에 입장하기 전 가상 빌보드 광고를 활용한 예시이다.

그림 16. 로블록스(Roblox) 내 가상 빌보드

출처: Patrick(2022. 11.)

그림17. 로블록스(Roblox) 내 반스(Vans)의 가상 빌보드 광고 사례

그림 18. 로블록스(Roblox) 내 반스월드(Vans World)

코카콜라는 2021년 메타버스 플랫폼 디센트럴랜드(Decentraland)에서 진행된 글로벌 암호화폐 행사에 맞춰 가상 빌보드 광고를 진행했다. 행사장 중심부의 광장과 주요 이동 동선에 디지털 옥외광고판을 설치하고, 애니메이션과 브랜드를 노출하며 방문자들이 자연스럽게 코카콜라 브랜드를 경험하도록 했다.[6]

이 광고는 특정 개인을 대상으로 맞춤화된 경험을 제공하는 것이 아닌, 메타버스 공간을 방문하는 누구나 같이 노출된다 즉, 사용자가 특별히 참여하지 않아도 단순히 공간을 이동하거나 행사에 참여하는 과정에서 브랜드를 접하게 되는 광고이다.

이 사례의 특징은 두 가지가 있다. 첫 번째로는 침입성의 정도가 낮다는 것이다. 광고가 별도의 팝업이나 강제 시청 형식이 아닌, 가상 환경 속 자연스러운 배경을 형태로 존재해 사용자의 경험을 방해하지 않는다. 두 번째는 확산 가능성이다. 이용자들이 메타버스 내에서 찍은 화면이나 경험을 SNS에 공유하며 오프라인까지 브랜드 노출 효과가 확장될 수 있는 특징을 갖고 있다. 결국 이 광고는 가상의 공간에서 브랜드를 경험하게 만드는 광고이다. 이러한 점 새로운 환경에서 소비자에게 자연스럽게 다가가고, 인지도와 확산을 동시에 확보하고자 한다.

그림 19. 코카콜라 가상 빌보드 광고

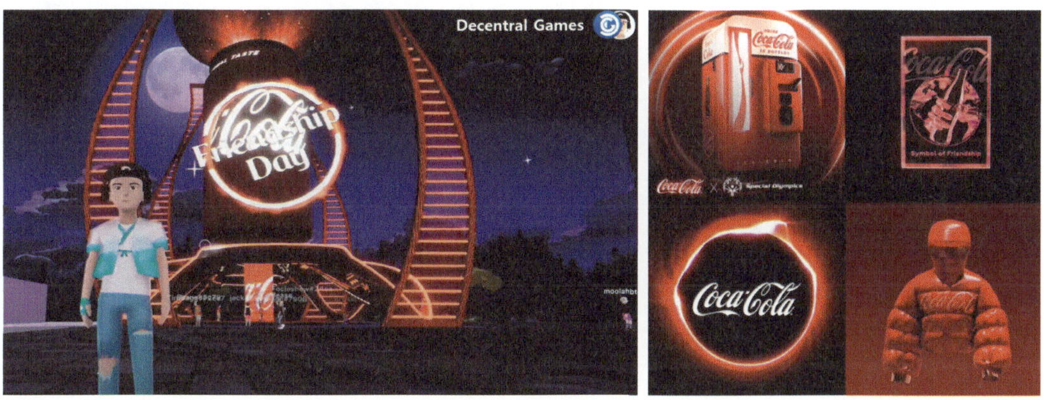

2. 인게임 스폰서십

인게임 스폰서십은 인기 있는 메타버스 게임과 제휴하여 게임 내 아이템이나 이벤트를 후원함으로써 브랜드 주목도와 사용자 인게이지먼트를 향상시키기 위한 전략이다. 예를 들면, 라이엇 게임즈(Riot Games)에서 운영하는 인기 게임인 리그오브레전드(League of Legends: LoL)는 많은 브랜드와 파트너십을 맺고 있는 대표적인 게임 컨텐츠 중 하나이다. 그중 마스터카드(Mastercard)와 루이비통(Louis Vuitton)의 스폰서십 사례를 보면 다음과 같다. 마스터카드는 LoL 플레이 맵에서 노출되는 가상 빌보드 광고는 물론, LoL 게임 내의 아이템인 마법공학 상자를 마스터카드 버전으로 만들어 이용자들에게 인기를 끌었다. 명품 패션 브랜드 루이비통은 LoL 게임 내의 캐릭터 스킨과 액세서리를 만들어, 전례 없는 명품 브랜드와 E-스포츠 간 콜라보레이션으로 큰 인기를 끌었다.

그림 20. 마스터카드(Mastercard)의 리그오브레전드 인게임 스폰서십 사례

출처: 라이엇 게임즈(Riot Games)(2023. 10.)

그림 21. 루이비통(Louis Vuitton)의 리그오브레전드 인게임 스폰서십 사례

출처: Park(2019. 10.)

3. 브랜드 가상공간

메타버스 내에 쇼룸, 팝업스토어 등 브랜드 전용 가상공간을 구축하는 사례는 지속적으로 증가하고 있다. 기존의 오프라인 공간에 비해 사용자가 메타버스 안에서 흥미롭고, 몰입도가 높고, 보다 브랜드와 상호작용적인 경험을 즐길 수 있다는 점에서 소비자의 반응을 유도하고 있다. 예를 들면, 나이키(Nike)는 2021년 로블록스에 가상의 나이키랜드를 구축하여, 사용자들이 자신의 아바타에 나이키 제품을 착용하고 나이키 빌딩(나이키 본사를 본뜬 공간), 운동장 등에서 운동경기를 즐길 수 있는 경험을 제공했다[7]. 해당 쇼룸에서는 나이키 신상품을 대여하여 착용할 수 있는 신제품 마케팅도 진행되었다. 또한 2023년에는 배틀로얄 게임인 포트나이트(Fortnite) 플랫폼을 통해 나이키 에어맥스를 테마로 한 하늘 도시 '에어포리아(Airphoria)' 섬을 구축하여, 나이키의 상징적인 스니커즈를 연상시키는 다양한 아이템과 퀘스트를 이용자들에게 제공하였다[8].

그림 22. 로블록스(Rolbox) 브랜드 가상공간 사례 - 나이키(Nike)의 '나이키랜드'

이미지 출처: 이지수 (2021.11.)

그림 23. 포트나이트(Fortnite) 브랜드 가상공간 사례 - 나이키(Nike)의 '에어포리아'

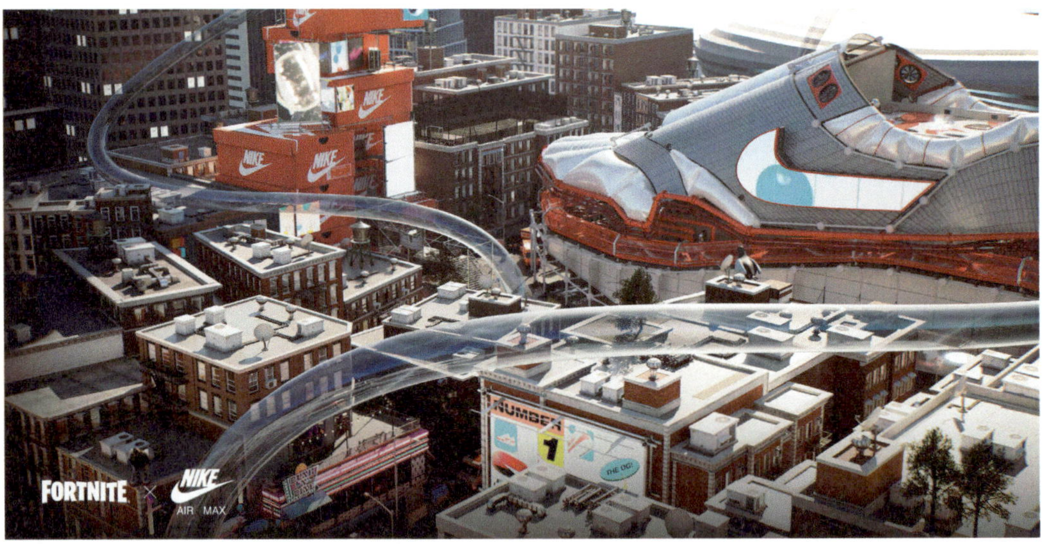

이미지 출처: 이솔 (2023. 6.)

이 외에도 국내 메타버스 플랫폼인 제페토 내에 구축된 국내외 브랜드의 가상공간 사례도 매우 많다. 예를 들면, 패션 브랜드 구찌(Gucci)의 '구찌빌라(Gucci Villa)' 사례, 놀이공원 브랜드인 에버랜드와 롯데월드에서 현실과 같은 형태의 테마파크를 개장한 사례, 현대자동차 쏘나타의 제페토 드라이빙존 사례 등이 그것이다. 이상의 모든 브랜드 가상공간 사례는 이용자들이 전시된 물품을 착용하게 하거나(구찌빌라 사례), 테마파크 안에서 놀이기구를 가상으로 체험할 수 있게 하거나(에버랜드, 롯데월드 사례), 가상으로 차량을 시승할 수 있게 하는 등(현대자동차 쏘나타 사례) 소비자들이 오프라인 매장에서만 체험할 수 있었던 경험을 누릴 수 있도록 제작되었다는 점에서 이용자들의 인기를 끌었다.

구찌는 로블록스에 구찌 타운을 2022년 오픈했다. 미국 IT매체들은 2022년 5월 27일 구찌가 로블록스에서 중앙 정원, 카페, 가상 상점 등으로 구성된 구찌 타운을 공개했다. 구찌 타운은 중앙 정원 주변으로 미니 게임, 카페, 가상 상점 등을 갖추고 있다. 이용자는 가상 상점에서 로블록스 아바타를 위한 가상 구찌 장비를 구매할 수 있다. 로블록스는 '로벅스'(Robux)라는 가상 화폐를 발행해 게임 내에서 여러 가지 아이템을 구매할 수 있도록 했다.

그림 24. 로블록스(Rolbox) 브랜드 가상공간 사례 - 구찌의 구찌 타운

현대자동차는 2021년 글로벌 MZ세대를 겨냥해 메타버스 플랫폼 '제페토(ZEPETO)'에서 쏘나타 N Line 가상 시승관을 진행했다. 이용자들은 자신의 아바타로 가상 전시관에 입장해 자동차 디자인을 보고, 실제 유사한 드라이빙 체험도 할 수 있다. 또

한 가상 공간 속에서만 제공되는 이벤트나 아이템을 제공해 이용자와 브랜드 간 더욱 친밀하게 소통할 수 있었다. 이 사례는 특정 개인에게 맞춤형으로 제공하는 것이 아닌, 제페토 플랫폼에 접속한 누구나 자유롭게 참여할 수 있도록 설계되었다. 더불어 제페토 안에서 드라이빙 경험을 구현해 소비자가 능동적으로 탐험하고 참여하게 했다.

사례의 특징을 정리하면 첫번째, 소비자는 단순히 정보를 보는 것이 아닌 아바타를 활용해 직접 체험하며 브랜드를 경험한다. 두번째, 현실에서는 쉽게 하기 어려운 드라이빙과 전시 체험이 메타버스 공간에서 가능해지며 몰입감과 재미가 강화된다. 마지막으로는 참여과정에서 촬영된 아바타 이미지나 체험 스크린샷을 SNS와 커뮤니티를 통해 공유되면 자연스러운 확산 효과를 줄 수 있다. 결국 이 마케팅은, 누구나 접근할 수 있는 메타버스 기반 일반형 참여 광고로 브랜드 경험을 강화하고, 젊은 소비자와의 친밀감을 높이는 효과를 가져올 수 있다.

그림 25. 현대자동차 2021 제페토(ZEPETO) 쏘나타 N Line 가상 시승관

현대자동차는 2024년에는 3D 아바타 소셜 플랫폼 제페토와 협업하여 대한민국에서 최초로 독자 생산한 모델 포니를 중심으로 개발한 '타임리스 서울(Timeless Seoul)' 월드를 소개했다. 여기에서는 대한민국 최초의 오리지널 자동차 포니를 중심으로 현대차 헤리티지를 전달하는 신규 월드를 오픈했다. 포니의 시대인 7080 문화요소를 레트로하게 재해석하여, 유저 중심의 콘텐츠를 제작함으로써 소비자들이 더욱 몰입감 있게 체험할 수 있었다.[9]

그림 26. 현대자동차 2024 제페토(ZEPETO) '타임리스 서울(Timeless Seoul)' 월드

또한 로블록스와 함께 Hyundai Future Adventure 가상공간을 만들었다. 이 공간을 통해 브랜드 친밀감을 강화했으며 현대 미래를 확인할 수 있도록 하여 체험을 확장하였다. MZ세대를 공략하기 위해 기획되었다.

그림 27. 현로블록스(Rolbox) 브랜드 가상공간 사례 - Hyundai Future Adventure

4. 오프라인 연계 마케팅

메타버스를 이용한 콜라보레이션 마케팅은 다양한 분야에서 이뤄지고 있다. 그중 하나의 유형으로 제품 전시장과 매장, 관광명소 등을 그대로 재현하여 오프라인과의 연계를 통한 시너지 창출을 도모하는 사례가 있다[10]. 예를 들면, 한국관광공사는 제페토 플랫폼에 주요 관광 거점도시(부산, 목포, 안동, 강릉, 전주) 5곳을 디지털로 재현하여 체험형 홍보 공간으로 활용하였다. 또한 정부 기관, 공공기관, 지방자치단체에서 기존의 경직된 이미지를 벗어나 메타버스 민원실에서 시민에게 더욱 친밀하고 효과적인 행정 서비스를 제공하며, 다양한 부가 서비스와 함께 홍보, 교육 등의 목적으로 활용한 사례도 있다[11]. 서울시의 '서울의 신대륙, 메타버스 서울'이 대표적인 예시라고 할 수 있다. 서울시는 2022년 시청, 광장, 상담실 등 기존의 서울시가 서울시민들을 대상으로 수행하던 각종 행정 서비스를 포함하여 '메타버스 서울'로 구현하였다. 추후 '메타버스 서울'을 정식 오픈하면 주민등록등본 등 각종 증명서류 발급 서비스도 예정되어 있으며, 기업 홍보와 투자 활성화를 위한 '메타버스 서울핀테크랩', 지방세 세무 상담과 예상 세액 조회 등을 할 수 있는 '메타버스 택스 스퀘어' 등도 구현될 계획이라고 하였다[7].

그림 28. 서울시 메타버스 플랫폼 내 이미지

이미지 출처: 이성관 (2022.8.)

5
CHAPTER

가상 인플루언서와 VPP 광고

5.1

가상 인플루언서

메타버스에서는 광고모델, 쇼 호스트 등의 역할을 하는 가상 인플루언서(Virtual Influencer)가 다양한 방면에서 활동하고 있다. 이러한 가상 인플루언서의 등장은 새로운 트렌드의 하나로 자리잡고 있는데, 이러한 트렌드에 대해 신지형(2022)는 디지털, 가상현실, 메타버스 등의 환경에서 자유롭게 활동이 가능한 가상 인간은 사생활 이슈에서 자유롭고 시공간의 제약도 받지 않는 장점이 극대화되고, 관련 기술이 급속하게 발전한 환경에 기반한다는 점을 제시하였다. 실제로 세계 인플루언서의 시장 규모에 대한 예측 전망을 살펴보면, 지속적으로 시장의 규모가 성장하고 있다는 점과 가상 인플루언서의 급속한 발전이 눈에 띈다.

그림 29. 세계 인플루언서 시장 규모

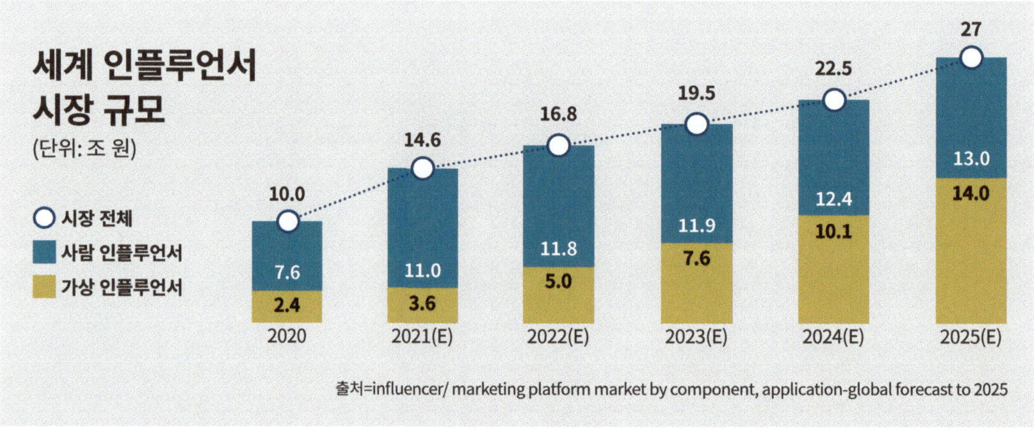

이미지 출처: 채수종(2022.7.)에서 재인용

가상 인플루언서는 일반적으로 컴퓨터로 생성된 인플루언서를 떠올릴 수 있다. 제작자는 가상 인플루언서에 개성을 부여하고 일반 인플루언서처럼 행동하도록 만든 디지털 캐릭터라 할 수 있다. 점점 가상 인플루언서의 활용은 위의 그래프처럼 증가할 것으로 보인다. 이제는 가상 인플루언서를 통해 브랜드 이미지와 브랜드 태도를 형성하게 되었다. 사람들이 가상 인플루언서를 우리가 좋아하는 캐릭터처럼 여기게 되면서 일반 인플루언서와 같게 되었다. 이 가상 인플루언서의 유형은 주로 세 가지로 나뉜다. 매우 사실적인 아바타, 애니메이션 모델, 그리고 인간이 아닌 가상 인플루언서이다. 매우 사실적인 아바타는 사람과 매우 흡사하게 만들어진다. 애니메이션으로 구현된 인간형 아바타는 사람처럼 보이지만 특징이 과장될 수 있어 만화처럼 보이기도 한다. 비인간형 가상 인플루언서는 인간형이 아닌 형태를 지니는 것이다.[1]

1. 국내모델

광고모델로 국내에서 가장 널리 알려진 가상 인플루언서는 2020년 싸이더스스튜디오엑스에서 제작한 '로지(Rozy)'일 것이다. 로지는 싸이더스스튜디오엑스에서 MZ세대

그림 30. 싸이더스스튜디오엑스의 가상 인플루언서 '로지(Rozy)'

출처: 신한라이프 공식 유튜브 (2022)

들이 선호하는 얼굴 데이터를 수집하여 만들어진 22살의 가상 인간이다. 2021년 7월 신한라이프의 단독 광고모델로 등장한 이후, 아모레퍼시픽, 쉐보레 등의 국내 기업의 광고모델로 활발히 활동하고 있다.

쇼호스트로 활동하고 있는 가상 인플루언서는 롯데홈쇼핑의 '루시(Lucy)', 네이버 쇼핑라이브의 '이솔(SORI)' 등이 있다. 2021년 롯데홈쇼핑이 제작한 가상 인플루언서 '루시'는 롯데홈쇼핑에서 진행하는 라이브 커머스 진행자로 데뷔하여 쇼호스트로서 활동하고 있으며, 네이버 쇼핑라이브에서 제작한 '이솔(SORI)'은 소셜 인플루언서, 라이브커머스 방송을 진행하는 쇼 호스트로 활약하고 있다. 이들 가상 인간들은 모두 가상의 페르소나를 가진 채로 만들어졌다. 예를 들면 루시는 MZ세대들이 선호하는 특성을 조합한 뒤 홈쇼핑 주요 고객층인 4060세대가 호감을 가질 수 있는 얼굴을 모티브로 만들어졌으며, 산업디자인을 전공한 29세 모델이자 디자인연구원이라는 설정이 있다. 이솔은 리얼타임 엔진을 기반으로 제작된 3D 가상인간으로, '뷰티 분야에 관심이 많은 24세'라는 설정에 따라 만들어졌다는 점이 특징이다. 그 외에도 LG전자의 '김래아', 삼성전자의 '샘(SAM)', 디오비스튜디오의 '루이', KPLUS의 '한유아', 스타트업 VHP의 '테오(Theo)' 등 다양한 국내 가상 인플루언서들이 활동하고 있다.

그림31. 롯데홈쇼핑의 가상 인플루언서 '루시'

출처: 롯데 공식블로그 (2023.2.)

그림 32. 네이버 쇼핑라이브의 가상 인간 24세 이솔

출처: 정보통신신문 (2022)

2. 해외 모델

InfluencerMarketingHub에서 뽑은 2025년 Top 12 가상 인플루언서를 소개하면 다음과 같다. 여기에서는 3위까지 소개하려고 한다.[2] 먼저 1위는 Lu do Magalu이다. 팔로워 통계로 Facebook 팔로워는 1,400만 명, TikTok 팔로워는 730만 명, Instagram 팔로워는 710만 명이다. Magazine Luiza의 브랜드 홍보대사로 캐릭터 특성으로는 친절하고 공감할 수 있는 인플루언서이다. 제작자는 Magazine Luiza의 CEO인 Frederico Trajano로 알려져 있다. 그녀는 2009년 매거진을 대표하여 유튜브에서 iBlogTV를 홍보하며 처음 모습을 드러냈다. 이후 제품 리뷰, 언박싱 영상에 출연했다.

2위는 릴 미켈라이다. 팔로워 통계를 보면 다음과 같다. TikTok 팔로워는 340만 명, Instagram 팔로워는 250만 명이다. 가상 모델이자 가수로 활동하고 있다. 제작자는 Brud의 Trevor McFedries 및 Sara DeCou이다. 릴 미켈라(Lil Miquela)라는 예명으로 더 잘 알려진 미켈라 소사는 프라다, 디올, 캘빈 클라인 등 유명 패션 브랜드와 협업한 가상 로봇 모델이다. 가상 모델 활동 외에도 가수로도 활동하며, 2017년 싱글 “Not Mine” 이후 여러 곡을 발표했다. 2020년에는 롤라팔루자 온라인 페스티벌에서 “Hard Feelings”라는 첫 뮤직비디오를 공개했다. 그녀는 실제 인물이 아님에도 불구하고 2018년 타임지 선정 ‘인터넷에서 가장 영향력 있는 25인’에 이름을 올렸다.

lilmiquela
Miquela
게시물 1420
팔로워 239.1만
팔로우 2143
❤ LA Robot
@lilmiquela

3위는 바비이다. 팔로워 통계로 YouTube 구독자는 1,240만 명, Instagram 팔로워는 350만 명, TikTok 팔로워는 210만 명이다. 강력하고 세련된 캐릭터 특성을 가지고 있다. 제작자는 Mattel이다. 2015년, 마텔은 바비의 유튜브 채널을 개설하여 자신의 옷장 속 물건들을 소개하고 인생 조언을 공유하는 브이로그를 올렸다. 그녀는 많은 팔로워를 지니고 있기 때문에 Black Lives Matter 운동을 지지하는 그녀의 인스타그램 게

Barbie

barbie
Barbie
게시물 2504
팔로워 349.9만
팔로우 371
링크: Debbie Allen Tribute Doll

시물은 4만 개 이상의 '좋아요' 를 받았고 고인이 된 멕시코 음악 아이콘 후안 가브리엘을 추모하는 그녀 의 최근 게시물은 13만 5천 개 이상의 '좋아요'를 받았다.

이와 같이 전 세계적으로 가상 인플루언서의 영향력은 커지고 있다. 일반 사람 인플루언서와 같은 정도이다. 가상 인플루언서의 효과는 많은 연구에서 찾아볼 수 있다. 서송이(2025) 연구에 의하면 가상 인플루언서에 대한 주목도는 참신성, 호감성 및 매력성을 매개로 광고태도에 긍정적 영향을 미치는 것으로 나타났다. 주목도는 광고태도에 직접적인 영향을 미치지 않는 것으로 나타났다. 가상 인플루언서의 인간 유사성은 주목도와 참신성, 주목도와 호감성과의 관계에 조절역할을 하는 것으로 나타났다.[3] 염동섭(2025)의 연구에 의하면 첫째, 가상 인간 인플루언서의 인간 유사성(외형적, 내면적)과 매력성, 호기심, 소비자 태도 간에 유의한 정적(+) 상관관계가 있는 것으로 나타났다. 둘째, 가상 인간 인플루언서의 인간 유사성(외형적, 내면적)과 소비자 태도 간의 관계에서 매력성과 호기심의 이중매개효과를 검증한 결과, 완전이중직렬매개효과가 존재하는 것으로 확인되었다. 즉, 가상 인간 인플루언서에 대해 지각하는 인간 유사성(외형적, 내면적)은 소비자 태도에 직접적인 영향을 미치지 않으며, 매력성과 호기심이 순차적으로 매개하여 소비자 태도에 영향을 미치는 구조임이 밝혀졌다.[4]

5.2

VPP 광고

VPP(Virtual Product Placement)는 AI 기술을 사용하여 촬영 후 디지털로 렌더링된 제품, 광고판 또는 로고를 영화나 TV 드라마에 삽입하는 새로운 기술이다. 기존의 전통적인 간접광고(PPL: Product Placement)에 애드테크를 더한 형태의 광고 기술이라고 생각할 수 있다. 전통적인 간접광고는 금전적 대가를 제공받고 방송프로그램 안에서 상품을 소품으로 활용하여 노출시키는 형태의 광고로, 매출액을 기준으로 살펴보면 최근 3개년 동안 꾸준히 규모가 확장되고 있는 분야이다[5]. VPP 기술은 이미 촬영되었거나, 제작된 엔터테인먼트 콘텐츠 내에 브랜드 제품을 배치할 수 있게 해주는데, 이는 기존의 간접광고가 요구하는 제작사와 방송사 간의 사전 계획 및 사전 승인단계를 대폭 줄여줄 수 있다는 점에서 유연하고 경제적이라고 할 수 있다.

그림 33. 국내 간접광고 매출액 추이 (단위: 백만 원)

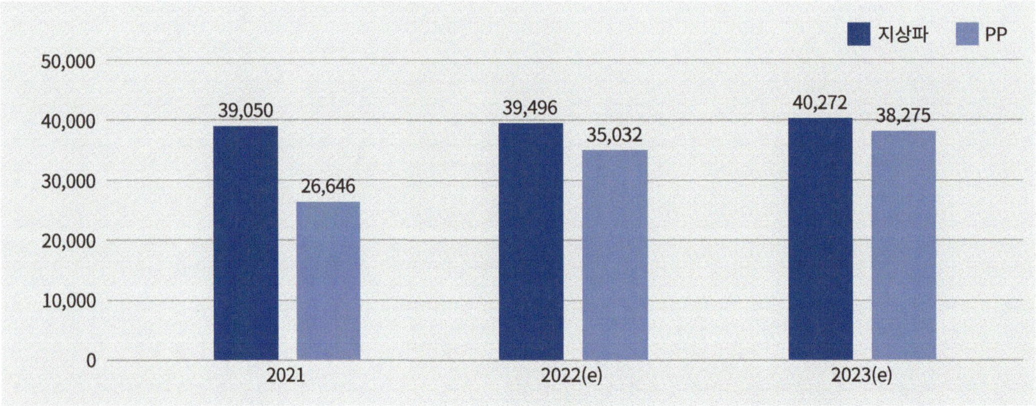

자료: 한국방송광고진흥공사(2022)

VPP는 프라임타임 TV 시리즈, 라이브 스트리밍 플랫폼, SVOD(구독형 VOD) 및 AVOD(광고형 VOD), 뮤직비디오, 인플루언서 콘텐츠와 같은 콘텐츠 형식 등에 적합하다고 할 수 있다. 실제로 아마존 애즈가 도입한 VPP 프로그램의 베타버전은 아마존의 광고 기반 무료 스트리밍 서비스(AVOD: Advertising Video On Demand)인 프리비(Freevee) 오리지널 시리즈에서 구현되기도 하였다.

그림 34. 스와로브스키 VPP 광고 예시. (좌) 맵핑 전, (우) 맵핑 후

이미지 출처: https://blog.mirriad.com/everything-you-need-to-know-about-virtual-product-placement

그림 35. 아마존(Amazon) VPP 런칭 기사

출처: Elias, S.(2022. 5)

아마존 애즈의 VPP 프로그램 효과 분석에 따르면, 연구에 참여한 시청자의 99%가 VPP가 포함된 엔터테인먼트 콘텐츠 동안 중립적이거나 긍정적인 시청 경험을 보고했다. 또한 응답자의 21%는 VPP가 콘텐츠를 더 즐겁게 만들었다고 언급했다. 이러한 결과는 VPP가 시청자들에게 긍정적인 영향을 미치며 광고 캠페인의 효과를 높이는 데에 기여한다는 것을 시사할 수 있는데, 즉 VPP는 광고주에게 시청자들과 더 밀접하게 소통할 수 있는 차원을 제공하는 도구로 사용될 수 있다. 실제로 Coffee Mate가 Freevee의 'Leverage: Redemption' 프로그램의 3개 에피소드에 걸친 VPP 캠페인에 참여하여 브랜드 커피 크리머를 소개한 사례가 있다[6]. 이와 관련된 성과 평가연구에 따르면, 해당 캠페인은 구매 가능성뿐만 아니라 노출된 시청자들의 리콜과 제품에 대한 전반적인 감정을 개선하는 데에 성공했다고 밝히고 있다. 또한 이 캠페인의 결과로 나타난 주요 성과 지표는 다음과 같다: 첫째, 보조 리콜의 17.1% 상승 (타사 디지털 캠페인 대비 5.9% 높은 수치); 둘째, 브랜드 선호도 13% 상승 (타사 디지털 캠페인 대비 6.2배 높은 수치); 셋째, 구매 의도 11.9% 상승 (타사 디지털 캠페인 대비 6.6배 높은 수치). 이러한 성과는 Coffee Mate의 VPP 캠페인이 소비자들에게 긍정적인 영향을 미치고, 브랜드와 제품에 대한 긍정적인 인식과 관심을 제고하는 데에 성공했음을 보여준다.

그림 36. <Coffee Mate> VPP 사례

출처: Amazon Ads (2022. 9)

또 다른 사례를 살펴보면, M&M's는 인기 제품을 중심으로 하는 패키징을 강조하며, ‘Bosch’와 ‘Making the Cut’ 프라임 비디오의 5개 에피소드에 걸친 VPP 캠페인을 진행했다. 성과 평가연구 결과, 해당 VPP 캠페인이 시청자들의 호의적인 반응과 구매 의도를 동시에 유도하는 데에 효과적임을 발견했다. 구체적으로는, 첫째, 브랜드 선호도가 6.9% 상승했으며 (타사 디지털 캠페인 대비 3.3배 높은 수치), 둘째, 구매 의도는 14.7% 상승했다 (타사 디지털 캠페인 대비 8.2배 높은 수치).

그림 37. <M&M’s> VPP 사례

출처: Amazon Ads (2022. 9)

이러한 VPP 프로그램은 소비자에게 새로운 광고 경험을 제공하고, 더욱 효과적으로 타겟에게 다가갈 수 있는 새로운 광고 도구로 판단해볼 수 있겠다. 또한 VPP 프로그램은 특정 방송 날짜에 맞게 사용자화할 수 있기 때문에, 시청자에 따라 매우 개인화된 제품을 배치할 수 있다는 잠재력을 가지고 있다는 점에서 그 성장세를 주목해 볼만하다.

6

CHAPTER

진화형 TV 광고와 인공지능 광고

6.1

진화형 TV광고

진화형(Advanced) TV는 기존의 선형 TV가 제공하는 모델을 뛰어넘어 발전하고 있는 TV 콘텐츠를 지칭하는 포괄적인 용어로, OTT(Over the Top) 및 CTV (Connected TV), ATV (Addressable TV), 어드레서블 VOD 등의 유형이 여기에 해당한다고 볼 수 있다[1]. 진화형 TV 광고는 시청 및 검색 이력과 같은 빅데이터 분석을 활용하여 특정 가구에 맞는 광고를 실시간으로 선택하여 전송하는 방식으로 운영되며, 디지털 광고의 프로그래매틱 기법이 방송광고에 통합되어 시청 가구를 대상으로 광고 상품을 실시간으로 거래할 수 있는 등 기존의 선형 방송광고와 차별화된 접근 방식을 가지고 있다. 즉, 시청 여부에 따른 과금으로 신규 및 소액 광고주가 쉽게 참여할 수 있게 되어 맞춤형 광고 집행이 가능해졌으며, 개인 단위의 정교한 타겟팅은 어려움이 있으나 셋톱박스 등에서 수집된 데이터를 기반으로 고도화된 광고 효과를 측정할 수 있다는 장점이 있다. IAB가 발표한 <2022년 IAB 영상 광고 지출 및 2023년 전망 보고서>에 따르면[2], 현재의 TV/영상 광고 시장을 범주화하는 중요한 기준으로 어드레서블 개념이 부각되고 있다. 즉, 기존의 전통적인 선형 TV 유형을 분류할 때 어드레서블 개념이 중요한 역할을 하는데, 기존의 선형 TV 유형 내의 광고 형태들을 오디언스 타겟팅이 기반이 되는지 여부에 따라 분류하는 것이다. 이러한 어드레서블 개념은 광고산업에서 기존의 틀을 넘어선 더욱 효과적이고 개인화된 타겟팅이 가능한 새로운 접근 방식을 제공하는 것으로 이해할 수 있다.

그림 38. TV/영상 광고 시장 분류

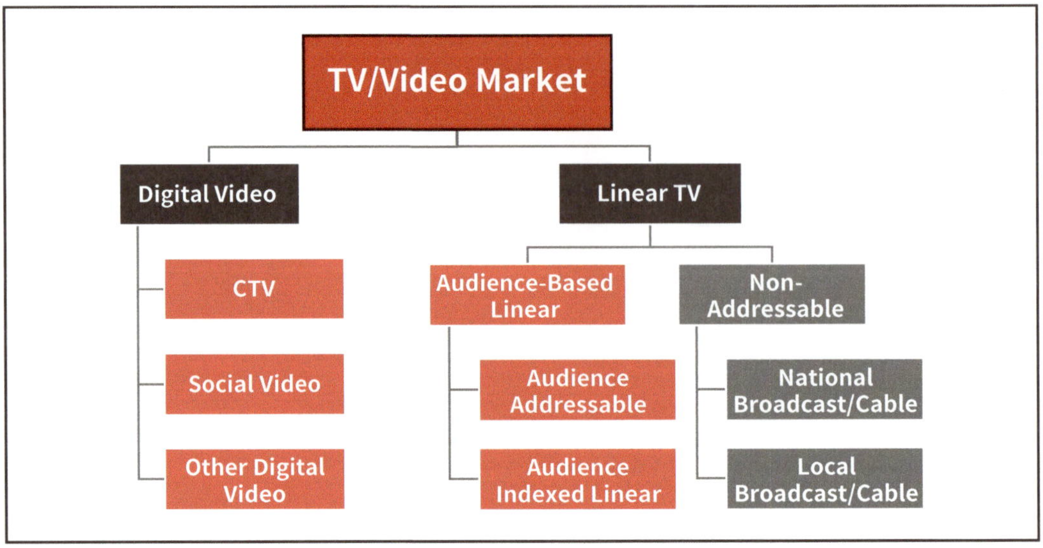

출처: IAB (2023)

CTV는 인터넷에 연결해서 콘텐츠를 시청할 수 있는 디바이스를 총칭하는데, 즉 스마트TV, TV 스틱, 게임용 콘솔 등이 스트리밍 디바이스에 포함된다. 최근 스트리밍 서비스의 인기가 증가하면서 CTV 시청률 역시 급증하는 추세이다[3]. ATV 광고는 "동일한 프로그램을 시청하는 개별 시청 가구에 서로 다른 광고를 노출시키는 맞춤화된 타겟 광고"[4]라고 정의되며, 지상파 채널을 통해서 제공되는 광고 서비스이지만 IPTV 플랫폼을 통해서 재송신 되는 점, IPTV 플랫폼 가입자 정보를 기반으로 한다는 점, 셋톱박스 내 앱을 통하여 광고 서비스를 제공한다는 점에서 온라인 맞춤형 광고[5]라고 바라보는 시각도 존재한다. 빅데이터 및 인공지능 기술의 발전으로 ATV 광고는 전통적인 프로그램 바잉(Program Buying) 방식의 광고위치 타겟팅(Placement Targeting)이 아닌, 식별된 수용자를 대상으로 광고 메시지를 정확하게 전달하는 오디언스 바잉(Audience Buying)을 목표로 하는 오디언스 타겟팅(Audience Targeting)에 주목하고 있다.

아래 [표 7]에 나타난 것처럼, 진화형 TV 광고 형태는 기존의 선형 방송광고의 특성과 디지털 광고의 특성을 조금씩 가지고 있다. 이러한 시청 행태 데이터를 기반으로 하는 타겟팅의 유형은 광고 목적에 따라 콘텐츠 기반 타겟팅, 이용자 기반의 타겟팅, 그리고 기타 타겟팅으로 구분할 수 있다[6]. 해외에서는 AVOD(광고형 VOD) 기반 OTT를

그림 39. 어드레서블 TV 광고 송출 프로세스

출처: 나스미디어(2023)

중심으로 CTV 광고 생태계가 조성되고 있으며, 국내에서는 IPTV 3사가 ATV 광고를 도입하였다[7]. 국내 IPTV 사업자들은 TV 광고의 고도화를 위해 셋톱박스 데이터를 모바일 사용 데이터, 전자상거래 데이터 등 이종 자료와 접목하여 새로운 전략을 꾀하고 있다[8]. 예를 들면, KT는 2021년 모바일 빅데이터 플랫폼 아이지에이웍스와 제휴를 통해 올레TV의 셋톱박스 데이터와 모바일 데이터를 통합하여 맞춤형 TV 광고 고도화를 추진하였다[9]. 또한 SK브로드밴드는 롯데멤버스와 제휴하여 유통 빅데이터와 셋톱박스의 TV 시청 데이터를 결합하여 새로운 상품을 개발하였으며[10], LG유플러스는 IPTV 광고 시청 중 상품을 구매할 수 있는 양방향 광고를 구현하고, 셋톱박스 데이터를 자사 쇼핑 플랫폼인 U+콕과 연계해 맞춤형 광고 효과를 극대화할 계획이라고 밝혔다[11]. 그리고 2021년, IPTV 3사는 어드레서블 TV 광고 통합 플랫폼을 공동 구축하였으며, 2023년 4월부터는 지상파 2개 채널(MBC, EBS)뿐 아니라 KBS JOY, KBSN Sports 등 29개 케이블 방송 채널에서도 ATV 광고 판매가 가능해졌다. 모바일 기반의 이러한 광고 유형의 확산방안에 대해 박종구(2022)는 제한된 광고 인벤토리의 확대, 광고 효과 측정 및 검증 등의 다양한 과제가 존재한다고 제안하기도 하였다.

표 7. 선형 방송광고와 진화형 TV 광고, 디지털 광고의 특성 비교

구분	선형 방송광고	진화형 TV 광고 (ATV 광고, CTV 광고)	디지털 광고 (프로그래매틱 광고)
상품	프로그램 전후, 중간 등 송출시간		광고 노출 지면
타겟팅	프로그램 (콘텐츠)	시청자 (가구)	소비자 (개인)
거래 방식	대면 영업	플랫폼 거래	
효과 측정	시청률 기반 정량효과	데이터 기반 정량효과	
과금 기준	송출 여부	CPV(Cost Per View)등 광고 시청 여부	CPM(Cost per mile), CPC(Cost per click), CPS(Cost per sales) 등 노출 및 구매
광고주	중 대형 광고주	소액 광고주도 가능	

출처: 나스미디어(2021), 'IPTV 3사 Addressable TV 광고 상품 제안서'를 인용한 신지형(2022)의 연구를 일부 수정

국내 ATV 집행 사례[12]를 살펴보면, 광고하는 제품 및 서비스의 업종이나 광고 캠페인의 목표에 적합하게 타겟팅을 진행하는 것을 알 수 있다. 구체적으로 살펴보면, 반려동물 식품에 대한 광고 집행을 위해 '반려동물을 가족처럼 아끼는 사람들'이라는 의미를 가진 '펫펨족', 즉 이용자의 라이프스타일을 기반으로 타겟팅할 수 있다. 또는 탈모 약품에 대한 광고 집행을 위해 탈모 제품 홈쇼핑 시청 이력, 즉 디바이스 이력을 기반으로 타겟팅하는 것도 가능하다. 이러한 집행 사례에서 ATV 광고의 효과만을 분리하여 측정하는 것은 어려운 일이지만, 현재의 수준에서는 광고 집행 전후로 최선호도, 구매 의도, 앱 다운로드 건수 등을 비교하는 등의 방법으로 광고 효과를 분석하고 있는 것으로 나타난다.

아마존 광고는 새로운 스트리밍 TV 광고 형식 3개를 발표하였다[13]. 새로운 인터랙티브 및 쇼핑 가능한 형식의 세부 정보는 다음과 같다.

먼저, 쇼핑 가능한 캐러셀 광고이다. 고객이 프라임 비디오의 광고 시간 동안 아마존에서 다양한 관련 상품을 손쉽게 탐색하고 쇼핑할 수 있도록 지원하는 광고이다. 브랜드는 고객이 아마존에서 살펴볼 수 있으며, 거의 모든 거실 리모컨을 이용해 장바구니에 추가할 수 있는 슬라이딩 상품 라인업을 선보일 수 있다. 광고는 고객이 탐색할 수 있도록 자동으로 일시 중지되며 광고 상호 작용이 멈추면 자동으로 다시 재생된다.

표 8. 국내 ATV 집행 사례

		결과
업종	반려동물식품	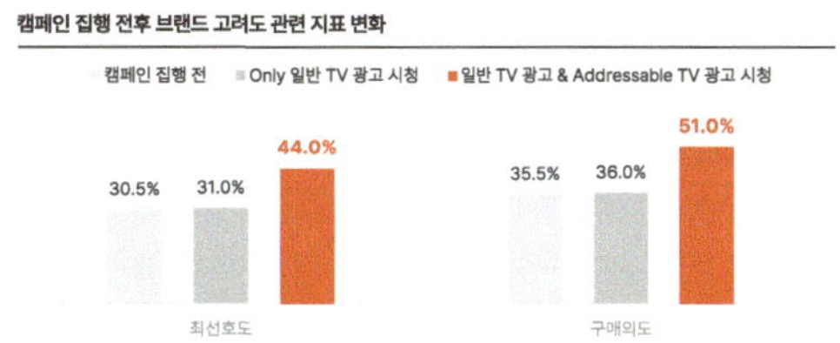
시기	2022. 10.	
예산	약 5천만 원	
타겟팅	‘펫팸족’ 세그먼트	
업종	탈모 약품	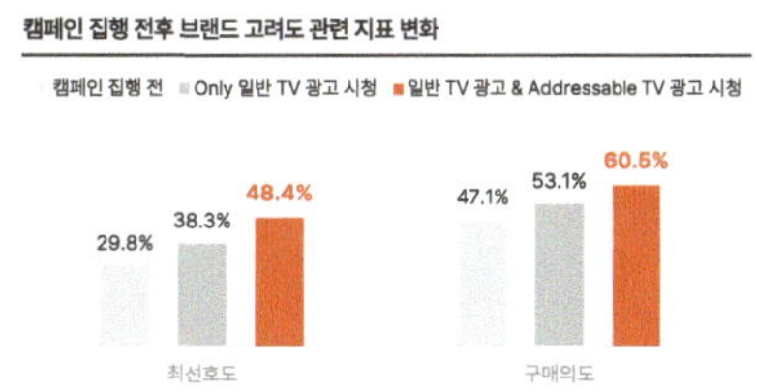
시기	2022. 6-7.	
예산	약 8천만 원	
타겟팅	탈모 제품 홈쇼핑 시청 이력 기반 비정형 세그먼트	
업종	콘텍트렌즈 주문 앱서비스	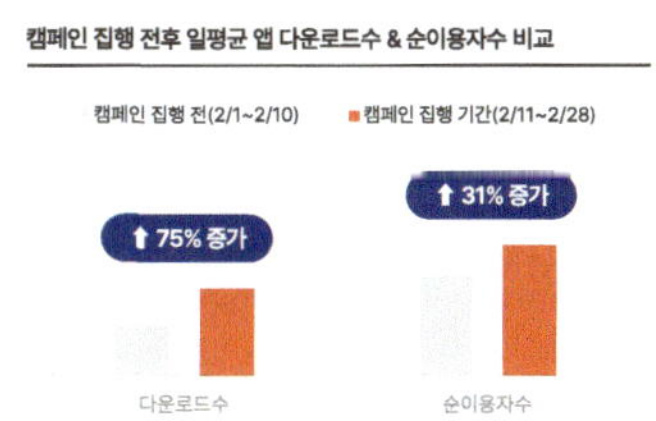
시기	2022.2.	
예산	약 2천만 원	
타겟팅	‘뷰티관심족’, ‘밀레니얼 여성’ 세그먼트	

자료: 나스미디어(2023. 3), ‘어드레서블TV 광고 집행 사례’

두 번째, 인터랙티브 일시 정지 광고이다. 고객이 스트리밍 중인 프로그램이나 영화를 일시 정지할 때 브랜드를 발견하고 참여를 유도할 수 있다. 시청자가 리모컨의 일시 정지 버튼을 누르면 브랜드 메시지와 이미지가 포함된 반투명 광고와 함께 '장바구니에 담기' 및 '자세히 알아보기' 크리에이티브 오버레이가 표시된다. 콘텐츠가 일시 중지 상태이면 고객이 인터랙티브 오버레이를 사용할 수 있기 때문에 이러한 광고는 기존 광고보다 더 확장된 참여 기회를 제공한다. 고객은 리모컨을 한 번 클릭하여 아마존 장바구니에 상품을 손쉽게 추가하고, 이메일로 더 많은 정보를 받아보고, 언제든지 스트리밍을 재개할 수 있다.

세 번째, 인터랙티브 브랜드 퀴즈 광고이다. 광고주가 고객에게 아마존에서 쇼핑하고, 서비스와 상품에 대해 자세히 알아보고, 보상을 획득할 기회를 제공하는 동시에 브랜드에 대한 흥미로운 사실을 통해 고객에게 즐거움을 선사하여 브랜드 스토리텔링을 개선하는 데 도움이 되는 광고이다. 고객은 거실 리모컨을 사용하여 장바구니에 상품을 추가하고, 이메일을 통해 정보를 요청하고, 적격 품목 구매 시 아마존 쇼핑 크레딧과 같은 보상을 신청할 수 있다.

펩시는 슈퍼볼 시즌에 CTV 기반 인터랙티브 광고 캠페인을 진행했다. 광고 영상 속에는 QR코드와 리모컨 참여 기능이 있어, 시청자가 단순히 광고를 보는 것에 그치지 않고 직접 퀴즈를 참여하거나 모바일 기기로 연결해 특별한 경험을 할 수 있게 했다. 이처럼 기존 TV 광고가 일방적 노출에 머물렀던 것과 다르게 펩시는 소비자가 스스로 광고에 반응하고 참여할 수 있는 새로운 경험을 하도록 했다.

더불어 이 광고는 누구에게나 동일하게 노출되는 것이 아닌, 지역, 시간대, 플랫폼, 데이터를 기반으로 서로 다른 프로모션이 제공되었다. 즉, 시청자는 자신에게 맞춰진 맞춤형 혜택을 광고 속에서 직접 경험했다. 위 사례의 특징은 첫 번째, 직접 참여라는 점이다. 시청자가 리모컨 클릭이나 QR 코드 스캔을 통해 광고와 상호작용하며, 참여 과정에서 단순한 시청자가 아닌 경험의 주체가 되는 것이다. 두 번째, 개인화된 연결이다. 참여 결과에 따라 다른 이벤트 페이지나 맞춤형 프로모션으로 이어지며 개인적 경험을 높이게 한다. 이렇듯 펩시의 슈퍼볼 CTV 캠페인은 전통적인 TV 광고의 한계를 넘으며 시청자가 참여하고 맞춤형 경험을 누릴 수 있게 만든 사례이다.

그림 40. 펩시 슈퍼볼 시즌 CTV 기반 인터랙티브 광고 캠페인 사례

6.2

인공지능 광고

인공지능 광고(AI advertising)란 "(소비자를) 설득하려는 의도로 인간과 기계로부터 제공되는 데이터를 학습하는 다양한 인공지능의 기능을 사용하는 브랜드 커뮤니케이션"으로 정의된다[14]. 인공지능의 3대 기술 요소로는 '알고리즘', '컴퓨팅 파워', '빅데이터'를 들 수 있으며, 이러한 인공지능 기술이 기반인 산업으로는 가상 비서, 지능로봇, 추천 시스템을 대표적인 예시로 들 수 있다[15].

1. AI를 활용한 광고 마케팅

인공지능의 도입으로 미디어 환경은 더욱 파편화되고, 소비자의 디지털 흔적들을 종합적으로 수집하고 분석함으로써 새로운 소비자 니즈와 욕구를 탐지할 수 있는 기회가 열렸다[16]. 박종구(2023)의 연구에서는 소비자의 구매 여정에 따른 행동과 광고 목표를 중점적으로 다루었다. 첫째로, 초기 고려 단계에서소비자는 자신의 니즈를 위한 대안들을 검색하고 수집한다. 이 단계의 광고 목표는 소비자의 선택 대안에 자사 브랜드가 고려 상품군에 포함되도록 하는 것이다. 이 단계에서는 광고주는 소비자의 정보 욕구를 충족시킬 수 있는 광고 메시지를 인공지능으로 특정 시점에 제시하도록 한다. 둘째로, 적극적 평가 단계에서의 광고 목표는 선택 대안을 적극적으로 평가하고, 구매 가능성이 높은 소비자를 파악하는 것이다. 설득력이 있고 신뢰할 수 있고 광고 메시지를 만들어 전달하는 것이다. 이 단계에서 인공지능은 광고 메시지를 개인화하며, 구매 가능성을 점수화하고, 감성 인공지능을 통해 목표 달성의 가능성을 높일 수 있다. 셋째로, 구매 단계에서 광고주의 목표는 소비자에게 경쟁사보다 뛰어난 자사 제품의 가치를 강조하여 제품을 구매하도록 만드는 것이다. 여기에서 동적인 가격 설정은 소비자 행동, 계절성, 경쟁사 판매 가격 등을 실시간으로 분석하여 가격을 조정하는 것을 의미한다. 인공지능은 이 과정에서 구매 과정을 지능화하여, 동적인 가격 설정 등을 통해 높은 효율성을 올리고자 한다. 넷째로, 구매 후 단계에서도 인공지능은 재구매율을 높이기 위해 소비자 지원이나 성향 모델링에 활용된다. 여기에서 고객 성향 모델링은 고객 라이프사이클이나 이탈 성향 등을 파악하여, 광고주는 인공지능을 통해 예측 모델링을 수행함으로써 예측 모델이 제시하는 기준에 따라 개인화된 고객 관계 관리를 하게 된다.

광고산업에서 인공지능의 활용은 소비자 여정에 따른 광고 집행에서뿐만 아니라, 미디어 및 마케팅 분야에도 자리 잡고 있다. 2016년 IBM의 왓슨 애즈(Watson Ads)를 출시하여 브랜드가 소비자 별 맞춤 인터랙티브 광고를 제작할 수 있도록 하였다. 왓슨 애즈는 IBM의 날씨 데이터 회사인 더웨더컴퍼니(The Weather Company)의 데이터를 활용하여 소비자 개인의 날씨 상황에 맞는 광고 소재의 개인화를 선보였다[17]. 이와 비슷한 사례로, 미국의 캠벨(Campbell's)은 사용자 위치, 현지 기상 정보, 사용자의 식재료 검색 내용을 기반으로 더웨더컴퍼니 사이트에 개인별 레시피를 제안하는 광고를 게시한 최초의 파트너였다[18].

광고 크리에이티브 영역에서 인공지능을 이용한 사례는 다음과 같다. 먼저, IBM 시스템이 개발한 스크립트로 제작된 2018년 'lexus Driven by intuition' 캠페인은 인공지능이 쓴 대본으로 제작된 광고업계 최초의 상업광고이다[19]. 이 광고물은 왓슨이 만든 스크립트 흐름과 개요를 바탕으로 크리에이티브 에이전시가 스토리를 구축했다. 인공지능 왓슨은 칸 라이언즈 상을 수상한 자동차 및 럭셔리 브랜드 캠페인에 대한 다량의 영상, 텍스트 및 오디오 등 다양한 데이터를 분석하여 광고물을 제작했다. 아울러, 광고물이 가지고 있는 공통적인 재미있는 요소를 찾아내었다. 스토리라인을 작성할 때 왓슨은 다양한 데이터를 학습해 사람들이 자동차 광고에 어떻게 반응하는지 분석하고, 소비자에게 가장 소구하는 지점을 찾아냈다. 왓슨은 인공지능을 활용하여 창의적인 칸 라이언스 수상작들의 공통요소를 광고제작에 투영하였다. 그래서 이 사례는 사람과 인공지능이 협력한 것으로 대표적이다[20].

그림 41. 렉서스(Lexus) Driven by intuition 사례

다음으로, 버거킹의 로봇 에이전시(Agency of Robot: AOR) 사례를 들 수 있다. 버거킹은 마이애미(David Miami)라는 대행사와 함께 진행한 AOR 캠페인에서 최신 머신러닝 기술을 통해 수백만 개에 달하는 패스트푸드 광고와 마케팅 보고서를 분석하고, 여기에서 발견된 패턴을 기반으로 여러 개의 버거킹 광고를 만들어냈다[21]. 즉, 기존 캠페인의 성공 요인과 실패 요인을 분석하고, 크리에이티브 영역에서 아이디어를 발전시켜 베타버전 텔레비전 광고들을 제작한 사례라고 할 수 있다.

그림 42. 버거킹 AOR 캠페인 사례

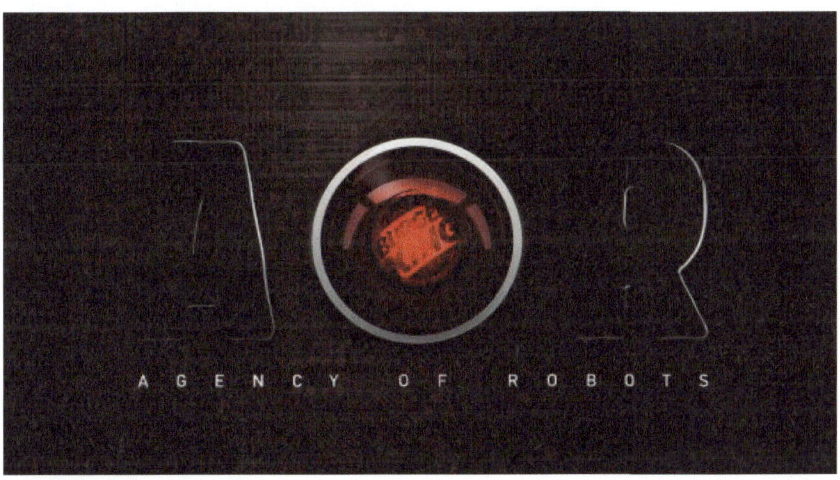

출처: HSAD Blog (2018)

2. 생성형 AI를 활용한 광고 마케팅

챗GPT로 대표되는 생성형 AI 역시 최근 광고 기획 및 제작 분야에 활용되고 있다. 먼저, 미국 신용조합 중 하나인 펜피드(PenFed)는 생성형 AI 알고리즘을 도입해 디지털 뱅킹 플랫폼을 출시했으며, 챗봇, 라이브 채팅, 셀프서비스를 사용하여 더 빠른 고객 경험을 제공했다[22]. 펜피드의 AI 기반 챗봇은 고객의 특성과 과거 문의 내역 등의 히스토리를 기반으로 맞춤형 응답 제안을 생성하며, 최초 고객 문의의 20%를 챗봇이 해결하고 있다고 밝혔다.

그림 43. 챗GPT를 이용한 광고 스토리 제작

How Brands and Agencies Are Experimenting With ChatGPT From Copywriting to Chatbots

From copywriting to chatbots, with Mint Mobile and Avocados From Mexico

JANUARY 31, 2023

출처: 박종구 (2023)에서 재인용

또한 광고 크리에이티브 영역에서 챗GPT와 같은 생성형 AI를 활용한 광고가 등장하고 있다. 예를 들면, '당신 이야기에 대한 영광'(Glory to your story)이라는 온라인 동영상 광고는 광고에 등장하는 인물들의 배경 이야기를 챗GPT를 통해 생성했다(Ad-Week, 2023.1. 박종구(2023)에서 재인용). 내러티브 영역뿐만 아니라, 캠페인 비주얼을 생성한 사례도 있다. GoFundMe는 기존의 연간 보고서를 'Help Changes Everything' 이라는 소셜 비디오 형태로로 제작했는데, 이는 OpenAI 및 Stable Diffusion과 같은 생성형 AI를 통해 캠페인 비주얼을 생성했다고 밝혔다[23].

그림 44. OpenAI 및 Stable Diffusion을 활용한 소셜 비디오

이미지 출처: GoFundMe 공식 유튜브 (https://youtu.be/NqdC0WX-f6o?si=JnL9UuT2Q5WzCnZb)

7
CHAPTER

디지털 사이니지

디지털 사이니지는 디지털 옥외광고(Digital Out of Home: DOOH)의 일종으로, 비교적 최근 부상하고 있는 옥외광고 분야이다. 국내 디지털 사이니지는 옥외광고가 급속히 디지털화하면서 빅데이터를 활용하고 있다. 이 데이터를 통해 옥외광고의 효과 측정과 프로그래매틱 DOOH으로 DSP, SSP, DMP 등 디지털 방식의 광고 거래 플랫폼으로 확장하고 있으며 효율적인 광고 집행이 가능하게 되었다. 최근 다양한 옥외 매체가 디지털 통신 기술과 접목됨으로써 디지털 사이니지를 통한 도심에서의 다채로운 경험이 제공되고 있다.

1. 대형건물 디지털 사이니지

최근에 대형건물에 세로형 디지털 사이니지가 많이 나타나고 있다. 특히 강남구 삼성동 일대는 자유표시구역으로 지정되어 지금까지 보지 못했던 초대형 디지털 사이니지가 나타나면서 일반 소비자에게 큰 주목성을 가지게 되었다. 그리고 삼성, LG 등 대형 글로벌 광고주가 이 매체를 집행하고 있다.

그림 45. 삼성역 대형건물 디지털 사이니지

특히 2020년 해당 대형 스크린에서 한국 기업 '디스트릭트(d'strict)'가 제작한 영상 작품 'WAVE'가 상영되며 전 세계적으로 큰 화제를 불러오기도 했다.

그림 46. 코엑스 초대형 스크린에 게시된 'WAVE' 사례

이미지 출처: 김영신 (2020. 5.)

2. 네트워크형 디지털 사이니지

대형 스크린이 아니더라도 소비자의 생활 동선에 밀접하게 접근할 수 있는 디지털 사이니지 플랫폼도 존재한다. 대표적인 예시로 엘리베이터 광고와 편의점 광고를 들 수 있다. 먼저 엘리베이터 광고는 전국 주요 아파트 및 빌딩 엘리베이터 내부에 설치된 동영상 매체로, 광고가 아니더라도 주식정보나 날씨 등 실시간 정보와 아파트 공지 사항 등의 공통 콘텐츠가 포함된다. 엘리베이터 광고는 타운보드(Townboard) 광고라고도 불리는데, 주목도가 높은 엘리베이터 공간을 활용한다는 점과 소비자의 생활 동선에 반복적으로 노출된다는 점에서 인기를 끌고 있다. 지역별 세부 타겟팅이 가능하다는 것 또한 타운보드형 광고의 장점 중 하나이다.

그림 47. 엘리베이터 광고(타운보드) 집행 사례

삼성전자(비스포크) (수도권 PKG / 2022.02)	퍼피유 (수도권 PKG / 2022.08~10)	삼성케어플러스 (전국 PKG / 2022.05~06)	SONY (전국 PKG / 2022.01)	삼성디지털프라자 (전국 PKG / 2022.05)

출처: 나스미디어 (2023) OOH 통합매체소개서

다음으로, 편의점 광고는 전국의 주요 상권 및 주요 교통 요지에 위치하여 넓은 커버리지를 가지고 있다. GS25 편의점 내에 위치한 세로형 옥외 광고 매체로, 업계에서는 GSTV라고도 불리운다. 이처럼 편의점과 같이 전국 단위의 리테일 매장에 설치된 디지털 사이니지 역시 소비자의 생활 동선에 밀접한 플랫폼의 한 유형이라고 할 수 있겠다.

그림 48. 편의점 광고(GS TV) 집행 사례

출처: 나스미디어 (2023) OOH 통합매체소개서

월마트는 오프라인 매장 내에 스마트 리테일 키오스크를 설치해 고객이 제품을 직접 스캔하면 레시피, 쿠폰, 추천 상품 등의 정보를 제공하는 캠페인을 진행했다. 매장 방문객 누구나 참여할 수 있고, 제품 구매 전 키오스크를 경험하는 과정에서 자연스럽게 브랜드와의 접점이 형성될 수 있다.

이 사례는 특정 개인 데이터 기반으로 맞춤화도 경험을 제공하기보다 매장을 찾는 모든 소비자에게 같은 참여기회를 주었다. 즉, 고객 누구나 제품을 스캔하는 행동만으로 참여할 수 있다. 위 사례의 특징은 소비자 참여를 유도하는 것과 단순히 광고를 노출하는 것이 아닌, 고객이 직접 제품을 스캔해야 정보와 혜택을 얻을 수 있게 만들어졌다는 것이다. 두 번째로는 브랜드 체험을 강화할 수 있다. 제품 관련 레시피, 쿠폰 제공은 소비자의 체류시간을 늘리고 브랜드에 대한 긍정적인 경험을 만들어 주었다. 마지막으로는 구매 전환 연결성이다. 키오스크에서 제공된 정보와 쿠폰은 소비자가 즉각적인 구매 행동으로 이어지게 만들어 광고와 판매를 연결시킨다. 결국 월마트의 위 사례는 단순한 매장 프로모션을 넘어, 소비자가 직접 참여해 브랜드 경험을 체험하는 실제의 참여형 일반형 광고이다.

그림 49. 월마트 스마트 리테일 키오스크 설치 사례

3. 모빌리티 디지털 사이니지

카카오 모빌리티의 블루 RSE(Rear Seat Entertainment) 패키지는 탑승 시점부터 하차까지 일관된 브랜드 메시지를 전달하여 오디언스 커버리지를 확대하고 높은 도달률을 기대할 수 있는 새로운 광고 상품이다[1]. 구체적으로는 웰컴 광고(승객의 탑승 직후 안내메시지와 함께 노출되는 광고), 홈 광고(탑승객의 탑승 시간에 따라 퍼스트 영역과 일반 영역으로 구분되는 광고), 하차 광고(목적지 250m 도착 전부터 노출되는 광고 상품)으로 구분된다. 카카오모빌리티에서는 이미 일본에서 도쿄를 중심으로 일본 주요 12개 도시에 태블릿을 이용해 동영상 광고 서비스를 제공하고 있는데, 이러한 광고는 월 2천 6백만 명에게 노출된다고 밝혔다.

그림 50. 카카오 모빌리티 블루 RSE 소개

출처: 카카오 모빌리티 (2022) 블루 RSE 상품 소개서

실제 집행 사례(디즈니플러스 문나이트)를 살펴보면, 택시 탑승부터 택시 탑승 직후, 이동 중, 하차까지 고객의 택시 이용 경험에 맞추어 광고가 집행되고 있는 것을 알 수 있다. 이러한 RSE 광고의 장점은 전면 카메라를 통해 성별 구분이 가능하기 때문에 맞춤형 광고 및 콘텐츠를 제공할 수 있고, 기존의 디지털 사이니지와 차별되는 점은 사

용자와 밀접한 거리에서 광고를 제공하여 주목도와 도달률이 높다는 것이다. 또한 택시 승강장 쉘터 광고와 연계하여 배회하는 승객 또는 대기하고 있는 승객에게 확장된 광고 경험을 제공할 수 있다는 것도 장점 중 하나이다.

그림 51. 카카오 모빌리티 블루 RSE 집행 사례 – 디즈니플러스 '문나이트'

출처: 카카오 모빌리티 (2022) 블루 RSE 상품 소개서

또한 택시 외부 상단 표시등에 스크린을 설치하여 광고판으로 활용하는 사례도 있다. 국내 기업 모토브가 제공하는 디지털 옥외광고 플랫폼으로, 디지털 사이니지에 사물인터넷 센서 30여개가 탑재된 스마트 미디어 기기를 설치해 실시간 도시 데이터를 수집하여 위치 기반 광고 서비스를 제공한다[2]. 이러한 택시캡을 활용한 광고 플랫폼 역시 시간과 장소, 상황에 맞는 광고를 집행하고 그 효과를 측정할 수 있는 것이 특징이다. 모토브가 제공하는 기기가 탑재된 택시는 골목 사각지대를 포함한 도심을 운행하며 사물인터넷 센서를 통해 데이터 150여 종을 수집한다고 한다[3].

그림 52. 모토브 택시캡 활용 디지털 사이니지 플랫폼 사례

출처: 조선일보 https://www.chosun.com/economy/smb-venture/2021/05/07/6E2NQFUHK5CDHPK-6JU7QYA44WU/

8
CHAPTER

리테일 미디어와 OTT 플랫폼 내 광고

8.1

리테일 미디어

1. 온사이트(On-site) 광고

리테일 미디어(Retail Media)란 리테일러(유통회사)를 활용해 집행하는 광고를 말한다. 예를 들어, 쿠팡에서는 특정 브랜드의 상품이 광고 형태로 우선 노출되기도 하는 등, 쿠팡과 같은 이커머스에서 자주 볼 수 있는 광고가 리테일 미디어의 가장 대표적인 예시이다. 브랜드, 즉 물건을 판매하는 판매자(Seller)가 광고를 의뢰하는 광고주가 되고, 이커머스에서 물건을 구매하는 소비자들이 광고의 타겟이 되는 것이다. 현재 리테

그림 53. 커피 검색 결과 노출되는 온사이트 리테일 광고

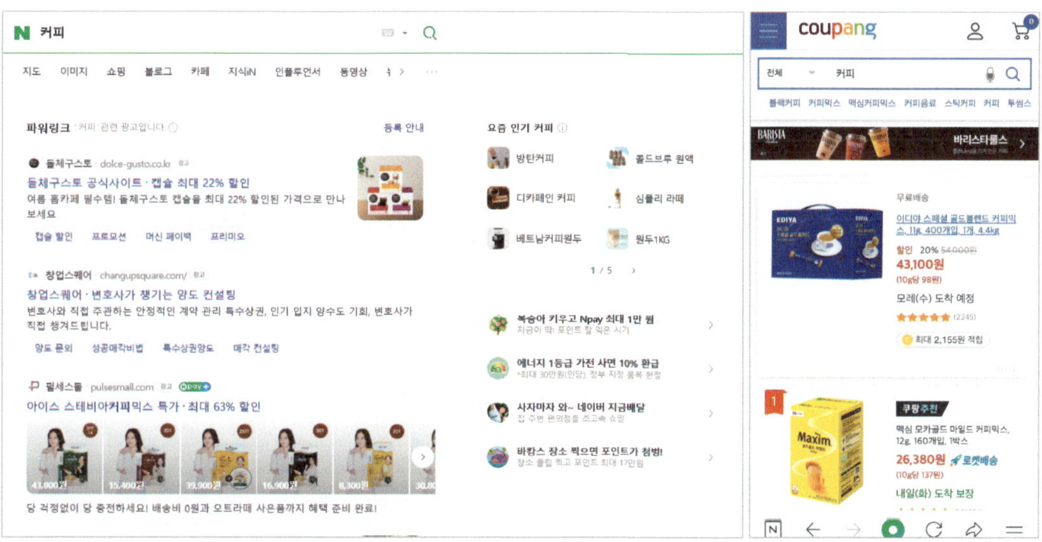

일 미디어에서 주력으로 자리 잡은 형태는 디스플레이 광고와 검색 결과 광고이며, 메인 페이지나 상품 상세 페이지에서 '광고'라는 라벨과 함께 노출되는 제품, 그리고 특정 검색어를 입력했을 때 우선적으로 표시되는 결과 모두 광고가 적용된 것이다. 온사이트 광고는 리테일러가 소유한 디지털 서비스에 노출되는 광고를 뜻한다. A라는 브랜드가 아마존에 광고를 의뢰하면 아마존닷컴 웹/앱 서비스에 A 브랜드의 광고가 노출된다. 이를 온사이트 광고라고 한다.

2. 오프사이트(Off-site) 광고

오프사이트 광고는 리테일러가 소유하지 않은 공간에 노출시키는 광고를 의미한다. 아마존에 의뢰한 브랜드 A의 광고가 핀터레스트에 노출된다면, 이는 오프사이트 광고가 된다. 대표적인 예시로 월마트와 로쿠의 파트너십 사례가 있다[1]. 로쿠는 스트리밍 디바이스도 판매하지만, 로쿠 채널이라는 자체 OTT 서비스를 함께 운영하고 있는데, 로쿠 채널에서 스트리밍되는 콘텐츠에 월마트 광고를 노출시키는 것이 파트너십의 핵심이다. 아마존도 이와 유사한 형태의 오프사이트 광고를 늘려가고 있다. 아마존은 특

그림 54. 로쿠 채널에 노출되는 월마트 광고

히 메타, 핀터레스트 등과 같은 SNS 채널을 활용하여 광고 노출을 확장하고 있다. 아마존 유저와 SNS 유저들의 연령대, 특징 등이 다르며 이를 통해 각기 다른 매체에 광고가 노출되면 더욱 다양한 소비자들에게 브랜드를 노출시킬 수 있는 것이다. 이러한 오프사이트 광고의 가장 큰 특징은 바로 소비자들이 많은 채널로 광고의 공간을 확장한다는 데 있다. 즉, 더욱 정교화된 타겟 중심의 광고를 더 많은 사람에게 노출시킬 수 있다는 점에서 오프사이트 광고의 향후 성장성이 높게 평가되고 있다.

3. 세분화 광고

고유한 사용자 데이터를 활용해 운영하는 광고 비즈니스를 모두 리테일 미디어로 정의하여 이해한다면, 리테일 미디어는 세분화 될 것이다. 왜냐하면 고유한 유저 데이터를 통해 니치(Niche)한 시장을 타켓으로 하기 때문이다. 우버와 리프트 두 회사 모두 사용자의 차량 이용 히스토리라는 세분화된 퍼스트 파티 데이터를 활용할 수 있다. 사람들이 언제 승차 공유 서비스를 가장 많이 이용하는지, 목적지 데이터 등을 통해 장소 이동과 관련된 시장을 타겟할 수 있다. 이러한 데이터를 활용해 실제로 우버와 리프트는

그림 55. 우버 앱 내 이동 경로에 노출되는 광고

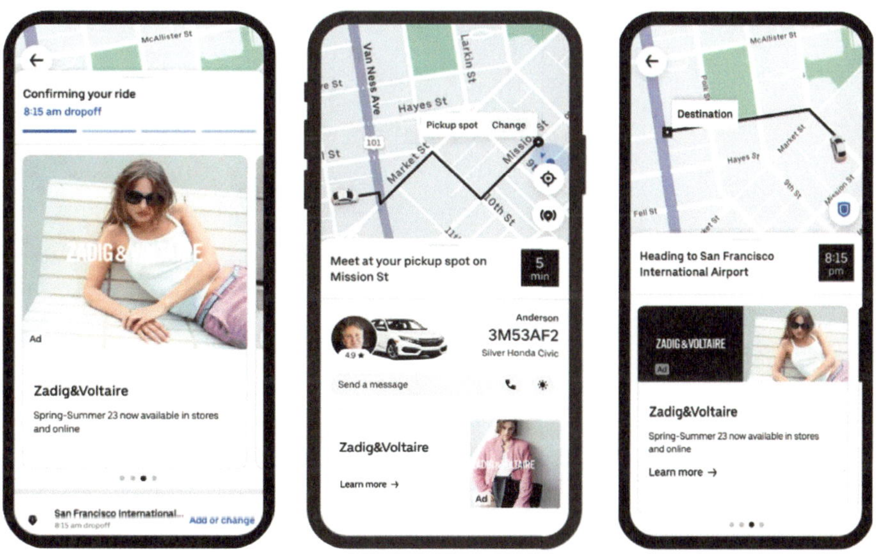

앱 내에 브랜드 광고를 노출하고 있다. 차량 승차 전후에 전환율 높은 광고를 보여주는 것뿐만 아니라, 차량 내부 태블릿에서도 광고를 집행하고 있다. 한편, 우버는 우버이츠(UberEats)와 함께 더 효율적인 리테일 미디어가 되고 있다. 예를 들어, 우버이츠를 통해 고객의 음식 배달 데이터를 모아 이 데이터를 승차 서비스 이용 데이터와 결합하여 효율적인 광고 채널이 되고 있다. 그리고 우버의 발표에 의하면, 2023년 4분기 기준으로 우버 리테일 미디어를 통해 55만개의 브랜드가 광고를 집행하는 것으로 나타났다. 2024년 광고매출은 10억 달러 (약 1조원)로 성장할 것으로 보고 있다[2].

8.2

OTT 플랫폼 내 광고

OTT플랫폼은 이제 핵심적인 도달 채널이 되었다. 그 이유는 미디어 환경이 전통적인 방송매체에서 인터넷 기반 스트리밍 서비스로 변화되었기 때문이다. 특히 코로나19 팬데믹 기간 동안 이러한 변화는 더욱 가속화되어, OTT는 주요 엔터테인먼트 소비 방식으로 자리매김하였다. 전통적 TV시청율이 점점 낮아지고 있는 가운데 OTT이용은 점점 증가하여 광고시장의 변화가 일고 있다.

전 세계 OTT 비디오 광고 시장의 광고비 지출은 2025년 2,075억 2천만 달러에 이를 것으로 예상된다. 광고비 지출은 연간 성장률(CAGR 2025~2030) 6.32%를 보여 2030년까지 예상 시장 규모가 2,819억 6천만 달러에 이를 것으로 예상된다[3]. 특히 광고 기반 VOD(AVOD) 시장은 2025년 366억 6천만달러에서 2032년 928억2천만 달러 규모로 성장할 것으로 예측되어, 광고모델의 중요성이 더욱 커지고 있음을 알 수 있다[4].

OTT(Over-the-Top)는 기존의 케이블 TV나 위성 방송과 같은 전통적인 방송 플랫폼 사업자를 거치지 않고, 인터넷을 통해 비디오, 오디오 등의 미디어 콘텐츠를 사용자에게 직접 제공하는 서비스를 의미한다. 이러한 OTT 플랫폼을 통해 시청자에게 전달되는 모든 형태의 광고를 OTT 광고라고 정의할 수 있다.

OTT와 자주 혼용되는 용어인 CTV(Connected TV)는 인터넷 연결이 가능한 TV

기기 자체를 지칭하는 반면, OTT는 콘텐츠가 인터넷을 통해 전달되는 방식(How)을 의미한다는 점에서 구분된다. 즉, 스마트 TV, 스트리밍 스틱(예: Chromecast, Amazon Fire TV Stick), 게임 콘솔 등은 CTV 기기에 해당하며, 이러한 기기를 통해 넷플릭스나 유튜브 같은 OTT 서비스의 콘텐츠를 시청할 수 있다.

또한, OLV(Online Video) 광고는 웹사이트나 앱 내의 다양한 동영상 콘텐츠에 삽입되는 광고를 포괄적으로 지칭하는 용어이다. 반면, OTT 광고는 주로 전문적으로 제작된 프리미엄 콘텐츠(영화, 드라마 등)가 제공되는 플랫폼에서, 건너뛸 수 없는(non-skippable) 형태로 스트리밍되는 경우가 많다는 점에서 차이가 있다.

전통적인 방송에서 인터넷 기반 콘텐츠 전달로의 근본적인 전환은 단순한 기술 변화를 넘어선 행동 양식의 변화를 의미한다. 이러한 변화는 OTT 광고가 가진 주소 지정 가능성, 데이터 기반 타겟팅, 향상된 측정 가능성이라는 핵심적인 차별점을 직접적으로 가능하게 한다. 이는 광고주가 더 이상 광범위한 인구 통계학적 그룹에게 광고를 송출하는 것이 아니라, 정밀하게 정의된 잠재고객 세그먼트에게 도달할 수 있게 되었음을 시사한다. 결과적으로 잠재적인 광고 투자 수익률(ROI)은 높아질 수 있으나, 동시에 더욱 정교한 캠페인 관리가 요구된다.

1. 프리롤, 미드롤, 포스트롤 광고

OTT 광고는 다양한 형태로 제공되며, 각 유형은 고유한 특징과 전략적 활용 방안을 가진다. 프리롤(Pre-roll), 미드롤(Mid-roll), 포스트롤(Post-roll) 광고가 가장 기본적인 동영상 광고 형식이다. 프리롤 광고는 선택한 동영상 콘텐츠가 시작되기 전에 재생되며, 일반적으로 15초에서 30초 길이이며, 사용자가 콘텐츠를 보기 전에 반드시 시청해야 한다. 미드롤 광고는 콘텐츠 시청 중간, 프로그램 내 자연스러운 광고 시간(commercial break)에 삽입된다. 길이는 30초에서 2분, 또는 최대 60초까지 다양하다. 포스트롤 광고는 콘텐츠 시청이 모두 완료된 후에 노출되는 형태로 브랜드 인식을 높이는데 효과적일 수 있다[5].

그림 56. 넷플릭스 노출 광고

광고 상품 | **광고 노출 방식**

노출 예시

노출 콘텐츠

	NETFLIX Original		제휴 콘텐츠	
	영화	시리즈	영화	시리즈
프리롤	●	●	●	●
미드롤	X	●	●	●

* Netflix Original 영화는 공개일 기준 18개월 후 '프리롤', '미드롤' 모두 노출

노출 시간 총 1시간 콘텐츠 기준 광고시간 4~5분

노출 빈도
- 최대 1회/시간
- 최대 3회/일

* 브랜드 기준

영상 광고는 소재나 타겟팅, 광고 위치에 따라 서로 다른 효과를 보인다. 특히 이용자들이 스킵하지 않는 광고의 특징은 평소에 관심이 있는 카테고리/브랜드의 광고일 때가 1위를 차지하고 타겟팅의 적합도 여부가 광고 효과에 큰 영향을 미치는 것으로 나타났다. 프리롤, 미드롤, 포스트롤 등 광고 위치에 따른 효과를 살펴본 결과, 모바일에서의 광고 회상도, 유용도는 프리롤 광고가 가장 높게 나타났다.

그림 57. 스킵하지 않는 광고 특징

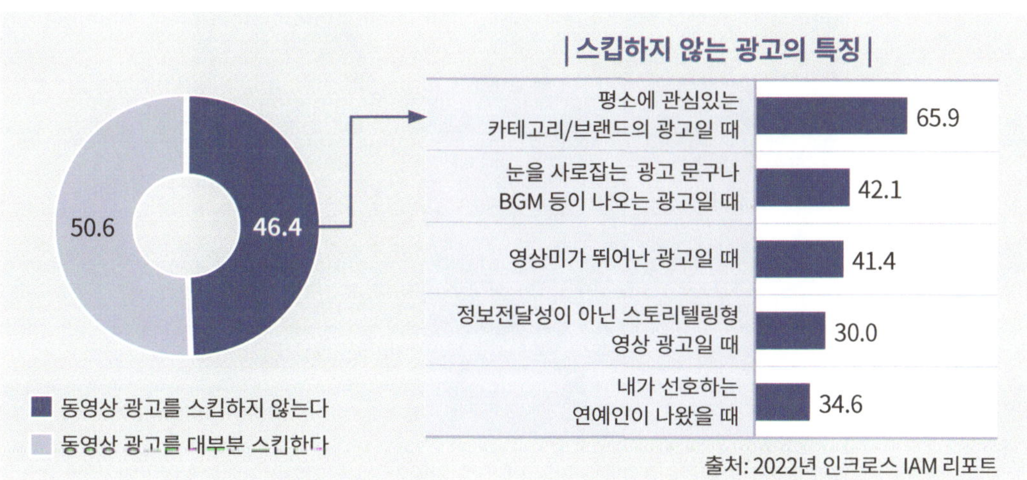

2. 인터렉티브 광고

인터랙티브 광고 (Interactive Ads)는 시청자의 능동적인 참여를 유도하는 광고 형태로, QR 코드 스캔, 클릭 가능한 링크, 설문 응답, 제품 정보 확인 등의 상호작용을 포함할 수 있다. 예를 들어, Hulu의 '인터랙티브 거실 광고(Interactive living room ads)'나 Amazon Prime Video의 인터랙티브 광고는 시청자가 리모컨이나 모바일 기기를 통해 광고와 직접 소통하며 추가 정보를 얻거나 구매로 연결될 수 있도록 설계되었다.

특히 아마존 광고는 2025년 업프론트 발표에 앞서 프라임 비디오용 커넥티드 TV(CTV)광고 포맷 3종을 공개하였다. 이는 본격적인 스트리밍 커머스 시대를 알리는 계기가 되었다. 아마존이 선보인 것은 스트리밍과 커머스를 유기적으로 결합한 혁신적인 CTV광고 포맷이었다. 이번에 공개된 신규 광고는 단순히 영상 내 노출뿐만 아니라, 시청자의 행동을 유도하고 쇼핑하는데 있어 어려운 점을 제거하려고 노력하였다[6]. 여기에서 소개된 광고 종류는 다음과 같다.

첫 번째, AI 기반 일시정지 광고(Pause Ads)이다. 콘텐츠 맥락에 맞추어 영상이 일시정지 될 때, AI에 기반하여 자동으로 광고가 보여지게 된다. 영상 내용이 AI을 통해 분석되어 브랜드 메시지와 조화롭게 나타나도록 되어 있다.

그림 58. AI 기반 일시 정지 광고(Pause Ads)

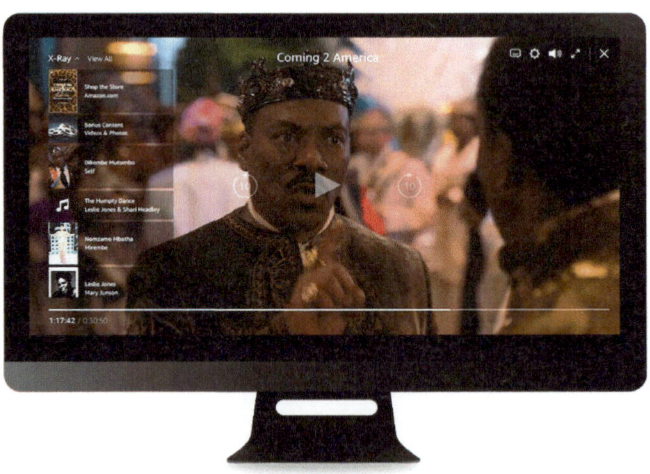

출처: https://www.flatpanelshd.com/news.php?subaction=showfull&id=1715241823

두 번째는 실시간 장바구니 연동 광고(Add-to-Cart-Ads)가 이와 연결되어 노출된다. Amazon 장바구니 버튼이 광고를 보는 동안에 나타나, 사용자는 제품을 리모컨을 클릭하여 제품을 한번에 장바구니에 포함시킬 수 있다.

그림 59. 실시간 장바구니 연동 광고(Add-to-Cart-Ads)

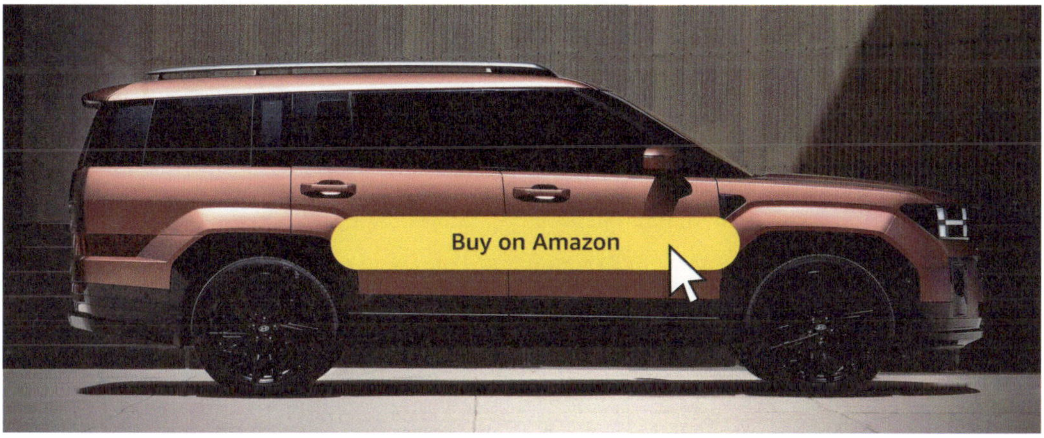

출처: https://www.adsoftheworld.com/campaigns/add-to-cart

마지막으로 비아마존 브랜드용 '휴대폰 전송' 버튼(Send-to-Phone Ads)이다. 시청자가 광고 정보를 자신의 휴대폰으로 받아볼 수 있게 하는 기능이 추가되었는데 이는 아마존에서 구매할 수 없는 브랜드의 광고 효과를 높이기 위해서이다. 이러한 기능은 프라임비디오의 광고 지원 콘텐츠(da-supported content)에 적용된다. 이는 매달 미국 내 1억 3천만명의 시청자에게 도달하는 것으로 알려져 있다. 이 시청자 중의 88%는 실제 아마존 구매 경험이 있는 사용자이기 때문에 구매할 가능성이 높다. 2025년에는 프라임비디오 전체 시청자 수가 1억 6600만 명이 넘을 것으로 보고 있다[7].

이와 같이 OTT내 광고는 계속적으로 진화하고 있으며 시청자가 프로그램을 보면서 시청을 흐름을 깨지 않는 상황에서 소비자인 시청자가 광고에 노출되면서 쇼핑을 할 수 있는 구조로 바뀌고 있다. 예전과 다르게 시청자는 OTT를 소비하는 형태가 변화함에 따라 이와 같은 광고에도 반응하리라 예측된다. 특히 휴대폰 전송 버튼 광고의 경우는 이미 휴대폰으로 제품을 구매하는 습관이 익숙해져 있기 때문에 이러한 광고는 앞으로 새롭게 자리매김 하리라 생각된다.

특히, OTT 시장이 계속 성장함에 따라 OTT플랫폼 내 광고는 계속 진화하리라 생각되며 소비자는 이에 적응되어 플랫폼내 콘텐츠와 조화된 광고에 반응이 활발히 되리라 생각한다. 예전에 콘텐츠와 광고가 분리된 형태였다면 이제는 콘텐츠와 광고가 결합되는 형태로 나타나기 때문에 구매도 이런 일련의 과정이 되어 소비자가 이런 종류의 광고에 반응하게 될 것이다. 앞으로 어떻게 소비자가 변화되어 갈지가 성공의 갈림길이 될 것이다.

9

CHAPTER

온라인 광고/소셜미디어 광고

온라인 광고는 기존의 인터넷 광고를 포함하여 소셜미디어 광고도 포함하지만 이 내용에서는 분리하여 정리하고자 한다. 초기 인터넷 광고는 대표적인 형태로 배너광고를 들 수 있다. 단순히 광고 내용을 노출하고자 한다. 이 배너 광고는 초기화면 위쪽에 위치하며 시행되고 있다. 그리고 리치미디어 광고로 기존이 텍스트 위주의 배너광고에서 비디오, 오디오, 사진, 애니메이션을 혼합하여 내용을 더 풍부하게 볼 수 있는 멀티미디어 광고이다. 검색광고가 인터넷광고의 주 형태가 되면서 인터넷광고가 더욱 발전하게 되었다. 네이버나 카카오나 현재 다양한 온라인광고 상품을 개발하고 있다.

온라인 광고는 PC 데스크 광고보다는 스마트폰을 활용한 모바일 광고가 더욱 확장되고 있으며 소셜미디어광고도 모바일광고에서 더욱 활발하게 집행되고 있다. PC나 모바일광고로 진행되는 인터넷광고는 계속해서 진화하고 있다.

소셜미디어 광고는 기업이 관련 내용을 업로드하기도 하지만 소비자가 업로드하고 공유하는 상호작용을 포함하는 온라인 광고이다. 소비자가 올리는 광고의 경우는 소비자의 개인적 이름이나 사진을 올리는 상호작용까지도 모두 포함한다.[1]

소셜미디어 광고가 활용하는 데이터는 다음과 같다. 첫째, 프로파일 데이터이다. 개인의 이름, 좋아함, 어플리케이션 설치 등을 포함한다. 둘째, 소셜데이타로 개인간의 명확한 연결망을 포함한다. 셋째, 상호작용 데이터이다. 온라인 친구 간의 상호작용에 관한 것이다. 그리고 소셜미디어광고 세 분야로 구성된다. 먼저, 광고 콘텐츠를 들 수 있다. 소셜미디어광고는 메시지를 개인과 맞춤화하기 위해 광고 내의 개인적 데이터를 활용한다. 두 번째, 타킷팅으로 소셜미디어광고는 개인의 데이터를 활용하여 광고를 타킷팅한다. 이러한 타킷팅은 개인이 광고를 선택하여 친구들에게 전달, 공유하는 것도 포함한다. 세 번째, 기능성으로 소셜미디어광고는 광고 내에서 사회적 연결 (친구와 공유)를 가능하게 한다.

이러한 온라인 광고와 소셜미디어 광고에서 다음과 같은 광고 유형이 나타나고 있다. 카카오는 2025년 2월 선물하기 광고상품을 선보였다. 이야기가 있는 선물, 검색으로는 추천검색어_텍스트, 이미지, 검색 홈 배너, 검색결과 배너, 브랜드 키워더, 상품키워드 등이 있다. 그 중에서 홈 메인 배너와 금주의 브랜드 광고를 소개하면 다음과 같다. 카카오는 이와 같이 선물하기 서비스가 계속 증가하고 있기 때문에 새로운 광고상품을 선보이면서 소비자가 선물을 선택을 쉽게 하고자 한다.

그림 60. 카카오 선물하기 광고 사례

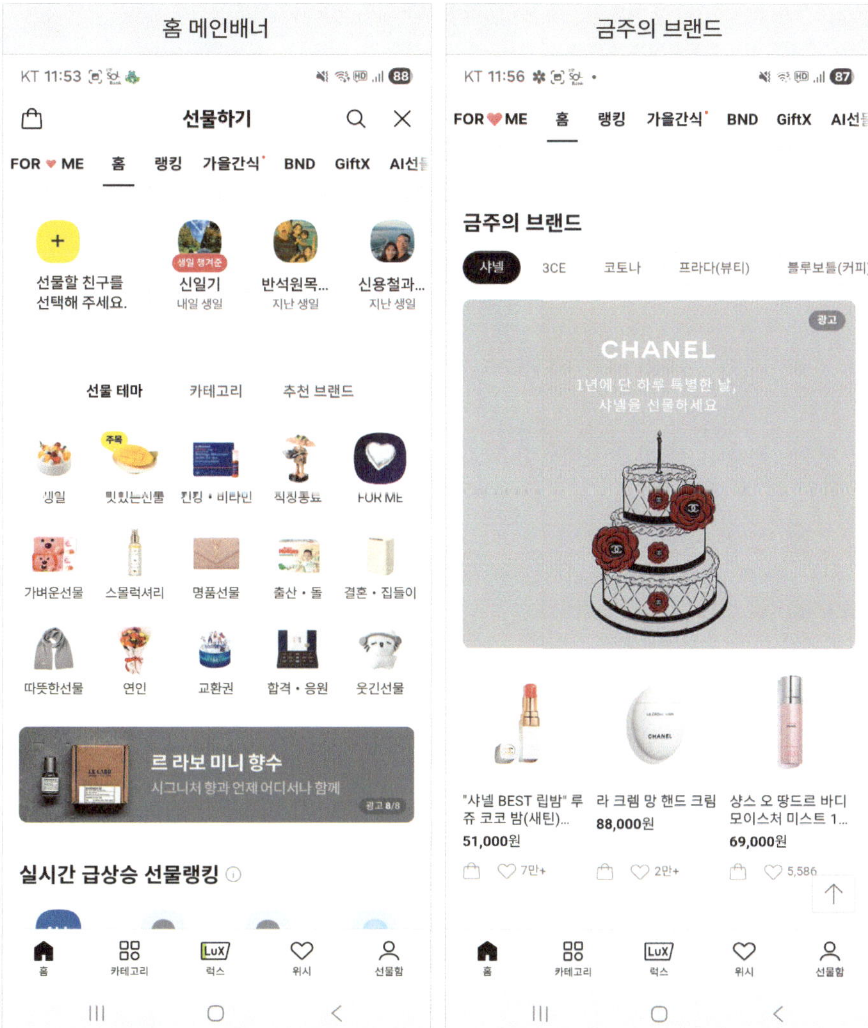

그리고 위치기반 정보를 통해 확장되고 있다. 지도를 활용하여 위치 정보를 제공하고 있다. 네이버, 메타, 틱톡 등 다양한 플랫폼들은 위치 정보를 기반하여 다양한 서비스를 추진하고 있다. 네이버 사례를 보면 지도에서 자신이 검색한 장소를 찾아 주변 관련 장소를 보여주고 있다.[2]

그림 61. 지도를 활용해 서비스 확장하는 미디어·플랫폼 사례

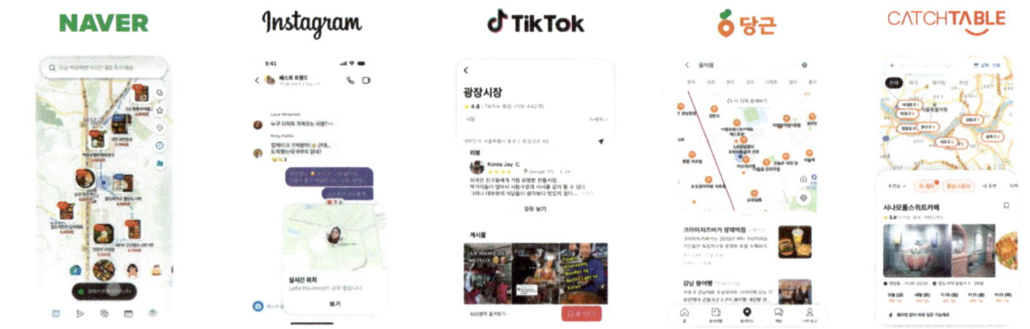

네이버 - **퀵커머스 X 플레이스 결합**, 지도에서 바로 배송 가능한 곳을 찾아 장보기 가능하도록 할 전망

인스타그램 - **DM으로 실시간 위치 공유 기능 추가** 지인 간의 만남·소통 지원

틱톡 - 장소 태그 시 리뷰 작성 가능 **위치기반관심정보 고도화해** 지도 앱 수준의 장소 정보 제공할 계획

당근 - **기존 '내 근처' 탭을 지도 중심으로 개편한** 동네지도 서비스 전국으로 확대 출시

캐치테이블 - 팝업 모아보기, 웨이팅·픽업 가능 매장 표시 등 **지도 통해 확인 가능한 정보 확대**

출처: 나스미디어 (2025). 디지털미디어 마케팅 전망 보고서.

이 중에서 네이버 사례를 보면 다음과 같다.

그림 62. 지도를 활용한 서비스 - 네이버 사례

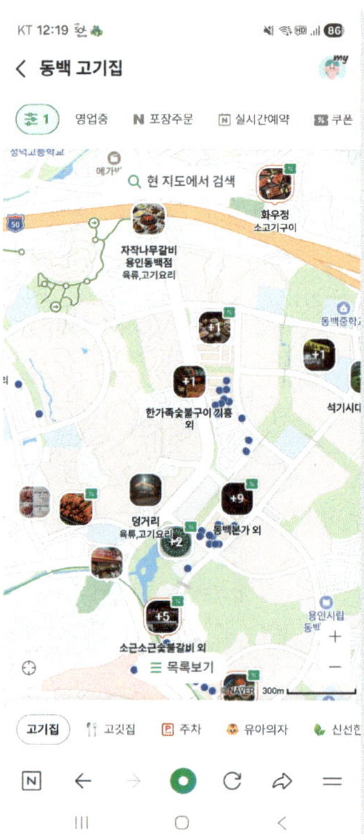

자신이 살고 있는 지역에서 고기집을 검색하면 옆에 있는 경우처럼 주변 지역의 고기집이 결과로 나온다. 하나의 매장을 선택하여 들어가면 식당의 홈페이지가 나오게 되면서 관련 정보를 알아낼 수 있다.

인스타그램의 경우는 이미지광고, 비디오 광고, 캐로우셀 광고, 콜렉션 광고, 스토리광고, 메시지광고 등이 있다. 이중에서 스토리광고는 피드상에 나타나는 풀 이미지 또는 동영상이다. 이 스토리광고는 “광고”라고 명시되어 있고 이렇게 함으로써 타켓 오디언스에 도달할 수 있다.

그림 63. 인스타그램 스토리광고 사례

인스타그램 스토리광고를 통해 누구나 특정의 사람, 관심, 위치에 따라 광고를 할 수 있다. 옆에 있는 광고처럼 릴스 제작플랫폼 글로브를 클릭하여 들어가면 소개서나 제작 레퍼런스를 볼 수 있다.

소셜미디어광고를 통해 타깃 지향 광고를 집행하고 있어 더 적합한 맞춤형 광고가 가능하다.

페이스북의 메타는 2025년 8월 ‘옴니채널 광고’를 출시했다. 이는 온라인과 오프라인 구매를 모두 최적화하는 것이다. 매장 위치가 표시된다. 광고에 가까운 매장이 표시되며 클릭시 매장정보와 지도로 연결되어 방문을 유도하게 된다. 이 광고는 사용자를 근처 매장으로 안내할 뿐만 아니라 제고가 있는 제품 정보를 제공하여 매장 방문을 유도할 가능성을 높이게 된다. 또한, 브랜드는 매장 내 쇼핑을 더욱 매력적으로 만들어 줄수 있는 맞춤형 할인 혜택을 제공할 수 있다. 옴니채널 전략으로의 이러한 전환은 효과적인 것으로 나타났다. 옴니채널 광고를 사용하는 브랜드는 행위당 드는 비용(CPA) 를 최대 15% 낮추고 광고 지출 수익률(ROAS)을 12% 높였다고 보고했다. 그 예로 American Eagle을 들면, American Eagle의 CMO인 Craig Brommers 에 따르면, 옴니채널 광고를 사용하여 18~24세의 타겟 고객층에서 ROAS가 48% 더 높아졌다고 한다. 이러한 점은 젊은 소비자들은 오프라인과 온라인 쇼핑 경험을 융합한 이러한 광고에 민감하게 반응한다는 것을 보여준다.[3]

그림 64. 메타의 위치 기반 광고 사례

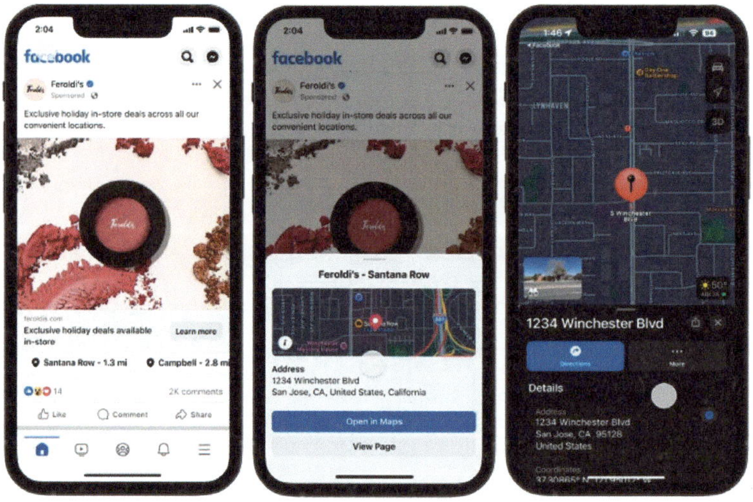

매장위치가 나타나고 지도를 통해 매장을 확인할 수 있다.

출처: https://www.socialmediatoday.com/news/meta-announces-ai-ad-updates-ads-in-notifications/743262/

메타는 구글 스타일 AI모델 디스플레이를 시도하고 있다. 예를 들어, 의류는 사이즈가 다른 경우 AI만들어진 캐릭터로 무엇이 다른지를 보여주고 있다. 구글은 신체 유형에 따라 옷이 어떻게 보이는지를 보다 정확하게 시각화해주는 AI기반 AR프로세스를 출시했다. 새로운 광고 유형에 대해 구글은 동영상 보기 캠페인 옵션을 통해 광고 제작 및 타켓팅 과정에서 AI를 활용할 수 있는 방법을 제공하고 있다. 예를 들어, 아래

광고와 같이 다양한 실제 모델에게 입혀진 옷의 모습을 보여준다. AI생성 모델은 하나의 옷 이미지만으로 다양한 포즈를 취한 다양한 모델에게 옷이 보이는지를 제시한다.[4]

그림 65. 메타의 구글 스타일 AI 모델 디스플레이 사례

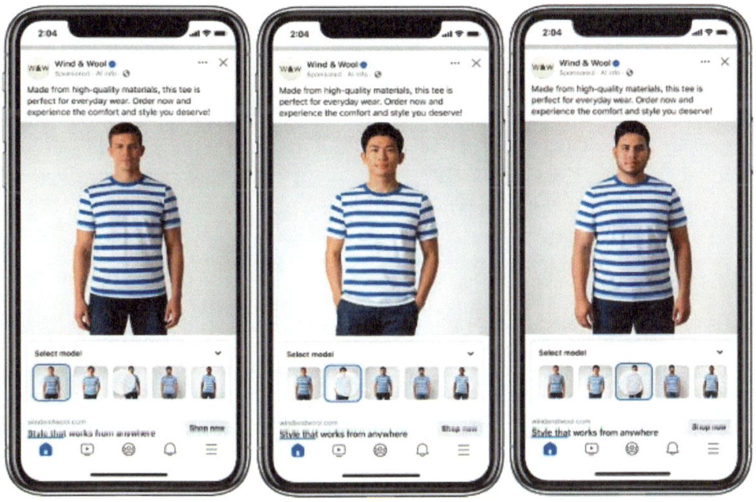

1M+

2
PART

데이터,
광고를 혁신하다

10

CHAPTER

프로그래매틱 광고

프로그래매틱 광고는 현대 디지털 마케팅 환경에서 핵심적인 역할을 수행하며, 광고 거래의 패러다임을 변화시키고 있다. 프로그래매틱 광고(Programmatic Advertising)란 광고 구매자와 판매자를 자동화된 시스템으로 연결하여 광고 인벤토리의 구매 및 판매 전 과정을 효율화하는 방식을 의미한다. 이는 알고리즘과 첨단 기술을 활용하여 디지털 광고 공간을 실시간으로 거래하는 접근 방식으로, 본질적으로 마케팅 기술을 통해 디지털 광고를 제작하고 미디어 구매 과정을 자동화하는 것이다.

프로그래매틱 광고의 효과는 본질적으로 데이터의 질과 활용 능력에 달려있다. 본 섹션에서는 프로그래매틱 광고 캠페인의 성공을 좌우하는 다양한 데이터 유형과 그 중요성을 살펴보고, 이러한 데이터를 기반으로 한 핵심 타겟팅 기법 및 오디언스 세분화 전략을 분석한다. 나아가, 동적 크리에이티브 최적화(DCO)와 같은 첨단 개인화 기술이 어떻게 데이터를 활용하여 광고 효과를 극대화하는지를 보고자 한다.

1. 데이터의 종류와 중요성

프로그래매틱 광고는 다양한 종류의 데이터를 활용하여 타겟 오디언스에게 가장 관련성 높은 메시지를 전달하고자 한다. 데이터의 출처와 특성에 따라 그 가치와 활용 방안이 달라진다.

- **퍼스트 파티 데이터 (First-Party Data)**: 기업이 자사의 웹사이트, 모바일 앱, CRM(고객 관계 관리) 시스템, 오프라인 매장 등 자체적으로 운영하는 채널을 통해 직접 수집하고 소유한 데이터를 의미한다[1]. 여기에는 고객의 웹사이트 방문 기록, 구매 이력, 장바구니 정보, 앱 사용 패턴, 멤버십 정보, 고객센터 문의 내용 등이 포함된다. 퍼스트 파티 데이터는 수집 주체가 직접 관리하므로 정확도가 매우 높고, 고객의 명시적인 동의 하에 수집되는 경우가 많아 개인정보보호 측면에서도 상대적으로 안전하다. 또한, 추가적인 구매 비용 없이 활용 가능하여 비용 효율적이라는 장점도 있다[2]. 특히 서드 파티 (Third-Party) 쿠키의 지원 중단과 같은 개인정보보호 강화 추세 속에서, 퍼스트 파티 데이터의 전략적 중요성은 더욱 커지고 있다.

- **세컨드 파티 데이터 (Second-Party Data)**: 신뢰할 수 있는 다른 기업(파트너사)이 수집한 퍼스트 파티 데이터를 계약이나 협약을 통해 공유받아 활용하는 데이터를 말한다[3]. 예를 들어, 항공사가 여행사와 제휴하여 여행 상품 예약 고객 데이터를 공유받거나, 특정 산업군의 미디어 회사가 관련 제품 제조사와 데이터를 교환하는 경우가 이에 해당한다. 세컨드 파티 데이터는 직접 수집한 데이터는 아니지만, 데이터 제공처와의 신뢰 관계를 바탕으로 확보되므로 퍼스트 파티 데이터에 준하는 품질을 기대할 수 있으며, 자사의 데이터만으로는 도달하기 어려운 새로운 잠재고객 풀에 접근할 수 있게 해준다.
- **서드 파티 데이터 (Third-Party Data)**: 여러 외부 데이터 제공업체(Data Provider)가 다양한 온라인 및 오프라인 소스로부터 광범위하게 수집하여 가공한 후, 이를 필요로 하는 기업에게 판매하는 데이터를 의미한다[4]. 서드 파티 데이터는 사용자의 인구통계학적 정보, 관심사, 구매 의도, 라이프 스타일 등 매우 폭넓은 영역을 포괄하며, 광고주는 이를 통해 방대한 규모의 오디언스 풀에 접근하여 타겟팅 범위를 넓힐 수 있다. 그러나 데이터 수집 과정의 투명성, 데이터의 최신성 및 정확성, 그리고 개인정보보호 규정 준수 여부 등에 대한 문제가 제기될 수 있어 활용 시 주의가 필요하다.

프로그래매틱 광고에서 데이터는 정교한 타겟팅, 광고 메시지의 개인화, 캠페인 성과 측정 및 실시간 최적화, 그리고 궁극적으로 광고 투자 대비 수익률(ROI) 향상을 위한 핵심적인 역할을 수행한다[5]. 데이터가 없다면 프로그래매틱 광고는 단순히 광고 지면을 자동으로 구매하는 기술에 불과할 것이며, 그 진정한 가치인 '적절한 메시지를, 적절한 잠재고객에게, 적절한 타이밍에' 전달하는 능력은 발휘될 수 없다.

이러한 데이터 유형 간에는 정확성, 관련성, 비용 측면에서 명확한 가치의 차등이 존재한다. 일반적으로 퍼스트 파티 데이터가 가장 높은 가치를 지니며, 그 다음이 세컨드 파티, 서드 파티 데이터 순으로 평가된다. 특히 서드 파티 쿠키의 종말로 인해 퍼스트 파티 데이터의 전략적 가치는 더욱 상승하고 있으며, 강력한 퍼스트 파티 데이터 확보 및 활용 전략을 갖춘 기업은 상당한 경쟁 우위를 점할 수 있다. 그러나 데이터 활용은 양날의 검과 같다. 광고 효과를 높이는 데 필수적이지만, 데이터 수집 및 활용 과정에서 GDPR, CCPA, 개인정보보호법(PIPA)과 같은 엄격한 개인정보보호 규제를 준수해야 하는 부담과 데이터 유출의 위험을 동시에 안고 있다[6]. 퍼스트 파티 데이터의 가치가 높아짐에 따라, 대형 플랫폼이나 리테일러들이 자사 고유의 사용자 데이터를 활용하는 '월드 가든(walled garden)[7]' 형태의 광고 생태계가 강화될 수 있으며, 이는 플랫폼 간 데이터 연동성을 저해하고, 소비자가 오픈웹을 탐색하는 경우 소비다의 여정이 단절되며[8], 특정 플랫폼에 대한 광고주의 의존도를 높이는 결과를 초래할 수도 있다.

2. 광고 개인화 기술: 동적 크리에이티브 최적화(DCO)

데이터 기반 타겟팅이 '누구에게' 광고를 보여줄 것인가에 초점을 맞춘다면, 광고 개인화 기술은 '어떤' 광고를 보여줄 것인가의 문제를 해결하여 광고 효과를 한층 더 끌어올린다. 그중에서도 동적 크리에이티브 최적화(Dynamic Creative Optimization, DCO)는 프로그래매틱 광고 환경에서 가장 주목받는 개인화 기술 중 하나이다.

DCO는 실시간으로 수집되고 분석되는 다양한 사용자 데이터(예: 인구통계, 관심사, 행동 이력, 현재 문맥, 위치, 날씨 등)를 기반으로, 광고를 구성하는 여러 요소들(예: 헤드라인 문구, 본문 텍스트, 이미지, 비디오, 클릭 유도 버튼(CTA), 배경색 등)을 개별

그림 66. 글로벌 DCO 마케팅 시장

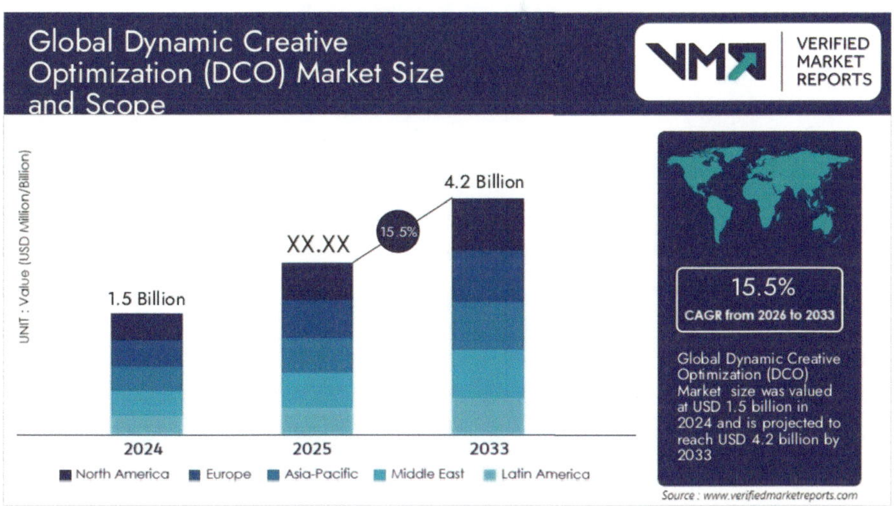

출처: https://www.verifiedmarketreports.com/ko/product/dynamic-creative-optimization-dco-market/

사용자에게 가장 적합하도록 실시간으로 조합하여 맞춤형 광고 크리에이티브를 동적으로 생성하고 제공하는 첨단 프로그래매틱 광고 기술이다[8]. 즉, 모든 사용자에게 동일한 광고를 보여주는 것이 아니라, 각 사용자의 특성과 상황에 맞춰 최적화된 광고를 즉석에서 만들어 보여줌으로써 광고의 관련성과 효과를 극대화하는 것을 목표로 한다.

DCO 캠페인의 일반적인 작동 과정은 다음과 같다.

- **데이터 수집 및 분석 (Data Collection & Analysis)**: 캠페인 목표와 관련된 다양한 데이터 소스(퍼스트 파티 데이터, 서드 파티 데이터, 문맥 데이터 등)로부터 사용자 행동, 인구통계학적 정보, 지리적 위치, 사용 기기 유형, 과거 광고와의 상호작용 기록 등을 지속적으로 수집하고 분석하여 개별 사용자 또는 세그먼트에 대한 상세한 프로필을 구축한다[9].
- **광고 요소 풀 (Creative Asset Pool)**: 광고를 구성할 수 있는 다양한 버전의 광고 요소들을 사전에 제작하여 라이브러리 형태로 준비한다. 여기에는 여러 가지 헤드라인, 본문 카피, 이미지, 비디오 클립, CTA 문구, 로고, 상품 정보, 할인율 등이 포함될 수 있다[10]. 각 요소는 특정 사용자 세그먼트나 상황에 맞춰 디자인될 수 있다.
- **동적 광고 조립 (Dynamic Assembly)**: 사용자가 광고가 게재될 수 있는 웹사이트나 앱에 접속하여 광고 노출 기회가 발생하면, DCO 엔진(또는 플랫폼)이 실시간

그림 67. 여행앱 내 DCO 광고

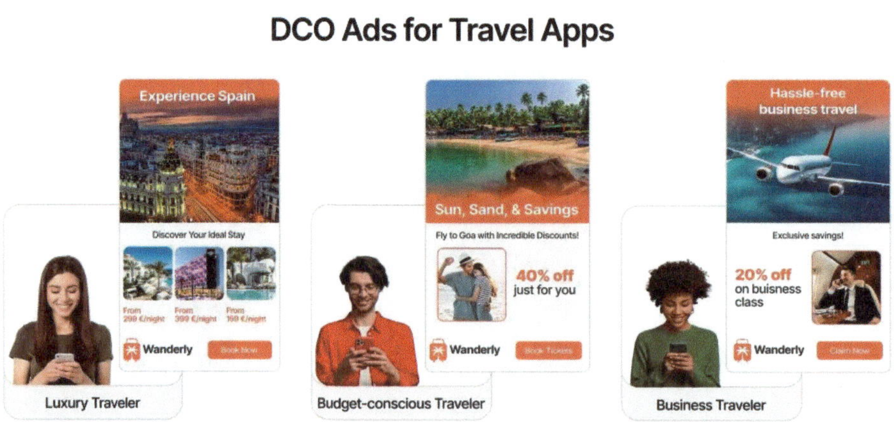

출처: https://revx.io/ko/dco-ads-for-travel-apps-why-its-the-winning-formula-4/

으로 해당 사용자의 프로필 데이터와 현재 상황(문맥, 시간, 위치 등)을 종합적으로 판단한다. 그리고 미리 준비된 광고 요소 풀에서 가장 관련성이 높고 효과적일 것으로 예측되는 요소들을 선택하여 즉석에서 최적의 광고 크리에이티브를 조합하고 사용자에게 노출시킨다.

- **A/B 테스팅 및 최적화 (A/B Testing & Optimization)**: DCO 시스템은 다양한 광고 요소 조합의 성과(클릭률, 전환율 등)를 지속적으로 A/B 테스트하고, 그 결과를 머신러닝 알고리즘을 통해 학습한다. 이를 통해 어떤 조합이 특정 사용자 그룹이나 상황에서 더 높은 성과를 내는지 파악하고, 시간이 지남에 따라 광고 노출 로직을 자동으로 최적화하여 캠페인 효과를 점진적으로 향상시킨다.

그림 68. A/B testing

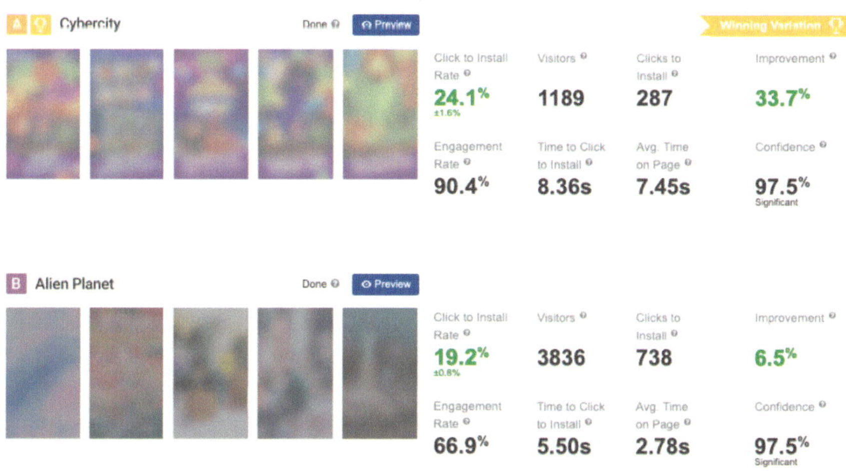

출처: https://splitmetrics.com/blog/game-concept-testing/

특히, 오바마 전 미국 대통령의 선거캠프가 2008년 초선, 2012년 재선 모두 빅데이터 기법을 선거에 적극 활용한 사례는 유명하다. 오바마 사이트 웹 개발 이사였던 카일 러쉬는 오바마 웹사이트에서 500건의 A/B 테스트를 통해 기부 전환율을 49% 올렸고, 이메일 수집률을 161%나 증가시켰다[11]. A/B 테스팅 기법 등 디지털 전략을 적극적으로 활용한 오바마 캠프는 2012년 재선 당시 10억달러가 넘는 최종 선거자금의 60%를 200달러 미만의 소액기부자들로부터 모으면서 온라인을 통한 '풀뿌리 모금' 방식의 선거운동 혁신을 이끌어 냈다고 평가 받고 있다[12].

그림 69. 오바마 대선캠프 카일러쉬 블로그

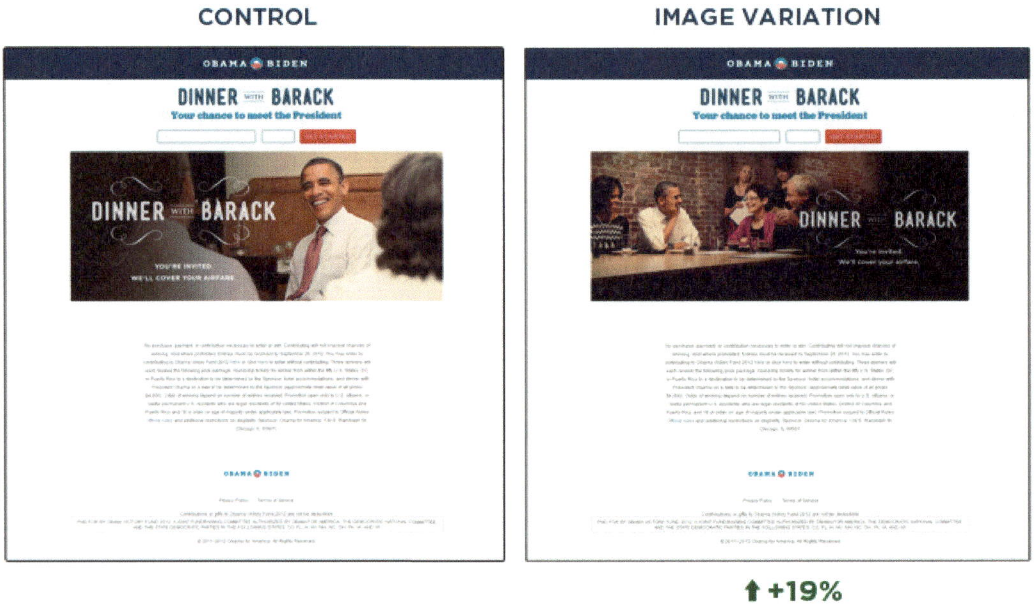

출처: 코드앤버터 마케팅뉴스(https://lrl.kr/dDVMO)

DCO를 활용함으로써 광고주는 광고의 개인화 수준을 획기적으로 높여 사용자 개개인에게 마치 자신만을 위해 만들어진 듯한 광고 경험을 제공할 수 있다[13]. 이는 광고에 대한 주목도와 관련성을 크게 증대시켜 클릭률(CTR) 및 전환율(CVR) 개선으로 이어지며, 사용자의 광고 피로도를 낮추고 브랜드 선호도를 높이는 데 기여한다. 궁극적으로는 광고 예산의 효율적인 사용과 ROI 극대화를 달성할 수 있다.

성공적인 DCO 캠페인을 위해서는 몇 가지 핵심 전략을 고려해야 한다. 먼저, 캠페인의 구체적인 목표(예: 인지도 향상, 구매 전환 증대)와 핵심 성과 지표(KPI)를 명확히 정의해야 한다. 다음으로, DCO 엔진이 정확한 판단을 내릴 수 있도록 CRM 데이터, 웹사이트 분석 데이터, 서드 파티 데이터 등 고품질의 다양한 데이터 소스를 통합하고 연동하는 것이 중요하다. 또한, 다양한 사용자 세그먼트와 상황에 맞춰 유연하게 조합될 수 있는 다채롭고 매력적인 광고 크리에이티브 자산들을 충분히 개발해야 한다. 적합한 DCO 플랫폼을 선택하고, 사용자 데이터와 크리에이티브 요소를 매핑하는 규칙과 로직을 포함한 캠페인 프레임워크를 정교하게 설정하는 것도 필수적이다[14]. 마지막으로, 타겟 잠재고객에 대한 깊이 있는 이해를 바탕으로 각 세그먼트에 맞는 메시지 전략을 수립하고, 캠페인 진행 중에도 지속적인 성과 분석과 최적화를 통해 전략을 개선해 나가야 한다.

DCO는 수동으로 수천, 수만 가지 광고 소재를 제작하는 것이 현실적으로 불가능한 상황에서, 개인화된 광고를 대규모로 집행할 수 있는 효과적인 해결책을 제시한다. 진정한 의미의 일대일 마케팅에 한 걸음 더 다가갈 수 있게 하는 기술인 것이다. 그러나 DCO의 강력한 기능을 제대로 활용하기 위해서는 광고 소재를 모듈 형태로 구성하는 등 더욱 정교한 크리에이티브 전략이 요구되며, 알고리즘을 효과적으로 구동할 수 있는 견고한 데이터 인프라 구축이 선행되어야 한다. 이는 광고주와 대행사 모두에게 더 높은 수준의 전문성을 요구하는 과제이기도 하다. DCO의 효과적인 운영에는 인공지능(AI)과 머신러닝 기술이 핵심적인 역할을 수행한다. 사용자 데이터 분석부터 최적의 광고 조합 예측, 실시간 성과 최적화에 이르기까지 AI는 DCO의 동적인 개인화 기능을 구현하는 엔진과 같다[15]. DCO는 AI가 광고 분야에서 실질적으로 어떻게 활용될 수 있는지를 보여주는 대표적인 사례라 할 수 있다.

11
CHAPTER

온라인 광고

대시보드 예시를 통한 광고 타겟팅과 최적화 지표

다음은 메타 광고 대시보드 화면 캡쳐 장면이다. 광고 클릭 후 웹사이트에서의 장바구니 담기와 구매 정보까지 매체 리포트에서 확인이 가능하다. 이와 같은 지표를 통해 향후 광고 타겟팅에 전략을 세우게 된다. 먼저 광고 타겟팅 및 최적화 조건에 따른 지표는 다음과 같다.

❶ 광고 세트별 지출금액, 노출, 도달 수 등

그림 70. 광고 세트별 지출금액, 노출, 도달 수

광고 세트	지출 금액	노출	도달수	장바구니에 담기	구매	구매 전환값	구매 ROAS(광고 지출 대비 수익률)
tg:F1845 CPC	₩5,164,927	994,800	353,974	720 [2]	162 [2]	₩3,294,210 [2]	0.64 [2]
tg:lookalike	₩5,912,554	518,930	188,477	440 [2]	156 [2]	₩3,654,960 [2]	0.62 [2]
tg:F1845	₩12,552,389	1,256,641	370,215	872 [2]	386 [2]	₩8,960,200 [2]	0.71 [2]

광고 세트 첫 번째 tgF1845CPC인 경우에 지출금액 5,164,927원이며 노출은 994,800회이며 도달 수는 353,974로 나타나 있다. 장바구니에는 720회가 이루어졌고 구매는 162회로 나타났다. 구매 전환값은 3,294,210원이었으며 구매 ROAS(광고지출대비 수익률)은 0.64로 나타났다. 이와 같이 지출금액과 구매 전환값, ROAS가 바로 산출되기 때문에 광고 효과에 대한 검증이 실시간으로 가능하며 차후 이에 따른 새로운 형태의 광고가 가능하게 된다.

또다른 사례도 확인해보자.

그림 71. 광고 세트별 지출금액, 노출, 도달 수

광고 세트	지출 금액	노출	도달	CPM(1,000회 노출당 비용)	링크 클릭	CPC(링크 클릭당 비용)	CTR(링크 클릭률)
위브랩 브랜딩_영상	₩67,489	24,151	12,017	₩2,794	9	₩7,499	0.04%
위브랩 브랜딩_트래픽_페이콘_240819	₩36,958	102,658	81,761	₩360	14	₩2,640	0.01%
위브랩 브랜딩_게시물참여_단컷_240627	₩98,742	5,680	3,236	₩17,384	14	₩7,053	0.25%

이 광고 세트 첫 번째의 경우 '위브랩 브랜드_영상'의 경우 지출금액은 67,489원이며 노출은 24,151회이며 도달 수는 12,017로 나타났다. CPM은 2,794원, 링크클릭은 9회, CPC는 7,499원이었다. 클릭률은 0.04%였다. 반면에 두 번째 '위브랩 브랜딩_트래픽_페

이콘_240819'의 경우 지출금액은 36.958원, 노출은 102,658회, 도달 수는 81,761로 나타났다. CPM은 360원, 링크 클릭은 14회, CPC는 2,640원, 클릭률은 0.01%로 나타났다.

❷ 광고 타겟팅 × X소재별 지표

그림 72. 광고타겟팅×소재별 지표

	지출 금액	노출	도달수	장바구니에 담기	구매	구매 전환값	구매 ROAS(광고 지출 대비 수익률)
md:이미지A	₩283,367	12,032	8,044	2 [2]	7 [2]	₩133,700 [2]	0.47 [2]
md:이미지B	₩820,569	33,105	21,947	8 [2]	28 [2]	₩453,100 [2]	0.55 [2]
md:슬라이드A	₩2,123	83	70	–	–	₩0	–
md:슬라이드B	₩668,876	20,736	14,760	12 [2]	29 [2]	₩470,420 [2]	0.70 [2]
md:슬라이드B	₩331,700	11,716	8,576	–	9 [2]	₩154,100 [2]	0.46 [2]
md:슬라이드A	₩5,174	237	181	–	–	₩0	–
md:이미지B	₩487,899	21,887	15,080	1 [2]	12 [2]	₩192,800 [2]	0.40 [2]
md:이미지A	₩176,152	9,211	6,394	2 [2]	4 [2]	₩58,000 [2]	0.33 [2]

위의 경우는 광고 소재별 광고 효과를 볼 수 있는 경우이다. 처음의 md이미지A의 경우 지출금액은 283,367원이었으며 노출은 12,032회, 도달 수는 8,044 장바구니에 담기는 2회, 구매 전환값은 132,780원으로 나타났다. 구매 ROAS는 0.47로 나타났다. 이와 같이 다양한 소재별 결과를 알 수 있기 때문에 광고 소재별 매체 기획을 하기에 매우 유용하다. 다양한 제품군에 따라 다양한 메시지를 접목시킬 수 있기 때문에 향후에 상품을 팔기에는 이와 같은 지표는 매우 중요하다.

그림 73. 광고타겟팅×소재별 지표

광고	지출 금액	노출	도달	CPM(1,000회 노출당 비용)	링크 클릭	CPC(링크 클릭당 비용)	CTR(링크 클릭률)
위브트리거_실시간검색어	₩0	—	—	—	—	—	—
250313_위브봇	₩1,024	27	27	₩37,926	—	—	—
위브트리거_미세먼지	₩0	—	—	—	—	—	—
250211_위브봇	₩2,154	91	88	₩23,670	—	—	—
250204_위브봇	₩2,060	96	93	₩21,458	—	—	—
250207_위브봇	₩1,980	127	124	₩15,591	—	—	—
250114_특허	₩54,403	3,596	2,274	₩15,129	8	₩6,800	0.22%
240704_위브봇리포트	₩4,089	191	173	₩21,408	—	—	—
240701_위브봇리포트	₩2,058	78	74	₩26,385	—	—	—

'250114_특허' 광고 세트의 경우, 지출금액은 54.403원, 노출 수는 3,596회, 도달 수는 173였다. CPM은 15,129원이며 링크 클릭은 8회, CPC는 6,800원, 클릭률은 0.22%로 나타났다. 이와 같이 대시보드를 통해 광고 집행의 결과를 일목요연하게 볼 수 있으며 결과에 따른 대안들을 생각할 수 있다.

❸ 검색 광고 키워드별 전환지표

구글 애즈 대시보드에서는 광고 클릭 후 웹사이트에서의 전환(회원가입, 구매 등) 정보까지 매체 리포트에서 확인 가능하다(확인할 수 있다). 먼저 검색 광고 키워드별 전환 지표이다.

① 검색 광고 키워드별 전환지표

그림 74. 검색광고 키워드별 전환지표

키워드	검색 유형	상태	전환수	전환당비용	최종 URL	클릭수	노출수
총계: 현재작업공간의 키워드			49.5	103,130		3,477	121,543
공유 오피스	확장검색	운영 가능(제한적) 거의 거래되지 않음 (품질평가점수 낮음)	0.00	₩0	-	657	5,305
클라우드	확장검색	운영 가능(제한적) 거의 거래되지 않음 (품질평가점수 낮음)	0.00	₩0	-	481	9,482
협업툴	확장검색	운영 가능	4.00	₩81,159	-	412	2,954
메신저	확장검색	운영 가능	2.00	₩87,673	-	178	2,168
그룹웨어	확장검색	운영 가능	8.00	₩65,549	-	159	5,247
관리	확장검색	운영 가능	3.00	₩140,279	-	158	9,271

위의 지표에서도 협업률의 경우, 운영 가능하며 전환 수는 4회, 전환당 비용은 81,159원이며 클릭 수는 412회이며 노출 수는 9,482인 것으로 나타났다.

② 디스플레이 광고에서의 전환지표

그림 75. 디스플레이 광고에서의 전환지표

캠페인	전환수	캠페인유형	상호작용수	상호작용발생률	평균비용	비용	노출수
브랜드서브	215.31	검색	1397 클릭수	15.03	₩174	₩243,440	9,292
[이력서등록] 개인 (Marketing Team)	22.31	–	–		–	–	
[회원가입] 개인 (Marketing Team)	10.00	–	–	–	–	–	
[회원가입] 기업 (Marketing Team)	1.00	–	–	–	–	–	
개인회원가입	23.00	–	–	–	–	–	
기업회원가입	1.00	–	–	–	–	–	
문자 지원 완료	12.00	–	–	–	–	–	
온라인 지원 완료	32.00	–	–	–	–	–	
이력서 작성 완료	18.00	–	–	–	–	–	
이메일 지원 완료	4.00	–	–	–	–	–	
전화 지원 완료	92.00	–	–	–	–	–	

A라는 브랜드의 경우 전환 수는 215회, 상호작용성은 1397 클릭 수, 상호작용 발생률은 15.03%, 평균비용은 174원, 비용은 243,440원, 노출 수는 9292로 나타난 것을 알 수 있다.

❹ 구글 데모 계정을 통한 데이터 보기

먼저, 홈에 들어가면 다음과 같은 데이터를 볼 수 있다.

그림 76. 구글 데모 계정 홈

위처럼 활성 사용자, 이벤트 수, 주요 이벤트, 구매 등의 데이터를 볼 수 있는데, 활성사용자는 1.6만 명으로 24.5%가 증가, 이벤트는 36만회로 24.4% 증가, 주용 이벤트는 2.6만회로 42.2% 증가, 구매는 396회로 55.9%가 증가한 것을 볼 수 있다. 오른쪽에는 지난 30분 동안의 활성 사용자로 51명이 나타났으며 나라별로는 미국 19명, 한국 12명, 인도 10명, 일본 3명임을 알 수 있다.

활성사용자 옆에 아이콘을 클릭해 보면 다양한 선택사항이 나온다. 추천, 맞춤, 사용자, 세션, 수익, 이벤트, 전자상거래, 페이지/화면 등이 나온다. 이 중에서 수익을 보면, 총 광고수입, 총수익, 최대 일일 수익, 최소 일일 수익, 평균 구매 수익, 평균 일일 수익, 활성 사용자 당 총 광고수입, 활성 사용자당 평균 구매 수익, ARPPU, ARPU가 나온다. 활성 사용자당 평균 구매 수익을 클릭을 선택하면 5.70달러로 54.2%가 증가한 것을 알 수 있다.

그림 77. 구글 데모 계정 데쉬보드

다음은 조회수를 보는 데이터이다. 시간 경과에 따른 페이지 제목과 클래스별 조회수가 나타난다. 2025년 9월29-2025년 10월26일 사이의 데이터를 보여준다.

그림 78. 구글 데모 계정 데쉬보드

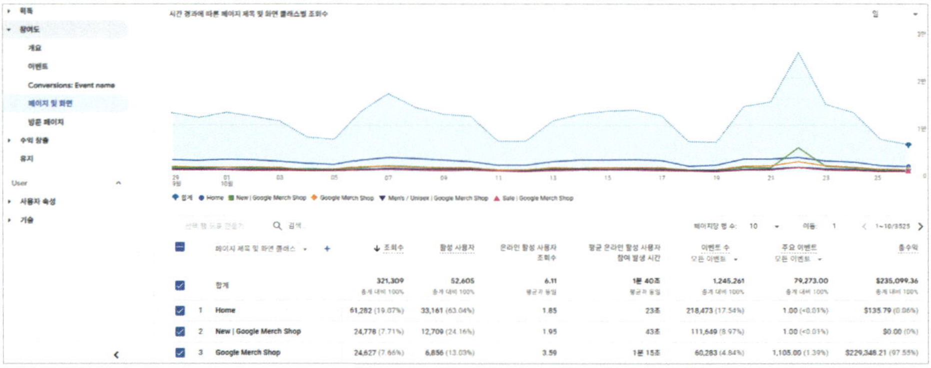

위의 데이터를 보면, 전체 조회수는 321,309회, 활성 사용자 52,605명, 온라인 활성 사용자 조회수 6.11, 평균 온라인 활성 사용자 참여 발생 시간은 1분 40초, 이벤트 수는 1,245,261회, 주요 이벤트 79,273, 총 수익은 235,099 달러로 나타났다. 그래프에서 10월22일 가장 높은 조회수 25,363회를 나타냈다.

다음은 수익 창출 메뉴에서 전자상거래 구매를 나타내는 데이터이다.

그림 79. 구글 데모 계정 데쉬보드

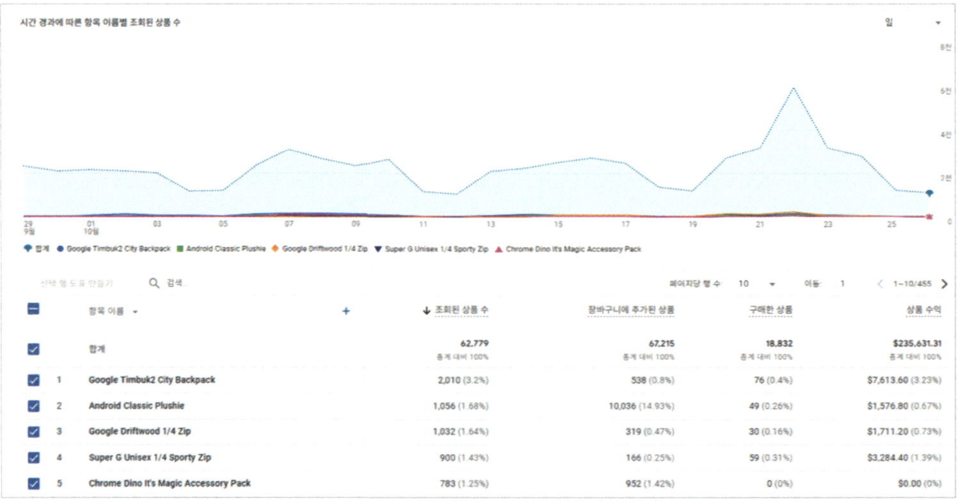

전체적으로 조회된 상품수는 62,777개 이며, 장바구니에 추가된 상품은 67,215개, 구매한 상품은 18,832개, 상품수익은 235,631.31 달러로 나타났다. 이 중 구글 팀벅2

시티 백팩 가방이 조회수가 2,010개, 장바구니 추가 상품수는 538개, 구매한 상품 76개, 상품 수익은 7,613.60 달러 (3.23%)로 나타났다.

다음은 구매여정이다. 기기 카테고리 메뉴의 세션 시작에서 구매에 이르까지의 여정을 잘 보여주고 있다. 세션 시작에서 이탈률이 3.3만, 71.6%. 2단계 제품 보기에서 이타률은 9.1천 70%, 3단계에서 이탈률 2천 49.9%, 4단계에서 이탈률 1천 52.9%. 5단계에서 47.1%가 구매한 것으로 나타난다.

그림 80. 구글 데모 계정 데쉬보드

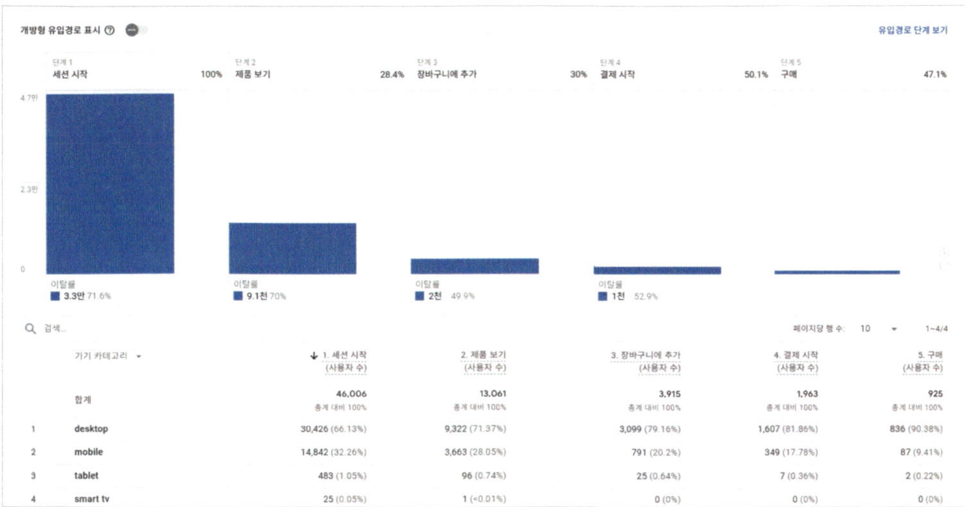

기기 카테고리에서 본다면 데스크탑에서 30,426명, 66.13%, 제품보기는 9,322명, 71.37%, 장바구니에 추가 3,099명, 79.16명, 결제 시작은 1,607명, 구매는 836명으로 나타났다. 이탈률을 통해 무슨 요인으로 발생했는지를 분석해 볼 수 있을 것이다. 향후에 이탈률이 감소할 수 있는 대책들을 강구해야 할 것이다.

이와 같이 데모계정을 통해 다양한 데이터를 볼 수 있다. 왠만한 정보는 이 계정을 통해 알 수 있을 것이라 생각한다.

12
CHAPTER

온라인 광고와 소셜미디어 광고 효과 지표들

먼저, 일반적인 온라인 광고효과를 먼저 살펴보고자 한다.

1. 온라인 광고효과

사실상 인터넷광고, 소셜미디어광고, 모바일 광고, IPTV광고, OTT 광고는 온라인을 기반으로 하고 있기 때문에 상호작용성이라는 특성을 공통적으로 가지고 있다. 다양한 형태의 광고가 존재하지만 기본적으로 클릭율, 조회수 등 광고효과 지표들을 가지고 있지만 상호작용성을 반영한 댓글수, 임프레션 등의 광고효과 지표들을 가지고 있다.

온라인 광고 도구의 세분화, 광고 포맷의 다양화, 타겟팅 기술의 발전은 온라인 광고에 있어 새로운 기회를 제공해준다. 소셜네트워크 같은 새로운 플랫폼에서 새로운 광고 도구와 제작 방식이 계속 만들어지고, 리치미디어와 동영상광고 같은 광고 포맷은 새로운 브랜드 경험을 제공해주며, 인터넷 이용자의 브라우징 행위 타킷팅 (browsing behaviour targeting) 기술은 광고 캠페인의 효과를 증대시키는 역할을 한다.

이러한 상황에서 기업은 온라인에 더 많은 예산을 투자하고 있다. '2024 방송통신광고비조사'에 의하면 2023년 방송 광고비가 3조 3,898억 원으로 전체 광고비의 20.5%를 차지하고 있으며, 온라인 광고비가 9조 3,653억 원으로 56.6%를 인쇄 광고가 2조 261억 원으로 12.2%, 옥외 광고가 1조 2,208억 원이며 7.4%로 집계되었다.[1] 총 광고비의 56.6%가 온라인 광고비에 사용되고 있는 실정인데, 앞으로 더 높아질 가능성이 높다. 그렇기 때문에 온라인을 기반으로 하는 디지털 광고 캠페인의 효과를 측정하는 것은 디지털 광고 전략에서 매우 중요한 일이다.

온라인광고에서 기존 광고효과 측정을 위해 기본적으로 많이 사용하는 측정 지표는 광고임프레션이다. 광고임프레션을 측정하는 지표로 클릭수, 방문수, 중복되지 않는(Unique) 지표 (순 방문자수), 페이지 임프레션, 체류시간 등이 있다. 2010년 3월 eMarketer가 실시한 연구에 따르면, 광고 효과를 측정하는 매트릭스는 다양하지만 미국에서 광고주들이 여전히 가장 많이 사용하고 있는 지표는 클릭률인 것으로 나타났다. 클릭률이란 클릭을 하여 광고의 다음 단계로 전환된 비율이다. 이 연구에서는 응답자의 60%가 인터렉티브 마케팅 캠페인 효과 측정을 위해 클릭률 지표를 활용하는 것으로 나타났다. 그러나 클릭률외에도 전환율, 투자수익율, CPA, 광고지출 수익률(ROAS), 이탈률, 인게이지먼트률, CPC 등 다양한 지표들이 활용되고 있다.

그림 81. 미국 내 광고주가 온라인 마케팅 캠페인을 평가에 사용하는 지표

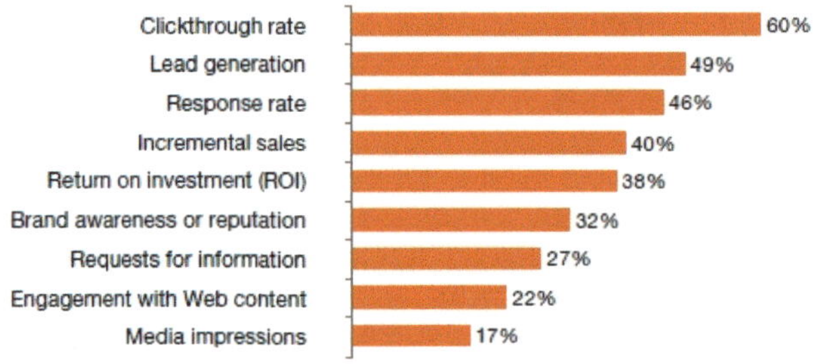

출처: eMarketer (2010). Is the click still king?

이처럼 광고 캠페인의 목적에 맞게 광고 포맷이나 도구를 선택하고 그에 맞는 효과를 측정할 수 있는 지표를 사용하여 광고 캠페인 효과를 측정해야 한다.

2. 온라인 광고 효과 측정의 5가지 수준

온라인 광고를 효과적으로 측정하기 위하여 5가지 수준으로 나누고, 각 수준에 해당하는 측정 지표들과 이 지표들의 실제 활용 정도를 보면 다음과 같다.[2]

첫 번째 수준은 인게이지먼트이다. 참여 수준에 해당하는 지표들로는 상호작용이 있다. 뉴스레터 구독, 카탈로그 요청 등이 예이다. 이 측정지표는 아직 브랜드 측정지표로 널리 사용되고 있지는 않지만 추천을 통한 구매와 관련된 광고주들에게 사용되고 있다.

두 번째 수준은 브라우징 (Browsing)이다. 이것은 방문자 수, 시간, 깊이 같은 지표로 측정되고 있다. 이 측정지표는 온라인 판매업자들에게는 이미 많이 사용되고 있는 단계이고, 브랜드를 중심으로 하는 광고주들에게는 지표로 인정받고 있는 단계이다.

세 번째 수준은 상호작용이다. 상호작용을 측정하는 지표로 인터랙션률(Interaction rate), 인터랙션 길이 (length of interaction)가 사용된다. 이 지표들은 리치 미디어와 비디오 광고 플랫폼의 발전과 함께 빠르게 발전하고 있다.

네 번째 수준은 실제 노출이다. 실제 노출은 시청한 광고수 (Number of advertisements “viewed”), 노출 시간 같은 지표로 측정된다. 아직은 완전히 가능한 단계는 아니지만 많은 광고주들이 측정 하려는 단계이다.

다섯 번째 수준은 디스플레이다. 이것을 측정하는 지표로 노출수가 있다. 이 지표는 최소지표로 많이 사용되고 있다.

그림 82. 온라인 광고 효과 측정의 5가지 수준

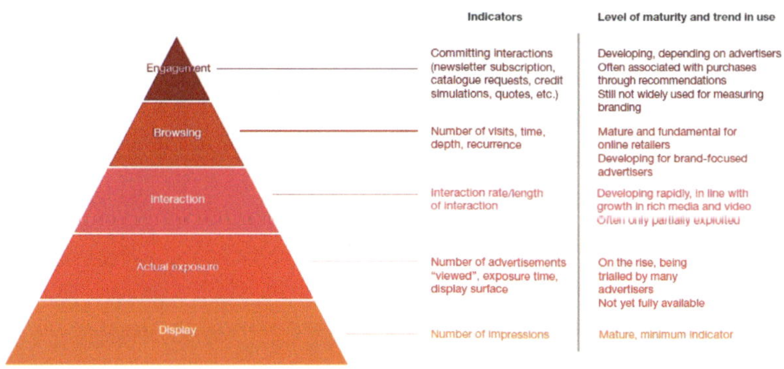

출처: PWC(2010), Measuring the effectiveness of online advertising.

3. 온라인 광고 효과 측정의 9가지 범주

온라인 광고를 효과적으로 측정하기 위하여 9가지 범주로 나누고, 각 범주에 해당하는 측정 지표들은 다음과 같다. 온라인 광고 효과를 노출, 전환율, 트래픽, 상호작용, 구독률, 미디어, 분포, 투자회수, 사후효과측정테스트 범주로 나누었다.

첫 번째, 온라인 광고 효과를 노출로 측정하는 방법이다. 노출 수, 시청가능한 광고 수, 시청한 광고 수, 노출 시간 같은 지표로 측정할 수 있다.

두 번째, 온라인 광고 전환비율로 효과를 측정하는 방법이다. 클릭을 통해 광고의 다음 단계로 전환된 비율인 클릭율, 전환율(conversion rate), 사후 전환율(post-view conversion rate) 등이 있다.

표 9. 온라인 광고 측정 지표의 9가지 범주

디스플레이	전환	트래픽
- 노출 수 - "보일수 있는" 광고의 수 - 보인 광고의 수 - 노출시간	- CTR(클릭률) - 전환율 - post view 전환율 - post click 전환율	- 방문 수 - 페이지 수 - 방문 시간 - abandon 시간
인터랙션	**구독**	**미디어**
- 인터랙션률 - 인터랙션 시간 - 확장률 - 비디오 시청율 - 전 시간 비디오 시청율 - 비디오 시간 - 소셜 네트워크상의 행위	- 구독 수 - 정보, 게임, 뉴스레터 요청 - 구독률 - 추천률 - 소셜 네트워크, 바이럴 이마케팅 캠페인	- GRP(총 시청량) - 기억된 커버리지 - 커버리지률 - 메시지 반복률
분배	**ROI**	**사후테스트(Post test)**
- 추가적 구매 - 수입 - 리드 전환율 - 구매의 빈도와 양에 대한 임팩트 - 웹 상의 소매 아울렛 트랙픽	- 획득 비용 - ROI(수입/광고비)	- 인지율 - 광고회상율 - 브랜드이미지 - 구매의도 - 추천의도

출처: PWC(2010), Measuring the effectiveness of online advertising.

세 번째, 온라인 트래픽의 주요 지표로 광고효과를 측정하는 방법이다. 방문수, 페이지뷰 수, 방문 길이 (lenth of visit)로 측정할 수 있다.

네 번째, 온라인 광고의 상호작용 효과이다. 인터랙션율(interaction rate), 인터랙션 타임, 비디오 시청율, 전 (full) 비디오 시청율로 측정할 수 있다.

다섯 번째, 구독률로 온라인 광고 효과를 측정하는 방법이다. 구독 수, 정보·게임·뉴스레터 같은 컨텐츠 요청, 구독률, 추천율, 소셜네트워크 또는 온라인의 입소문으로 측정할 수 있다.

여섯 번째, 기존 매체 지표로 온라인 광고 효과를 측정하는 방법이다. GRP, 기억 커버리지 (memorised coverage), 커버리지율 (coverage rate), 메시지 반복율 (message repetition rate) 등으로 측정할 수 있다.

일곱 번째, 배분지표이다. 추가 판매, 수입, 리드 전환율 (lead conversion rate), 구매 빈도와 양, 소매점 트래픽 (retail outlet traffic)으로 측정할 수 있다.

여덟 번째, 투자 회수율(ROI)이다. 수익비용(오프라인vs온라인), 투자회수율(발생한 수익/광고 지출)등으로 측정할 수 있다.

아홉 번째, 사후테스트이다. 인지, 광고 회상, 브랜드 이미지, 구매 의도, 추천의도 등으로 온라인 광고 효과를 측정할 수 있다.

4. 온라인 광고의 효과 측정지표

온라인 광고효과는 세 단계로 측정될 수 있다. 먼저, 임프레션이다. 몇 번 광고가 노출되었는지에 관한 것이다. 두 번째는 트래픽이다. 광고로부터 얼마나 많은 사람이 웹사이트로 유입되었는지에 관한 것이다. 세 번째 전환이다. 알리고자 했던 웹사이트에 얼마나 많은 사람들이 제품을 구매했거나 서비스를 이용했는지에 관한 것이다.[3]

❶ Impression (임프레션)

Impression	광고가 노출된 횟수
CPM (Cost Per Mille)	1000회 노출당 광고비용
Reach	실제로 광고를 본 사람의 수

노출수(Imp)와 도달범위(Reach)의 차이점은 노출수는 광고가 웹에 게재된 횟수지만, 도달범위는 광고를 본 사람의 수를 가리킨다. 예를 들어, 사용자가 A 사이트에서 B 사이트로 이동하고 동일한 광고가 두 사이트 모두에 게재되면 노출수는 2이지만 도달 범위는 1이 된다.

❷ Traffic

클릭 수	누군가가 광고를 클릭하고 귀하의 웹사이트를 방문한 횟수
CTR (Click through Rate)	클릭 수와 노출 수의 비율 (클릭 수 / 노출 수) x 100
CPC (Cost Per Click)	클릭당 광고 비용(광고 비용 / 클릭 수)

트래픽을 타겟팅하는 광고의 예로는 특정 키워드를 검색하는 사용자에게 게재되는 검색 링크 광고가 있다. 예를 들어, "런닝과 관련된 도구"과 같은 키워드를 타겟팅하면 런닝을 올바르게 하기 위한 방법, 스트레칭 방법 등을 찾거나 런닝과 관련된 제품에 관심 있는 사용자와 같은 비교적 좁은 범위의 사용자층에 접근할 수 있다.

❹ 전환

CVR (Conversion Rate)	광고를 클릭하고 실제로 구매하거나 광고를 신청한 사용자의 비율 (전환 수 / 클릭 수) x 100
CPA (Cost Per Acquisition)	전환 1건을 얻기 위한 광고 비용 (광고 비용 / 전환 수)

전환을 높이려면 구매 가능성이 높은 사용자에게 도달할 수 있는 광고를 게재한다. 예를 들어, 검색광고의 경우 "런닝을 통한 건강 증진" 보다는 "달리기 좋은 런닝화" 처럼 구매를 고려하는 사람들이 검색할 만한 키워드를 사용해야 한다.

5. 소셜미디어 광고효과 측정

위와 같은 기준으로 미국의 IAB (2009)기관은 다음과 같이 측정 기준을 제시했다. 이 기관은 소셜미디어 광고 형태를 소셜미디어사이트, 블로그, 위젯 및 소셜미디어 어플리케이션으로 나누고 있다. 여기에서 소셜미디어사이트에 관련된 효과지표를 설명하면 다음과 같다.

❶ 순방문자수(Unique Visitors)

순방문자수는 방문자가 사이트에 접근했을 경우에 해당되며 등록이나 쿠키에 의해 알아지게 된다. 아니면 닐슨 같은 제3자 기관에서 파악한다. 측정기간 중 1회 이상 해당 사이트에 방문한 중복되지 않은 방문자이다. 즉, 어떤 사람이 지난달에 특정 사이트에 1회 방문하거나 100회를 방문해도 유니크하게 방문한 한 사람으로 카운트된다.

❷ 순방문자당 드는 비용 (Cost per unique visitor)

어플리케이션에 드는 총 비용으로 방문자 수로 나뉘어져 산출된다.

❸ 페이지 뷰 (Page Views)

페이지 뷰는 유저가 실질적으로 페이지를 본 경우이다. 어떤 경우에는 유저가 클릭했을 경우만 페이지 뷰로 산정되기도 한다.

❹ UGC/ 소셜미디어 방문 수 (Visits specific to UGC/Social Media)

하나의 행위를 측정할 수 있는 지표로 사이트에서 텍스트를 보거나 그래픽을 다운로드해서 보는 경우에 산출된다.

❺ 리턴 방문수 (Return Visits)

특정한 시간 후에 사이트나 어플리케이션에 돌아온 유저의 평균 숫자임을 가리킨다.

❻ 상호작용률, 인터랙션률 (Interaction Rate)

광고나 어플리케이션과 상호작용한 유저 비율로 스크린에 나타난 광고나 어플리케이션에 따라 다르다.

❼ 체류시간 (Time Spent)

방문해서 끝날때까지 드는 시간으로 웹사이트나 어플리케이션에 들어온 행위를 가리켜야 한다.

❽ 비디오 설치(Video installs)

유저에 의해 설치된 비디오 플레이어 수를 가리킨다. 일종의 위젯이라 볼 수 있다.

❾ (위젯이나 어플리케이션에 적합한) 행위와 행위당 드는 비용, 행위는 다음과 같은 예들이 있다.

- 콘테스트/스윕스(Contest/Sweeps Entries)
- 다운로드된 쿠폰 (Coupons downloaded/redeemed)
- 플레이된 게임 (Games played)
- 시청한 비디오 (Videos viewed)

- 업로드 (Uploads: images, videos)
- 투표 (Poll votes)
- 전송된 메시지 (Messages sent:Bulletins, Updates, Emails, Alerts)
- 전송된 초청 (Invites sent)
- 포스트된 뉴스피드 (Newsfeed items posted)
- 포스트된 코멘트 (Comments posted)
- 친구 수 (Friends reached)
- 토픽 수 (Topics/Forums Created)
- 그룹이나 팬 수 (Number of Group Members or Fans)
- 리포스트/공유 (Reposts:Shares)

13
CHAPTER

소셜 미디어광고

소셜미디어 마케팅 분석을 하기 위해서는 먼저, 소셜 미디어 마케팅 분석 정의가 필요하다. 마케팅 전략을 최적화하기 위해 소셜미디어에서 데이터를 수집, 분석, 해석하는 것이 포함된다. 소셜 미디어 분석이 필요한 이유는 참여도를 개선함으로써 ROI를 높이려는 것이다. 예를 들어, AIM Technologies는 캠페인 성공을 위한 Nike의 예측 분석을 통해, 애슬레저 시장의 트렌드를 예측했으며, 이를 통해 실시간으로 마케팅 캠페인을 맞춤화할 수 있었다. Nike는 소셜 미디어 플랫폼 전반에서 사용자 상호작용과 행동을 분석하여 어떤 제품이 가장 많은 관심을 끌 것인지 예측할 수 있었다. 결과적으로 Nike는 캠페인 출시로 전환이 35% 증가했으며, 고도로 타겟팅된 소셜 미디어 광고에 힘입어 한정판 스니커즈의 판매가 기록적인 매출 급증을 기록했다. 나이키의 디지털 마케팅 디렉터인 스캇 젠킨스(Scott Jenkins)는 "우리에게 데이터는 단순히 숫자에 관한 것이 아니라 스토리텔링에 관한 것입니다. 우리는 분석이 의사 결정의 지침이 되도록 하여 청중과 깊은 공감을 불러일으키는 캠페인을 만듭니다."라는 소감을 남겼다[1].

그래서, 소셜 미디어 광고 성과 추적하기 위해서는 다음과 같은 지표가 필요하다.

- **임프레션 (Impressions)**
  이 측정 항목은 광고가 화면에 표시된 횟수, 광고를 볼 수 있었던 사람의 수를 보여준다. 임프레션은 청중 규모에 따라 달라질 수 있으며 목표에 따라 목표를 설정할 수 있지만, 브랜드 인지도를 위해서는 당연히 높은 임프레션이 필요하다.

- **인게이지먼트**
  이는 좋아요, 공유, 댓글, 클릭 등의 활동을 포함하여 개인이 소셜 미디어 광고에 참여/상호작용한 횟수를 나타낸다. 캠페인 유형과 목표에 따라 이들 중 일부가 다른 것보다 우선순위가 높을 수 있으므로 이에 따라 결과를 분석할 수 있다.

- **CTR(클릭률, Click Through Rate)**
  클릭률은 광고를 본 후 클릭한 사람들의 비율이다. 이 지표는 고객에게 무엇이 효과적인지에 대한 통찰력을 제공하고 캠페인에 적합한 사람을 타겟팅 했는지를 확인하기 때문에 중요하다.

- **Cost per click (클릭당 비용)**

  각 광고를 클릭한 것에 대해 지불하는 금액이 적절하고 캠페인 효율성과 일치하는지 확인해야 하기 때문에 이 측정 항목을 살펴보는 것이 중요하다. 회사는 일반적으로 리드를 얻기 위해 클릭당 비용을 최대로 설정하지만, 제품 비용 및 광고하는 채널의 효율성과 같은 사항도 고려해야 한다.

- **Conversion 과 Conversion rates (전환 및 전환율)**

  전환은 성공했다고 표시한 행위를 취한 사람의 수에 따라 계산된다. 전환율은 광고를 클릭한 사람들이 전환하는 비율을 계산하므로 클릭률과 유사하다.

성과를 추적하는 방법에는 데이터분석, 대시보드, 데이터 시각화 도구를 활용하는 것이다. 그림 58은 Slingshot이라는 회사에는 사용하는 대시보드 사례이다. 데이터를 시각화하는 효율적인 방법은 이와 같이 대시보드를 사용하여 소셜 미디어 메트릭과 얻은 웹사이트 데이터를 보여주는 것이다. 마케팅 성과 데이터 시각화를 통해 캠페인의 ROI

그림 83. 소셜 미디어 광고 대시보드

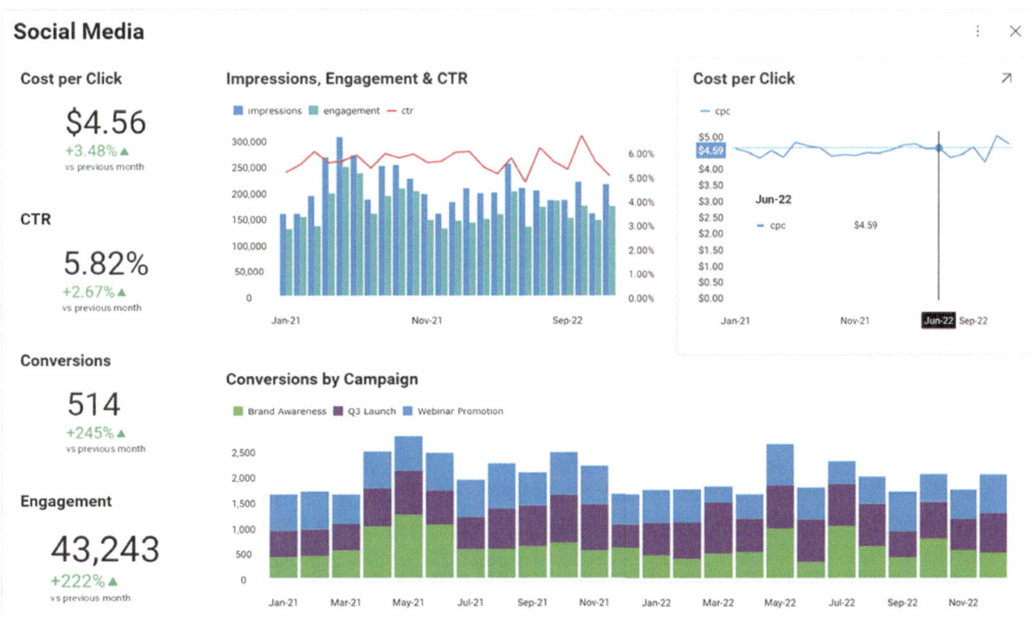

출처: https://www.slingshotapp.io/ko/blog/managing-your-social-media-ads

와 효과, 소셜 미디어 성과 및 목표 달성을 확인할 수 있다. 마케팅에서 대시보드는 주로 상호 작용 및 전환, 방문, 랜딩 페이지 성과, 웹사이트 트래픽 등과 같은 항목을 확인하는 데 사용된다. 여기에서 차트, 그래프, 파이 차트 및 표가 가장 빈번하게 사용된다.

다음의 대시보드처럼 클릭당 비용은 4.56달러, 클릭률은 5.83%, 전환율은 514, 인게이지먼트는 43,243이 나온 것을 확인할 수 있다. 그래프를 통해 날짜별 임프레션, 인게이지먼트, 클릭률의 변화 추이와 캠페인별 전환율에 대한 변화 추이도 볼 수 있어 매우 유용하다[2].

이런 성과 측정 외에 다른 측정이 가능하다. 먼저, 대상 고객 인사이트이다. 이는 소셜 미디어 데이터를 분석함으로써 기업은 연령, 성별, 위치, 관심사 및 행동을 포함한 잠재고객 인구 통계를 더 잘 이해할 수 있다. 이 정보는 타겟의 특정 세그먼트를 더 잘 타겟팅할 수 있도록 콘텐츠와 메시지를 맞춤화하는 데 도움이 된다. 두 번째, 내용 분석이다. 소셜 미디어 분석은 개별 게시물, 캠페인 또는 콘텐츠 유형의 성과를 평가할 수 있다. 가장 매력적이고 효과적인 콘텐츠를 식별하여 기업이 소셜 미디어 전략을 최적화하고 보다 영향력 있는 콘텐츠를 만들 수 있다. 세 번째, 경쟁사 분석이다. 소셜 미디어 분석을 통해 기업은 경쟁업체와 성과를 추적하고 비교할 수 있다. 경쟁사 활동, 콘텐츠 전략 및 청중 참여를 분석함으로써 기업은 업계 동향에 대한 통찰력을 얻고 개선 기회를 식별할 수 있다. 네 번째, 감정 분석이다. 소셜 미디어 분석 도구는 멘션, 댓글 및 감정 지표(긍정적, 부정적 또는 중립적)를 검사하여 브랜드 또는 특정 주제에 대한 사용자 감정을 분석할 수 있다. 이를 통해 대중의 인식을 측정하고, 잠재적인 문제를 식별하고, 브랜드 평판을 모니터링할 수 있다. 다섯 번째, 인플루언서 분석이다. 소셜 미디어 분석은 인플루언서를 식별하고 브랜드 인지도 및 잠재 고객 참여에 미치는 영향을 평가하는 데 도움이 된다. 이 정보는 인플루언서 마케팅 전략 및 협업에 도움이 된다[3].

사례를 한번 본다면, 코카콜라를 통해 이런 소셜 미디어 분석을 해볼 수 있다. 먼저, 브랜드 언급 모니터링이다. Coca-Cola는 소셜 미디어 대화를 적극적으로 추적하여 브랜드 언급, 감정 및 대중 인식을 모니터링할 수 있다. 이러한 멘션과 감정 지표를 분석하여 고객 피드백에 대한 통찰력을 얻고, 새로운 추세를 식별하고, 문제나 우려 사

■ 그림 84. 코카콜라 광고

출처: https://www.roundhouseagency.com/coke-share-a-coke

항을 해결할 수 있다. 두 번째, 오디언스 세분화이다. 소셜 미디어 분석은 Coca-Cola가 다양한 플랫폼에서 오디언스 인구 통계, 관심사 및 행동을 이해할 수 있다. 이 정보를 통해 청중을 분류하고 콘텐츠를 맞춤화하고 특정 대상 그룹에 대한 캠페인을 통해 보다 관련성 있고 매력적인 상호 작용을 하도록 한다. 세 번째, 캠페인 성과 평가이다. Coca-Cola는 소셜 미디어 분석 도구인 Sprout Social, Google Analytics 등을 사용하여 소셜 미디어 캠페인의 성과를 측정한다. 좋아요, 공유, 댓글 및 노출과 같은 참여 지표를 추적하여 캠페인의 효과를 평가하고, 가장 성과가 좋은 콘텐츠를 식별하고, 향후 이니셔티브를 위한 데이터 기반 결정을 할 수 있다. 네 번째, 인플루언서 마케팅이다. Coca-Cola는 소셜 미디어 분석을 활용하여 인플루언서를 식별하고 브랜드 도달 범위 및 참여에 미치는 영향을 평가할 수 있다. 인플루언서 팔로워 수, 참여율 및 청중 인구 통계와 같은 요소를 분석하여 협업에 적합한 인플루언서를 선택하여 브랜드 도달 범위를 확장하고 틈새 청중과 연결하도록 한다. 다섯 번째, 실시간 참여이다. Coca-Cola

는 소셜 미디어 대화를 모니터링하고 댓글, 멘션 및 다이렉트 메시지에 응답하여 청중과 적극적으로 소통한다. 소셜 미디어 분석 도구를 사용하여 관련 대화를 식별하고, 적시에 응답하고, 긍정적인 브랜드 감정을 구축할 수 있다. 여섯 번째. 콘텐츠 전략 최적화이다. Coca-Cola를 통해 소셜 미디어 분석을 사용하여 콘텐츠 유형, 게시 시간 및 참여율을 포함한 콘텐츠 성능을 분석한다. 이를 통해 콘텐츠 전략을 구체화하고, 인기 있는 콘텐츠 형식을 식별하고, 게시 일정을 최적화하여 잠재 고객 참여를 극대화하도록 한다. 일곱 번째, 트렌드 식별이다. 소셜 미디어 분석을 통해 Coca-Cola는 새로운 트렌드, 해시태그 및 인기 있는 대화 주제를 파악할 수 있다. 이러한 인사이트를 활용하여 콘텐츠와 캠페인을 현재 트렌드에 맞게 조정함으로써 관련성을 유지하며 실시간으로 청중과 소통할 수 있다[4].

먼저 인스타그램을 통해 데이터를 활용하는 방법을 살펴보려고 한다. 우선, 프로페셔널 계정으로 전환한 뒤 설정으로 들어가게 되면, '프로페셔널 대시보드'이라는 카테고리가 추가되어 있다. 해당 카테고리에서는 크게 '인사이트', '예약된 콘텐츠', '크리에이터 도구 및 관리 옵션'이라는 세 가지의 정보와 기능을 활용할 수 있다.

❶ 인사이트를 클릭하여 얻을 수 있는 정보

기본적으로 나의 계정에 업로드되어있는 게시물별 도달률, 조회수, 상호작용 등 다양한 통계 데이터를 확인할 수 있다. 조회수 2만, 반응 159, 새 팔로워 46, 공유한 콘텐츠가 33으로 나타나고 있다. 이를 통해 내가 게시한 콘텐츠에 대해 전반적인 반응을 확인할 수 있다. 구체적으로는 기간을 일주일 내지는 길게는 60일 동안 나의 계정에서 측정된 데이터를 원하는 기간에 맞춰 조회가 가능하다. 콘텐츠 유형 기준(스토리 또는 게시물)에 따라 도달한 계정이 나의 팔로워인지, 아니면 팔로워가 아닌 사람인지에 대한 분석과 스토리를 시청한 사람의 수와 게시물을 시청한 사람의 수 비율을 계산하여 시각자료로 제공하고 있다.

그림 85. 인사이트 화면의 조회수, 반응, 새 팔로워 등 정보

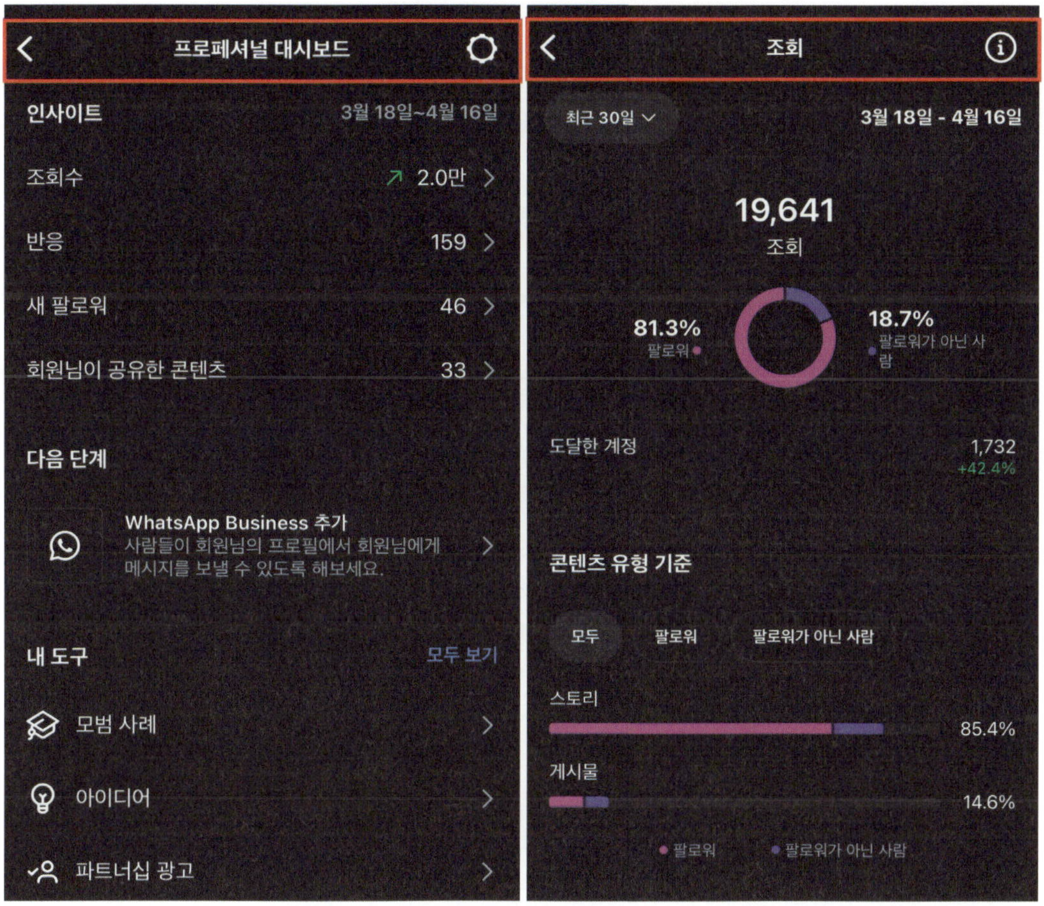

❷ 타겟의 정보

그림 86을 보면 타켓의 상위 거주 도시와 상위국가가 표시되며 프로필 활동과 프로필 방문에 대해 한 달 전과 대비하여 -28.4%가 감소했음을 알 수 있다. 아울러, 상위 연령대와 성별이 표시된다.

그림 87에 나타난 바와 같이 18-24세가 전체에서 79%을 차지함을 알 수 있으며 25-34세가 15.7%를 차지함을 알 수 있다. 성별은 남성이 49%, 여성이 51%을 차지함을 알 수 있다.

그림 88에 나타난 것처럼 159 반응수에 있어 팔로워와 팔로워가 아닌 사람의 비율이 나타난다. 콘텐츠의 유형에 따라 팔로워와 팔로워가 아닌 사람의 반응도 보여준다.

그림 86. 인사이트 화면의 거주 도시, 국가 정보

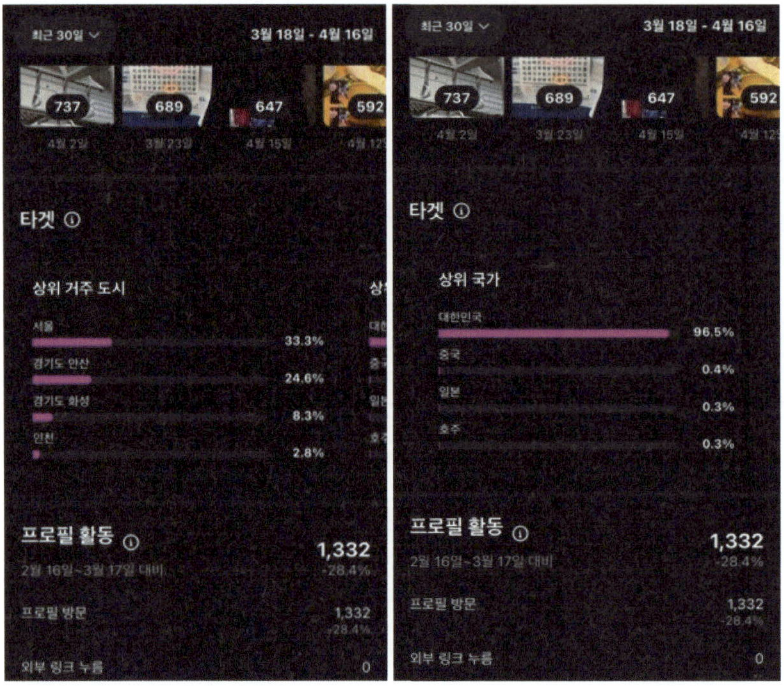

그림 87. 인사이트 화면의 연령대, 성별 정보

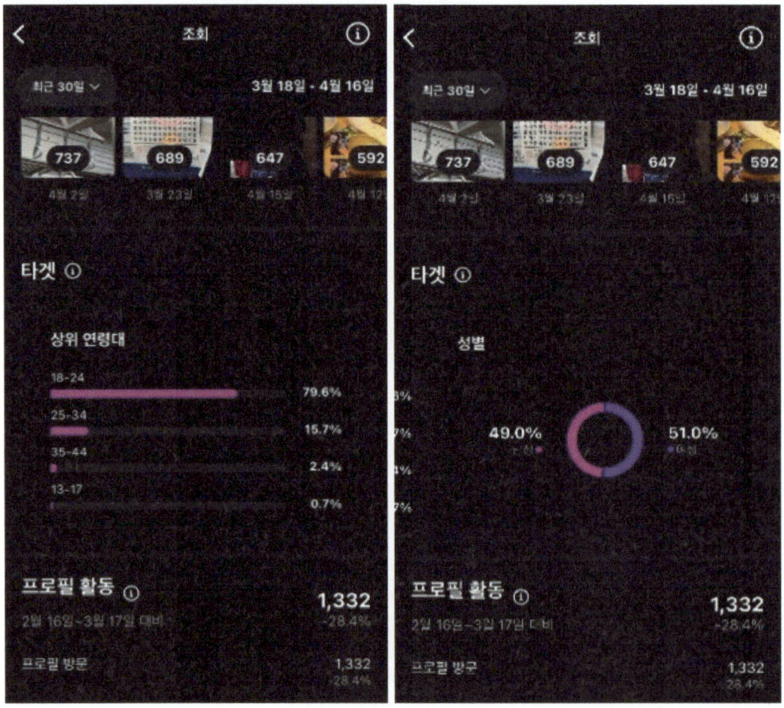

그림 88. 인사이트 화면의 반응, 세부 정보

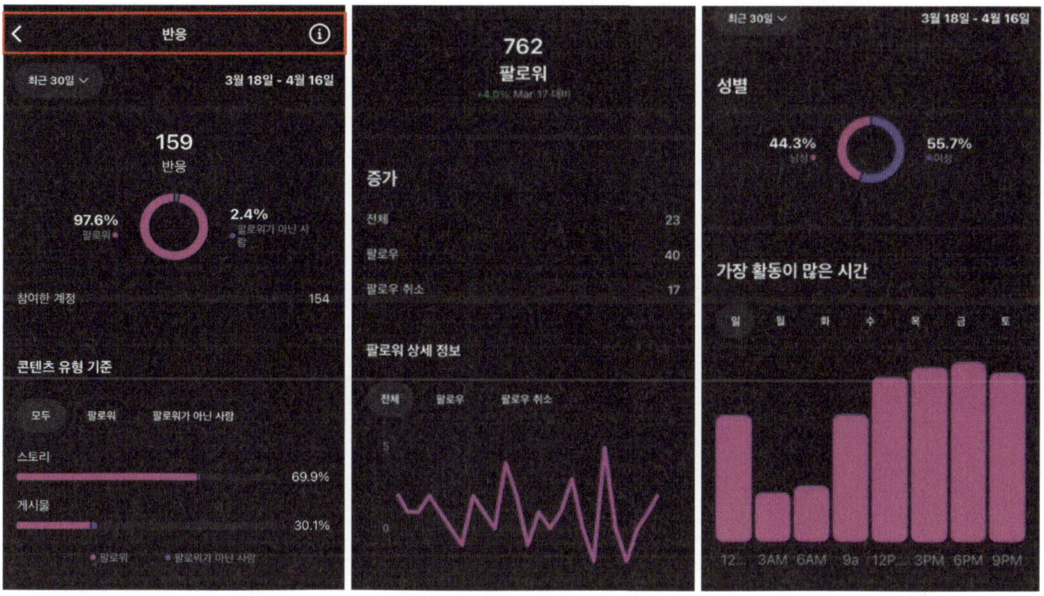

전체적으로 스토리에 69.9%가 나타난 것을 알 수 있다. 그리고 일요일에는 저녁 6시에 가장 많은 활동이 있음을 알 수 있다.

따라서 팔로워의 활동 시간, 연령, 지역 등 팔로워 분석이 가능하다는 점에서 컨텐츠를 소비하는 사람들의 특징을 도출해 낼 수 있다. 그리고 일정 기간 동안 팔로워 수의 증감을 나타내는 지표로 성과를 측정할 수 있다는 점 또한 향후 자신의 콘텐츠의 반응을 더 이끌어내기 위한 전략을 세우는 데 있어 유용한 기능이다.

광고를 집행하기 위해서는 '인사이트' 기능 내에 '광고 도구'라는 기능을 사용한다. 이 도구는 인스타그램 내에서 내 계정의 게시물이나 스토리를 적게는 몇천 원대부터 많게는 몇백, 몇천만 원까지의 광고료 지급을 통해 홍보할 수 있도록 도와주는 기능이다. 광고 목표, 타겟(성별, 연령, 지역 등), 예산 등을 직접 설정할 수 있다. 만약 광고를 집행하게 될 경우 광고 성과(도달 수, 노출 수, 클릭 등)를 실시간으로 확인하고 분석할 수 있다. 특히 팔로워 인구 통계, 도달·노출·상호작용 데이터는 콘텐츠 전략 수립과 마케팅 효율 분석에 매우 유용하다.

첫 번째, 아래와 같이 인스타그램 앱에서 프로필로 이동 후, 홍보하고 싶은 게시물을 선택한다. 게시물 하단 또는 인사이트 화면에서 '홍보(프로모션)' 버튼이 나타난다.

그림 89. 인사이트 보기 방법

두 번째, '홍보' 버튼을 누르면 광고 설정 화면으로 이동한다. 광고 목표(예: 더 많은 프로필 방문, 웹사이트 방문, 메시지 받기 등)를 선택한다. 세 번째, 타겟 오디언스(성별, 연령, 지역 등)를 직접 지정하거나, 인스타그램이 자동으로 추천하는 타겟을 선택할 수 있다.

그림 90. 광고 집행 방식

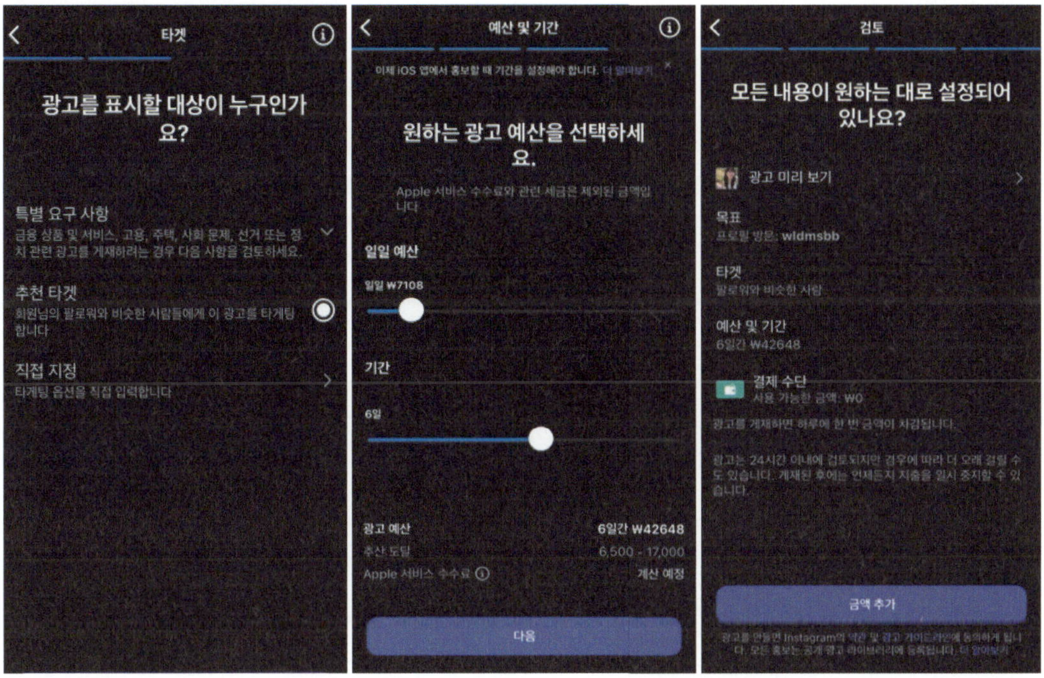

네 번째, 광고 예산과 기간(며칠 동안, 총 얼마를 쓸지)을 설정한다. 다섯 번째, 결제 수단(신용카드 등)을 등록한 후 광고를 제출하면, 인스타그램의 검토를 거쳐 광고가 게재된다. 광고가 진행되는 동안 인사이트에서 광고의 도달 수, 노출 수, 상호작용 등 성과 데이터를 실시간으로 확인할 수 있다.

그림 91을 통해 크리에이터 도구 및 관리 옵션을 살펴보면 다음과 같다.

크리에이터 도구 및 관리 옵션은 이제 개인 계정이라는 제한을 뛰어넘어 실제로 광고를 집행 및 성과를 달성하고 수익을 얻은 사람들을 위한, SNS 크리에이터를 위한 기능

그림 91. 크리에이터 도구 및 관리 옵션

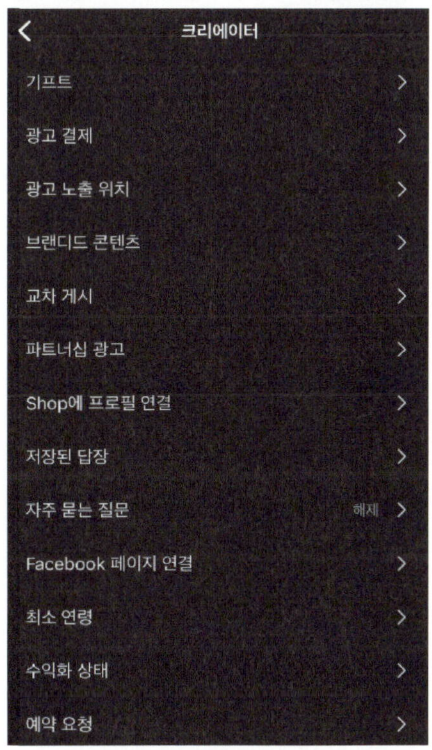

을 제공한다. 파트너십 광고, 브랜디드 콘텐츠와 같이 보다 전문적이고 수치, 수익성 있는 창작물을 만들기 위한 정보와 서비스를 제공하는 창이다. 인스타그램 프로페셔널 계정은 일반 개인 계정과 달리, 실제 사용자에게 다음과 같은 구체적이고 실질적인 기대효과를 제공한다.

종합하면, 앞서 말한 프로세스와 인사이트를 통해 팔로워가 원하는 콘텐츠를 파악하고, 업로드 시기나 콘텐츠 방향을 조정할 수 있다는 강점을 갖고 있다. 특히 게시물이나 스토리를 유로로 홍보하여 팔로워가 아닌 사용자에게도 내 계정을 노출시키고 영향력을 확장할 수 있다는 점과 이 과정에서 광고 목표, 타겟, 예산을 직접 설정하고 데이터를 확인할 수 있다는 점에서 신뢰도 및 전문성을 갖춘 시작을 할 수 있다는 점이 큰 장점이 된다. 본인의 필요성에 따라 Meta Business Suite와 연동해 게시물 예약 업로드가 가능해, 꾸준하고 체계적인 계정 운영을 할 수 있다는 점과 인스타그램 내 쇼핑 기능, 프로필 내 행동 유도 버튼 등 비즈니스 운영에 필요한 다양한 기능을 사용함으로써 인플루언서, 크리에이터, 브랜드 등 각 목적에 맞는 계정 유형을 선택해 수익화 전략을 세울 수 있다.

한편, 틱톡의 경우는 우선 다음과 같은 광고 타겟팅 정보를 제공한다.

표 10. 틱톡의 광고 타겟팅 정보

오디언스	포함	유사 오디언스 또는 사용자 지정 오디언스(고객 파일, 참여도, 앱 활동, 웹사이트 트래픽, 상점 활동, 리드 생성, 비즈니스 계정)를 생성함.
	제외	유사 오디언스 또는 사용자 지정 오디언스는 제외
인구 통계	성별	남성, 여성
	나이	13~17, 18~24, 25~34, 35~44, 45~54, 55 이상
	위치	사용자 위치에 따라 사용자에게 게재: 국가/지역, 주/도, 도시, 지정된 시장 지역/DMA(미국만 해당)
	언어	사용자의 앱 언어에 따라 광고 게재
	가계소득	사용자 가구 수익에 따라 광고 게재(미국만 해당)
	소비력	TikTok 광고를 통한 사용자의 구매 행동에 따라 광고 게재

관심사 및 행동	관심사	특정 관심사와 관련된 더 높은 상호작용을 바탕으로 사용자들에게 광고를 게재함. 예: 게임.
	구매 의사	한 가지의 특정 카테고리 제품 또는 서비스를 적극적으로 검색하거나 구매하는, 구매 의도가 있는 사용자에게 게재함. 예: 여행 의도.
관심사 및 행동	행동	동영상 또는 크리에이터와의 상호 작용 등 사용자의 최근 인앱 행동에 따라 광고를 게재합니다. 동영상 행동에는 카테고리별 동영상 시청, 좋아요 표시, 댓글 달기, 공유가 포함됨. 예: 음식, 패션. 크리에이터 상호 작용에는 카테고리별 크리에이터 팔로우 또는 프로필 조회가 포함됨. 예: 여행, 스포츠.

틱톡의 광고 집행 사례는 다음과 같다. 나라, 언어, 연령, 성별, 취미를 선택하여 진행한다[5].

그림 92. 틱톡 광고 집행 인사이트 화면

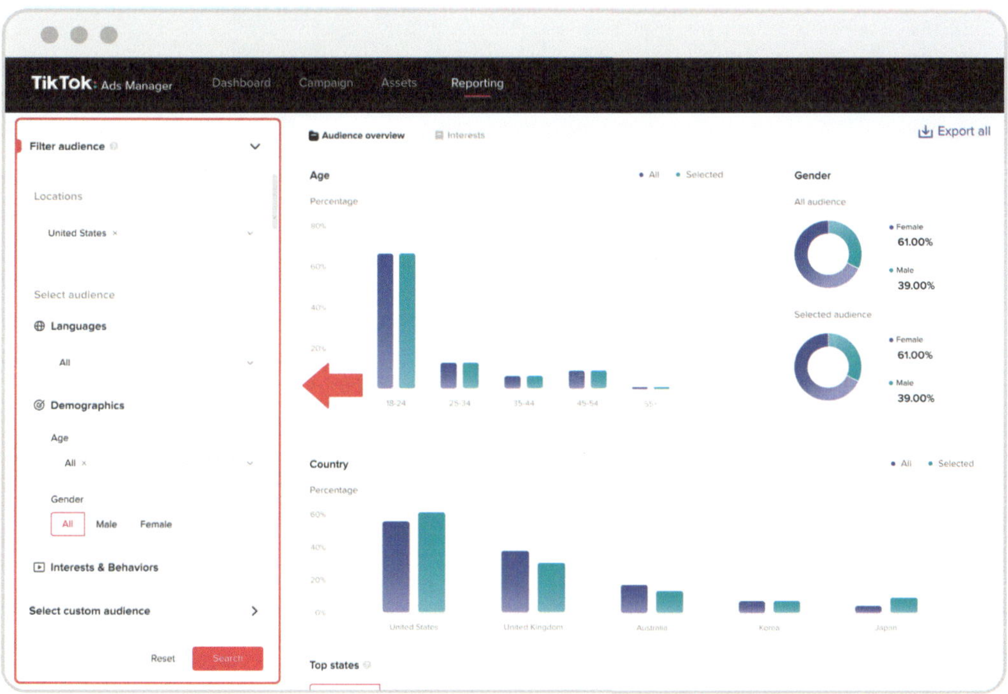

틱톡의 입찰 방법은 다음과 같다.

표 11. 틱톡의 입찰 방식

입찰 방법	계산	청구 이벤트	적용 가능한 광고 목적
CPM	1,000회당 총비용 또는 총 노출	노출수에 의해 부과됨	도달률
oCPM	1,000회당 총비용 또는 총 노출		-상점 구매 -제품 판매 -전환수 -앱 설치 -리드 생성 -커뮤니티 상호 작용, 팔로우
CPV	총비용 또는 총 고관여 조회수	시청자가 귀하의 광고를 최소 6초간 시청하거나 첫 6초 이내에 동영상과 상호 작용할 때 청구됨. 먼저 시작된 것이 적용됨.	동영상 조회수
CPC	총 비용 또는 총 클릭 수	클릭에 의해 부과됨	-상점 구매 -제품 판매 -트래픽 -전환수 -앱 설치 -커뮤니티 상호 작용, 프로필 방문

- **틱톡의 키 프레임 비교**

동영상 키 프레임 비교 기능을 사용하여 드롭다운 목록에서 비교할 두 개의 동영상을 선택할 수 있다. 한 번에 하나의 동영상을 다른 동영상과 비교할 수 있지만, 비교할 모든 관련 동영상을 그룹에 포함하면 제공된 버튼을 사용하여 서로 다른 동영상을 손쉽게 전환할 수 있다.

SNS 계정을 활용한 캠페인 사례 (한독의약박물관 캠페인)

충청북도 음성군에 있는 한독의약박물관에게 '한독의약박물관에 방문객 수를 증대시킬 커뮤니케이션 방안'을 의뢰받아 SNS 캠페인을 실시하였다. 이 박물관에 대한 배경은 다음과 같다. 한독은 2024년에 설립한 지 70년이 되는 회사로 '한국'과 '독일'이 합작했다는 것이 특징이다. 현재는 한국 기업의 제약회사로 운영 중이며 건강을 위한 약, 또는 화장품도 함께 개발하여 종합적인 서비스를 제공하고 있다. 이렇듯 '한독'이라는 제약회사에서 운영하는 한독의약박물관은 한국전쟁 이후 수많은 의약학 유물이 사라지고 있는 와중 우리나라의 의약학 유물을 살리기 위해 설립되었다.

한독의약박물관은 이 캠페인을 통해 대한민국 공식 보물 6점을 보유하고 전시하고 있다는 점과 박물관의 인기 교육 프로그램, 그리고 수천 권의 도서를 보유하고 있다는 점을 강조하고 싶었다. 이와 동시에 대중의 시선에서 '책, 고서는 유사하게 느껴지며 이해하기 어려운 의서라는 문화재를 다수 보유했다는 점에서 어떻게 하면 쉽게 접하도록 할 수 있을지'를 고민 중이었다.

그림 93. 한독의약박물관 캠페인 배경

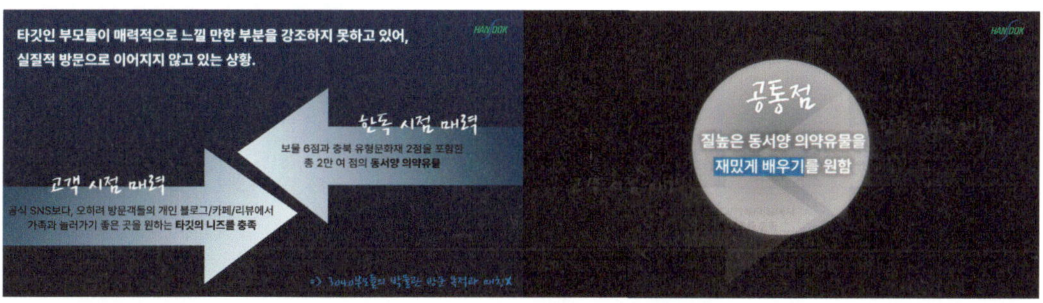

그래서 한독의약박물관에 방문하는 고객층 및 방문 이유 등의 자료조사를 토대로 '어린 자녀를 둔 3040 부모' 세대를 타겟으로 잡았다.

118명의 타겟을 대상으로 설문조사를 진행한 결과 83.1%가 한독의약박물관에 대해 제대로 된 인지조차 하지 못하고 있다는 점과 3040 세대에서 두드러지는 점은 이들의 '박물관 방문 목적'이 대체로 자녀와 함께 여가 시간을 보내기 위해서라는 점을 알 수 있었다. 또한, '한독의약박물관'이 운영하는 SNS 홍보 콘텐츠를 살펴보았을 때, 대체로 개념, 원론적이고 전문적인 내용이 포함된 정보를 드러내고 있었으며 '기존 방문객'이 흥미를 느끼는 내용으로 콘텐츠 대다수가 제작되고 있다는 면에서 SNS로 '한독의약박물관'을 처음 접하는 이들에게는 관심 유도 및 흥미 유발이 어려운 상태라고 진단할 수 있었다. 결론적으로, 한독의약박물관은 아직 타겟층에게 '박물관으로서의 확고한 이미지가 부재'한 상황인데, 쉽게 접근할 수 있는 SNS조차 타겟이 진입 장벽을 느끼게끔 한다는 점을 Pain Point로 잡게 되었다.

그림 94. 한독의약박물관 캠페인 타겟 분석

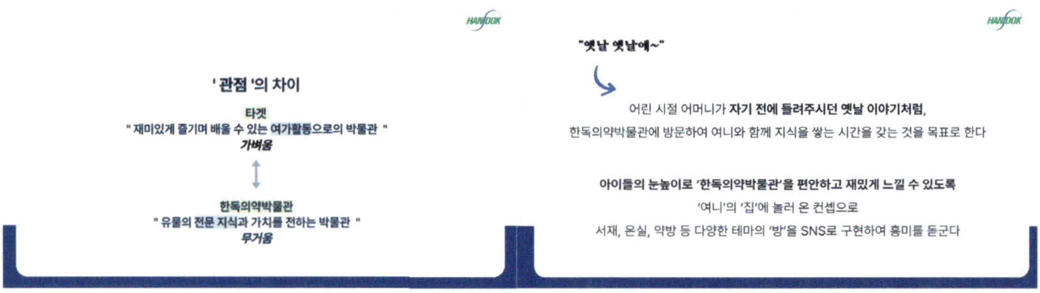

또한 위의 내용에서 알 수 있듯이 자료조사를 통해 발견한 점은, 한독의약박물관의 SNS는 유물과 서적에 관련된 지식과 정보를 제공하는 역할로 소구되고 있었기에 학문적인 성격을 지니고 있었고 한독의약박물관에 다녀왔던 방문객의 리뷰나 개인 블로그를 포함한 SNS에서 새로운 방문객을 끌어올 수 있는 내용이 다수 존재한다는 것이다. 박물관에서 배울 수 있는 정보에만 초점을 둔 것이 아닌, '박물관'으로 놀러 간 사람들만 알 수 있었던 '박물관 프로그램'의 과정이나 밥을 먹을 식당, 카페, 그리고 풍경이나 주차장 등의 조금 더 쉬운 언어로 박물관에 대한 종합적인 정보가 공유되고 있었다. 앞서 말했다시피, 박물관에 방문하는 주 고객층인 어린 자녀를 둔 부모 세대는 '가족과 함께 여가 시간, 여행'이 주된 목적이었다. 그렇기에 딱딱한 언어와 어려운 지

그림 95. 한독의약박물관 캠페인 타겟 선정

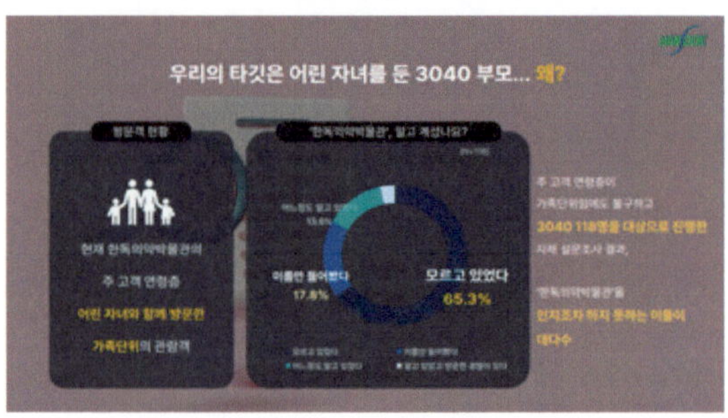

식을 전달하는 공식 계정보다 '나'와 같은 이유로 박물관에 방문했던 사람들의 이야기에 더 귀를 기울이고 있다는 점, 그중에서도 리뷰나 블로그 글에서 추천하는 박물관의 콘텐츠인 '교육 프로그램'에 큰 관심을 보인다는 점에서 한독의약박물관과 고객의 관점에서 커뮤니케이션 공통 지점과 충돌 지점 모두를 찾을 수 있었다.

두 입장의 공통 지점은 질 높은 동서양 의약 유물을 재밌게 배우기를 원하고 있다는 점이었으며 충돌 지점은 바로 그 공통 지점, '재미'에 대한 '관점' 차이였다. 한독의약박물관의 '유물의 전문 지식과 가치를 전달'하고자 하는 커뮤니케이션 목표는 타켓에게는 무겁게 느껴졌기에, 이를 타켓의 관점에서 가벼운 커뮤니케이션으로 풀어낼 필요가 있다고 판단했다.

결론적으로, '어린이들이 박물관에서만 얻을 수 있는 경험과 정보를 재밌게 배우기를 원한다'라는 타켓과 한독의약박물관의 공통된 목표를 발견하게 되면서 '이 점을 통해 소통해보면 어떨까?'라는 가능성을 발견하였고 한독의약박물관의 마스코트인 '여니'를 활용하여 '아이들의 눈높이로 한독의약박물관을 편안하고 재밌게' 느낄 수 있도록 콘텐츠를 구현하는 것을 목표로 잡을 수 있었다. 박물관의 방문 여부를 결정하는 것은 3040 부모 세대지만 박물관에 도착하여 콘텐츠를 직접 체험하고 즐거워야 하는 것은 자녀이기 때문에, 한독의약박물관이 '나의 자녀에게 재밌게 느껴지는 공간'이 될 수 있도록 인지시켜야 한다는 결론을 내렸다.

그림 96.한독의약박물관 캠페인 컨셉 및 진행 일정

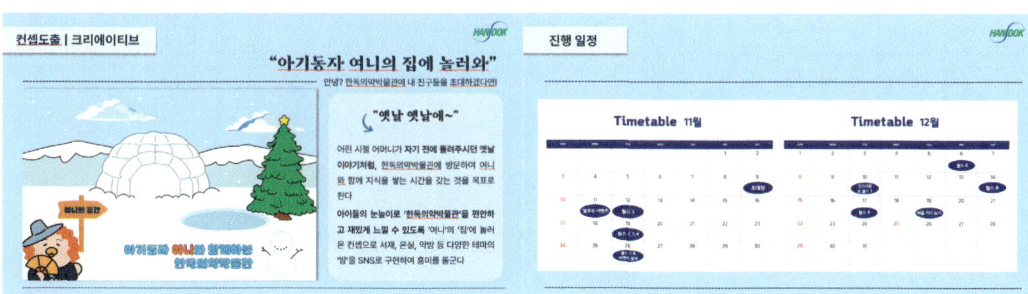

'한독'이라는 제약회사의 특징을 담아 한국과 독일의 합작인 '여니'가 어릴 때부터 의약 도서를 읽으며 건강에 좋은 약을 연구하다 보니 장수하게 되었고, 아이들을 무척

좋아해 자기 집인 한독의약박물관에 아이들이 오기를 기다리고 있다는 브랜드 스토리를 만들어 어린이들이 좋아하는 옛날이야기처럼 한독의약박물관을 SNS를 통해 쉽게 접할 수 있도록 방향성을 잡았다. 그렇기에 3040 부모 세대가 가장 많이 이용하는 SNS의 새로운 계정을 생성하여 '한독의약박물관'에 관한 콘텐츠를 2024년 11월과 12월에 나눠서 업로드하였고, 결과적으로 이벤트는 총 2개, 게시물은 총 8개, 숏폼 콘텐츠인 릴레이 스토리(릴스)는 총 9개를 게시하였다.

일반적으로 인스타그램 계정은 '일반 계정'으로 개인 사용자를 위한 기본 기능만을 제공하지만, 만약 나의 개인 계정을 홍보하고 싶은 유저의 경우에는 '프로페셔널 계정'으로 전환이 가능하다. '프로페셔널 계정'으로 전환할 경우 프로필에 웹사이트 링크, 연락처 등 수익 창출을 위한 기본 정보를 드러낼 수 있으며 인사이트(통계), 광고 집행 등 비즈니스와 크리에이터 활동에 필수적인 기능을 제공받을 수 있다. 일반 계정에서 '프로페셔널 계정'으로 전환을 통해 SNS 계정에 대한 인사이트를 수집하고 결과 보고서를 작성하였다. 최종적으로 흥미로운 정보를 친근감 있게 전달할 수 있는 퀴즈 형식의 카드 뉴스와 인스타툰, 공감과 재미를 유발하는 숏폼 콘텐츠, 그리고 타켓의 참여를 유도하는 팔로우 및 댓글 이벤트를 진행하였다.

그림 97. 한독의약박물관 캠페인 SNS이벤트 이미지

SNS 계정을 새롭게 개설한 뒤, 가장 먼저 '소비자 및 유저 분석'을 위해 카드뉴스, 이벤트, 그리고 릴스(숏폼 영상 콘텐츠)를 각각 하나의 게시물로 업로드하였다. 그 결

과 카드 뉴스는 약 700회의 조회수, 이벤트는 약 1,200회 정도의 조회수와 댓글 51개, 공유 7회라는 성과를 보였으며 숏폼 콘텐츠 같은 경우에는 총 조회수 약 2,800회 정도를 웃도는 결과를 얻을 수 있었다. 해당 인사이트에 따라, 우리 팀은 가장 접근성이 높은 릴스 같은 경우에는 처음 보는 사람들이 재밌고 또 쉽게 한독의약박물관을 인지할 수 있도록 돕는 콘텐츠로 구성하는 것이 효과적일 것으로 판단하여 이와 관련된 콘텐츠를 기획하기 위해 노력하였고 비교적 조회수는 적지만 교육적인 콘텐츠 또는 한독의약박물관에 관련된 지리적인 정보, 놀거리 등 종합적인 세부 정보를 표출하는 데 특화되어 있었기에, 이 역시 특화된 강점에 맞춰 콘텐츠를 기획하였다.

그림 98. 한독의약박물관 캠페인 인사이트

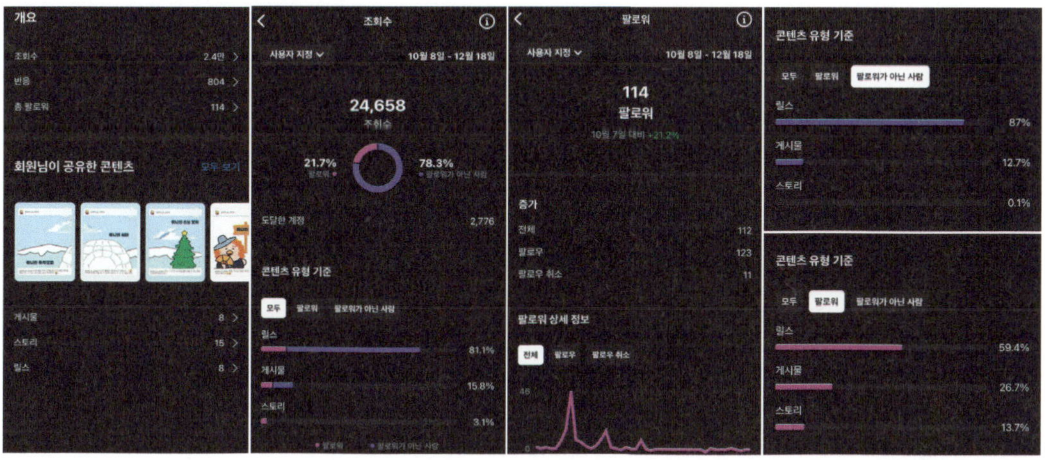

그 결과, 새롭게 개설한 SNS 계정은 2개월 누적 조회수 24,658회, '좋아요' 수 534개, 팔로우 수 114명, 댓글 수 162개로, 이는 초기 SNS 정량적 목표 달성치를 약 2~12배를 뛰어넘는 수준의 노출 및 도달률을 보였다. '여니'라는 캐릭터를 활용함으로써 한독의약박물관에 대한 구체적인 이미지를 제고하였으며 '박물관에서만 얻을 수 있는 정보를 재밌게 전달'하기 위한 교육 콘텐츠 체험 릴스, 그리고 3040 타겟의 행동 유도를 이끌 수 있는 가족 여행 컨셉의 게시물을 꾸준하게 업로드했다. 초반 유행하는 '밈'을 활용하여 한독의약박물관을 인지시키고자 노력하였으나 조회수는 평균 2,300~2,500회 정도에서 머물렀다. 어떻게 하면 더 높은 조회수를 만들어낼 수 있을지에 대해 깊

이 고민하였고, 사전에 조사한 바와 같이 '여가 시간과 여행과 관련된 공감 포인트'를 잡아보고자 하였고 '여행 컨셉'의 게시물을 올리게 되었고 그 결과 한 게시물 당 최고 4,040회라는 성과를 낼 수 있었다.

집계된 통계에 따르면, 우리가 게시한 콘텐츠 중 팔로워인 사람과 팔로워가 아닌 사람 모두가 릴스(숏폼 콘텐츠)를 각각 81.1%, 87%로 가장 많이 시청했다. 특히, 게시물 중 가장 높은 조회수가 1,506회인 점과 릴스 중 가장 낮은 조회수가 1,725회라는 점에서 숏폼 콘텐츠, 영상을 더 많이 소비하는 유저들의 특징이 도드라졌다. 구체적인 컨셉과 쉬운 언어 및 생동감 있는 표현이 들어간 '영상' 콘텐츠의 인기를 다시 한번 실감할 수 있었다. 반면, 한독의약박물관에 방문할 의사가 있는 유저 같은 경우에는 릴스를 통해 계정을 접하여 다양한 카드뉴스 및 콘텐츠를 살펴보는 행태 또한 찾아볼 수 있었다.

그림 99. 한독의약박물관 캠페인 타겟 정보

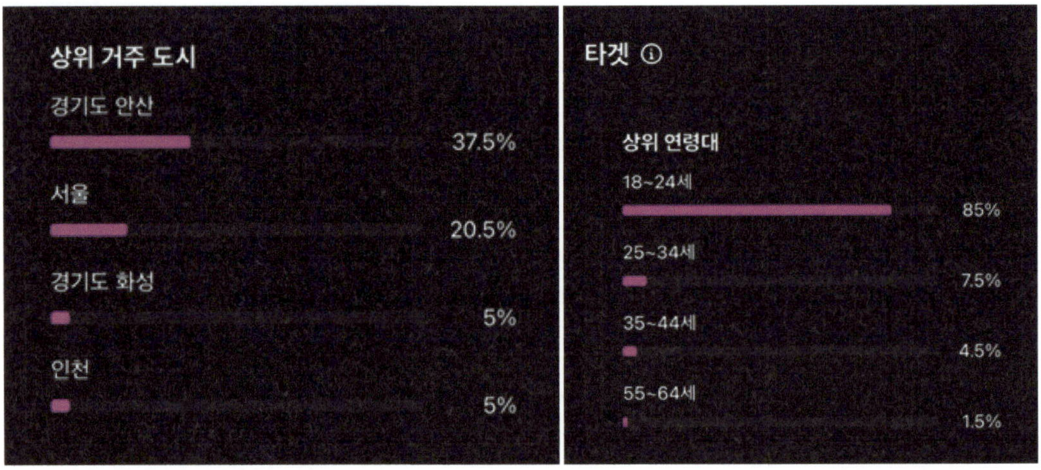

그렇지만 광고를 집행하지 않고 SNS 계정을 홍보하다 보니 팔로워 및 콘텐츠에 노출된 연령대가 20대 초반, 그리고 20대 후반이 많다는 점이 한계점을 가지고 있었다. 콘텐츠에 노출된 유저 중 37.5%가 안산이라는 점에서 지인과 대학교 내 홍보를 통한 유저 유입이 많았던 것으로 판단된다.

종합적으로 인스타그램에서 제공하는 조회수, 반응수, 팔로워 수를 통해 캠페인의 결과를 확인할 수 있었고 콘텐츠 유형별 조회수를 팔로워와 팔로우하지 않은 사람을 비교할 수 있었다. 팔로워가 아닌 사람이 많이 유입된 것을 확인할 수 있어 이 캠페인은 성공적이었다. 콘텐츠 유형에서는 확실히 릴스 같은 숏폼을 많이 조회한다는 것을 알 수 있었다. 사실상 팔로워보다 팔로워가 아닌 사람들이 유입되는 것이 더 중요하기 때문에 이 캠페인의 콘텐츠는 재미와 유익을 모두 가졌다고 판단할 수 있었다.

14
CHAPTER

OOH 광고

전통적인 옥외광고(OOH, Out-of-Home)는 오랫동안 특정 장소에 설치되어 불특정 다수에게 메시지를 전달하는 역할을 수행해왔다. 그러나 이러한 방식은 광고 효과를 정확히 측정하기 어렵고, 타겟 오디언스에 대한 정교한 접근이 불가능하다는 명확한 한계를 지니고 있었다. 최근 몇 년 사이, 디지털 기술의 비약적인 발전은 OOH 광고 환경에 근본적인 변화를 가져왔다. 과거 단순 노출 중심에서 벗어나, 이제 OOH 광고는 특정 타겟 그룹을 대상으로 광고를 송출하고, 소비자와의 상호작용을 유도하며, 그 효과를 데이터 기반으로 측정할 수 있는 가능성을 열어가고 있다.

이러한 변화의 중심에는 디지털 옥외광고(DOOH, Digital Out-of-Home)가 있다. DOOH는 디지털 스크린을 통해 동적인 콘텐츠를 제공하며, 기존 정적 광고판의 한계를 극복하고 있다. 옥외광고 시장이 완만한 성장세를 그리는 것과는 달리 DOOH만 놓고 본다면 2017년 5900억원 대에서 2023년 1조 1천억원대로 두배 가까운 성장을 보였다[1], 이는 OOH 광고의 디지털 전환이 거스를 수 없는 흐름임을 시사한다. 초기 DOOH가 전통적인 빌보드를 단순히 디지털 스크린으로 대체하는 수준에 머물렀다면, 현재는 데이터 수집, 분석, 타겟팅, 그리고 광고 효과 측정에 이르는 데이터 중심의 운영 방식으로 진화하고 있다. 이는 OOH 광고가 더 이상 일방적인 메시지 전달 수단이 아니라, 성과 측정이 가능하고 최적화할 수 있는 매체로 변모하고 있음을 의미한다[2].

OOH 광고에서 데이터 활용의 중요성은 날이 갈수록 커지고 있다. 광고주들은 한정된 예산으로 최대의 광고 효과, 즉 투자 대비 수익률(ROI) 증대를 끊임없이 요구하고 있으며, 소비자들의 행동 패턴은 온라인과 오프라인을 넘나들며 더욱 복잡해지고 있다. 이러한 환경에서 데이터는 OOH 광고의 효율성을 높이고, 보다 정교한 타겟팅을 가능하게 하는 핵심 요소로 부상했다. 기술의 발전은 과거에는 상상하기 어려웠던 방대한 양의 데이터를 수집하고 분석하는 것을 용이하게 만들었다.

글로벌 OOH 시장, 특히 DOOH 시장은 괄목할 만한 성장세를 보이고 있다. 2022년 2분기 발표된 AA/WARC 광고비 지출 보고서에 따르면 광고주들은 2023년 광고 지출이 가장 크게 증가할 상위 4개 채널 중 하나로 DOOH(8.4%)를 꼽았다[3]. 코로나 팬데믹 이후 급격하게 성장하고 있는 AI와 프로그래매틱(Programmatic) 기술의 접목은 DOOH 시장이 주목을 높였다 글로벌 통계 조사 회사인 Statista(2023)는 2027년 글로벌 DOOH 광고 시장이 166억 달러에 이를 것이라 전망했다. 이러한 시장 성장의 배경에는 과거 '깜깜이 광고'로 치부되었던 OOH 광고의 효과를 데이터로 검증하고, 나아가 광고 캠페인의 성과를 극대화하고자 하는 광고주들의 강력한 니즈가 자리 잡고 있다. 기술 발전은 이러한 광고주들의 요구를 충족시킬 수 있는 다양한 수단을 제공하며 OOH 광고 시장의 데이터 기반 혁신을 가속화하고 있다.

1. 지오펜싱

지오펜싱(Geofencing)은 '지리적(geographic)'이라는 단어와 '울타리(fencing)'라는 단어가 결합된 합성어로, 특정 지리적 영역에 가상의 경계, 즉 '지오펜스(Geofence)'를 설정하는 위치 기반 기술을 의미한다. 이 기술의 핵심은 사용자가 사전에 설정된 이 가상의 울타리 안으로 들어오거나 밖으로 나갈 때, 이를 시스템이 감지하여 미리 정의된 특정 행동(예: 푸시 알림 전송, 광고 콘텐츠 변경, 데이터 기록 등)을 자동으로 실행하는 데 있다.

전통적인 위치 기반 서비스로 잘 알려진 GPS(Global Positioning System)가 사용자의 위치를 점(point)이나 선(line)의 형태로 파악하는 반면, 지오펜싱은 특정 지역을 '면(area)'의 단위로 인식한다. 따라서 지오펜싱은 "사용자가 현재 어디에 있는가?"라는 질문보다는 "사용자가 특정 범위 안에 존재하는가?"라는 질문에 초점을 맞춘다. 예를 들어, 특정 백화점을 중심으로 반경 100m 이내에 지오펜스가 설정되어 있다면, 해당 백화점 앱을 설치하고 위치 정보 제공에 동의한 사용자가 이 구역에 진입했을 때, 백화점에서 사용할 수 있는 할인 쿠폰이나 이벤트 정보를 스마트폰 알림으로 받을 수 있게 된다.

지오펜싱의 작동 방식은 먼저 실제 지리적 위치를 선정하는 것에서 시작한다. 이후, GPS, RFID(Radio-Frequency Identification), Wi-Fi 신호, 셀룰러 데이터(기지국 정보) 등 다양한 위치 파악 기술을 활용하여 소프트웨어를 통해 해당 지역에 가상의 울타리를 생성한다. 모바일 기기를 소지한 사용자가 이 설정된 지오펜스 영역으로 진입하거나 이탈하는 순간, 시스템은 이를 감지하고 사전에 프로그래밍된 이벤트(예: 이메일 발송, 문자 메시지 전송, 앱 내 알림, 미디어 광고 노출 등)를 발생시킨다. 여기서 중요한 전제 조건은 사용자가 자신의 위치 정보 제공에 명시적으로 동의해야 한다는 점이다. 사용자의 동의가 확보될 때, 지오펜싱 기술은 현재 위치에 적합한 맞춤형 서비스나 정보를 제공하는 강력한 도구로 활용될 수 있다.

지오펜싱 기술은 전 세계적으로 OOH 광고 캠페인에 혁신적인 방식으로 활용되며 주목할 만한 성과를 창출하고 있다. 특히 모바일 기기와의 연동을 통해 OOH 광고의 효과를 극대화하는 사례들이 다수 등장하고 있다.

버거킹 "와퍼 디투어 (Whopper Detour)" 캠페인

지오펜싱을 활용한 OOH 연계 마케팅의 가장 성공적인 사례 중 하나로 꼽히는 버거킹의 "와퍼 디투어" 캠페인은 경쟁사의 위치를 역으로 활용한 기발한 아이디어로 큰 화제를 모았다. 버거킹은 미국 전역에 위치한 약 14,000개의 맥도날드 매장 주변 반경 600피트(약 183미터) 이내에 지오펜스를 설정했다. 1. 사용자가 버거킹 모바일 앱을 설치하고 2. 구글 맵에서 맥도날드를 검색해 근처의 맥도날드 위치로 간다. 사용자가 이 지오펜스 영역에 진입하면, 3. 맥도날드에서 버거킹 앱을 통해 단 1센트에 와퍼를 구매할 수 있는 파격적인 쿠폰을 제공했다. 그러면 가장 가까운 버거킹 매장으로 우회 경로가 설정되었다. 이 캠페인에는 실시간 모바일 위치 추적 기술이 핵심적으로 활용되었다.

그림 100. 버거킹 캠페인 사례

캠페인의 성과는 놀라웠다. 단 9일이라는 짧은 기간 동안 버거킹 앱은 150만 건 이상 다운로드 되었고, 애플 앱스토어와 구글 플레이스토어에서 모두 1위를 차지했다. 약 50만 개의 와퍼가 이 프로모션을 통해 판매되었으며, 디지털 빌보드 광고 노출은 이전 캠페인 대비 327% 증가했고, 실제 버거킹 매장 방문율은 54%나 급증했다[4]. 특히 이 캠페인의 투자 대비 수익률(ROI)은 37:1에 달하는 것으로 알려져, 지오펜싱 기술의 상업적 성공 가능성을 입증했다. 이 캠페인은 OOH 광고가 단순히 특정 장소에 고정되어 노출되는 것을 넘어, 사용자의 실시간 위치와 맥락(경쟁사 방문)을 활용하고 모바일 앱과의 강력한 시너지를 통해 즉각적인 행동 변화를 이끌어낼 수 있음을 명확히 보여주었다.

나이키 마라톤 빌보드 캠페인 (Nike Marathon Billboards):

나이키는 마라톤 대회 기간 동안 러너들을 타겟으로 지오펜싱과 실시간 데이터를 활용

그림 101. Nike's AR Urban Scavenger Hunt 사례

출처: https://mashable.com/feature/nike-snkrs-app-drops

한 OOH 캠페인을 진행한 것으로 알려져 있다. 구체적으로 마라톤 코스 주변이나 러너들이 자주 훈련하는 공원, 트랙 등에 지오펜스를 설정하고, 해당 지역에 있는 러너들에게 맞춤형 응원 메시지를 DOOH 빌보드에 노출하거나, 나이키 런 클럽(NRC) 앱의 특정 기능을 활성화하는 방식으로 캠페인이 진행되었을 것으로 추정된다[5]. 이러한 캠페인은 특정 이벤트(마라톤)와 특정 타겟(러너)에 대한 고도의 맞춤형 접근을 통해 브랜드 경험을 강화하고 참여를 유도하는 데 효과적일 수 있다.

참고로, 자료에서는 나이키가 Outfront Media와 협력하여 주요 도심에서 증강현실(AR)을 활용한 스캐빈저 헌트 이벤트를 진행한 사례를 언급하고 있다. 이 캠페인에서는 OOH 광고물이 이벤트의 시작점 역할을 했으며, 참가자들은 AR 포털을 통해 가상으로 한정판 운동화를 "발견"하고 구매할 수 있었다. 이는 지오펜싱과는 다소 거리가 있지만, 위치 기반 기술과 인터랙티브 요소를 결합하여 OOH 광고의 참여도를 높인 사례로 볼 수 있다[6].

넥슨 "메이플스토리 M / 블루 아카이브" pDOOH 캠페인 (하이브스택 협력)

국내 대표 게임 기업인 넥슨은 글로벌 프로그래매틱 DOOH(pDOOH) 플랫폼인 하이브스택(Hivestack)과 협력하여 자사 인기 모바일 게임 "메이플스토리 M" 및 "블루 아카이브"의 해외 시장 공략을 위한 지오펜싱 기반 OOH 광고 캠페인을 성공적으로 진행했다. 이 캠페인에서는 고객 데이터(예: 기존 게임 유저, 특정 게임 장르 선호 유저 등)를 기반으로 한 지오펜싱 타겟팅과 함께, 각 지역별 특성에 맞는 맞춤형 광고 크리에이티브를 적용하는 전략이 활용되었다.

예를 들어, 싱가포르에서 진행된 "메이플스토리 M" 캠페인에서는 타겟 오디언스(젊은층, 게임 유저 등)가 밀집한 주요 쇼핑몰, 지하철역, 버스정류장 주변에 지오펜스를 설정하고, 해당 지역의 DOOH 스크린에 집중적으로 광고를 노출했다. 그 결과 넥슨이 싱가포르 전역에서 진행한 'Programmatic Pioneers' 캠페인이 2022년 대한민국 디지털 광고 대상 '디지털 사이니지' 부문 금상을 수상했다[7].

지오펜싱 기술을 OOH 광고에 성공적으로 활용하기 위한 핵심 요인들은 다음과 같다.

- **정확한 타겟팅 (Precise Targeting)**: 지오펜싱은 특정 지리적 위치에 있는 잠재고객에게 광고를 노출함으로써 광고 메시지의 도달 효율성을 극적으로 향상시킨다[8]. 불필요한 노출을 줄이고 실제 구매 가능성이 높은 타겟에게 집중함으로써 광고 예산의 낭비를 최소화할 수 있다.
- **높은 관여도 유도 (Driving High Engagement)**: 사용자의 현재 위치와 상황에 맞는 실시간 맞춤형 메시지를 전달함으로써 광고에 대한 주목도와 관여도를 높일 수 있다[9]. 예를 들어, 특정 매장 근처를 지나는 사용자에게 즉시 사용 가능한 할인 쿠폰을 제공하는 것은 즉각적인 행동을 유도하는 강력한 동기가 된다.
- **측정 가능성 (Measurability)**: 지오펜싱 기반 캠페인은 앱 다운로드 수, 쿠폰 사용률, 실제 매장 방문객 수 변화 등 구체적인 성과 지표(KPI)를 통해 그 효과를 비교적 명확하게 측정할 수 있다는 장점이 있다[10]. 이는 광고주에게 캠페인 ROI를 분석하고 향후 전략을 개선하는 데 필요한 데이터를 제공한다.
- **창의적 활용 가능성 (Creative Application Potential)**: 지오펜싱은 단순히 특정 지역에 광고를 노출하는 것을 넘어, 버거킹의 "와퍼 디투어" 캠페인처럼 경쟁사의 위치를 활용하거나 특정 이벤트와 연계하는 등 창의적이고 혁신적인 캠페인 기획을 가능하게 한다. 이는 브랜드에 대한 긍정적인 인식을 심어주고 바이럴 효과를 창출하는 데 기여할 수 있다.

지오펜싱 기술은 많은 장점에도 불구하고 몇 가지 한계점과 고려해야 할 사항들을 안고 있다.

- **사용자 동의 필수 (User Consent Required)**: 지오펜싱 기술을 활용하기 위해서는 사용자의 위치 정보 제공에 대한 명시적인 사전 동의가 반드시 필요하다[11]. 개인정보보호에 대한 인식이 높아짐에 따라, 사용자 동의를 얻는 과정이 더욱 중요

해지고 있으며, 동의율이 낮을 경우 캠페인 도달 범위가 제한될 수 있다.

- **배터리 소모 (Battery Consumption)**: 스마트폰에서 GPS 등 위치 서비스를 지속적으로 활성화할 경우 배터리 소모가 빨라질 수 있다. 이는 사용자 경험에 부정적인 영향을 미칠 수 있으며, 사용자가 위치 서비스 이용을 꺼리게 만드는 요인이 될 수 있다.
- **정확도 이슈 (Accuracy Issues)**: GPS 신호가 약한 실내나 지하, 또는 고층 빌딩이 밀집한 도심 지역에서는 위치 정보의 정확도가 떨어질 수 있다. 이는 지오펜스의 경계를 정확히 인식하지 못하거나 잘못된 시점에 이벤트가 발생하는 문제로 이어질 수 있다.
- **프라이버시 침해 우려 (Privacy Concerns)**: 사용자의 실시간 위치 정보와 이동 경로 데이터가 수집되고 활용되는 것에 대해 일부 사용자들은 프라이버시 침해에 대한 우려를 가질 수 있다[12]. 특히, 수집된 데이터가 어떻게 관리되고 보호되는지에 대한 투명성이 부족할 경우, 지오펜싱 기반 서비스는 사용자에 대한 '감시'로 인식될 위험이 있다. 따라서 데이터 수집 및 활용 목적을 명확히 고지하고, 익명화 및 보안 조치를 철저히 하는 것이 매우 중요하다.

성공적인 지오펜싱 OOH 캠페인은 이러한 기술적, 윤리적 고려사항들을 충분히 인지하고, 사용자의 신뢰를 얻는 동시에 창의적인 방식으로 접근할 때 그 효과를 극대화할 수 있다. 특히, 단순한 위치 타겟팅을 넘어 소비자의 현재 '맥락(Context)'을 이해하고, 모바일 기기와의 유기적인 '연동'을 통해 즉각적인 가치를 제공하는 전략이 중요하다. 즉 새로운 고객이 일련의 타켓팅된 DOOH광고를 통해 제품을 발견하는 것이 효과를 얻기 위해서는 강력한 미디어 믹스 모델링(MMM)이 뒷받침되어야 한다[13]. 버거킹의 "와퍼 디투어" 캠페인은 맥도날드 근처라는 '위치' 정보뿐만 아니라, '경쟁사 방문'이라는 소비자의 '맥락'을 활용했으며, 버거킹 앱을 통한 '모바일 연동'으로 1센트 와퍼라는 즉각적인 가치를 제공함으로써 폭발적인 반응을 이끌어냈다. 이처럼 위치, 맥락, 모바일 연동의 삼박자가 조화를 이룰 때 지오펜싱 OOH 캠페인의 시너지는 극대화될 수 있다. 더 나아가, 지오펜싱 기술의 고도화는 프로그래매틱 DOOH(pDOOH) 시장의 성장을 촉진하는 핵심 동력으로 작용하고 있다. 지오펜싱을 통해 수집되고 활용되는 정교한 위치 데이터는 pDOOH 플랫폼이 더욱 정확한 타겟 오디언스에게, 더욱 적절한 시점에, 자동화된 방식으로 광고를 집행할 수 있게 하는 기반을 제공하며, 이는 pDOOH 시장의 매력도를 높이고 지속적인 성장을 견인하는 중요한 요소가 된다.

2. 유동인구 측정

OOH 광고에서 유동인구 측정이란 특정 광고 매체가 설치된 지점이나 그 주변을 통행하는 사람들의 수를 파악하는 활동을 의미한다. 이는 해당 OOH 광고에 노출될 가능성이 있는 잠재적 광고 청중(Potential Audience)의 규모를 가늠하는 가장 기본적인 지표로 활용된다. 과거 OOH 광고는 단순히 많은 사람에게 노출되는 것을 주된 목표로 삼았으나, 최근에는 광고 예산의 효율적인 집행과 ROI(투자 대비 수익률)에 대한 관심이 높아지면서, 실제 타겟 오디언스에게 얼마나 효과적으로 도달하는지가 더욱 중요해지고 있다[14]. 따라서 정확한 유동인구 측정은 광고 매체의 효과를 평가하고, 광고 매체 선정 및 예산 배분 전략을 수립하는 데 있어 매우 중요한 기초 데이터로 작용한다. 유동인구 데이터는 광고의 잠재적 도달 범위를 예측하고, 실제 광고 효과를 분석하며, 나아가 광고 단가를 책정하는 근거로도 활용될 수 있다.

OOH 광고의 효율성을 높이기 위한 유동인구 데이터는 다양한 기술을 통해 수집되고 분석된다. 과거의 수동적인 방식에서 벗어나, 최근에는 데이터 기반의 첨단 기술을 활용하여 보다 정확하고 방대한 데이터를 확보하려는 노력이 이루어지고 있다.

- **통신사 데이터 (Mobile Carrier Data)**: 스마트폰 사용자의 휴대폰 기지국 접속 정보, 통화량, 데이터 사용량 등의 빅데이터를 익명화하여 특정 지역 및 시간대의 유동인구 규모와 이동 패턴을 추산하는 방식이다[15]. 국내 통신사들은 이러한 데이터를 가공하여 광고 및 상권 분석 등에 활용하고 있다.
- **Wi-Fi 신호 수집 (Wi-Fi Sensing)**: 공공장소나 상업시설에 설치된 Wi-Fi AP(Access

Point)에 접속을 시도하거나, 주변 Wi-Fi 신호를 스캔하는 스마트폰의 MAC 주소 등 익명화된 신호를 수집하여 해당 지역의 유동인구 수를 파악하는 기술이다[16]. 특정 매장 방문객 분석 등에도 활용된다.

- **IoT 센서 (IoT Sensors)**: DOOH 광고판, 버스정류장, 택시 상단 등 다양한 위치에 적외선 센서, 초음파 센서, 비전 센서(카메라), 레이더 센서 등 IoT 센서를 설치하여 실시간으로 주변 환경 정보와 함께 유동인구 데이터를 수집한다. 예를 들어, 모토브(Motov)의 택시 상단 광고 시스템은 IoT 센서를 통해 유동인구뿐만 아니라 날씨, 교통량 등 다양한 도시 데이터를 수집한다[17].
- **안면 인식 기술 (Facial Recognition Technology)**: DOOH 광고판에 설치된 카메라가 통행인의 얼굴을 실시간으로 인식하고, 인공지능(AI) 기술을 통해 연령, 성별, 감정 상태 등 인구통계학적 정보 및 특성을 분석하여 유동인구의 구성을 파악하는 기술이다. 이를 통해 특정 타겟 오디언스에 맞는 광고를 송출할 수 있지만, 개인정보보호 및 사생활 침해 논란이 지속적으로 제기되고 있어 활용에 신중한 접근이 필요하다.
- **신용카드/교통카드 데이터 (Credit/Transportation Card Data)**: 특정 지역에서의 신용카드 사용 내역이나 대중교통 이용 시 교통카드 태깅 정보 등을 분석하여 유동인구의 소비 패턴, 이동 경로, 주요 활동 지역 등을 파악하는 데 활용된다.
- **모바일 위치 데이터/앱 데이터 (Mobile Location/App Data)**: 사용자의 명시적인 동의를 전제로 스마트폰의 GPS, Wi-Fi, 비콘 등을 통해 수집된 위치 데이터나 특정 모바일 앱의 사용 이력 데이터를 분석하여 개인의 이동 경로, 특정 장소 방문 빈도, 관심사 등을 파악한다. 이러한 데이터는 매우 정교한 타겟팅을 가능하게 하지만, 개인정보보호 규정을 철저히 준수해야 한다.

이처럼 다양한 기술을 통해 수집된 유동인구 데이터는 단순한 인구수 파악을 넘어, 유동인구의 특성(성별, 연령별 분포, 관심사 등), 시간대별 변화, 특정 이벤트나 프로모션에 대한 반응 등을 분석하여 OOH 광고의 기획, 집행, 효과 측정 전반에 걸쳐 활용될 수 있다. 유동인구 측정 기술의 발전은 OOH 광고를 과거의 '양적 노출' 중심에서 실제 타겟 오디언스에 대한 '질적 도달' 중심으로 전환시키는 데 핵심적인 역할을 하고 있다.

맥도날드 필리핀 날씨 연동 캠페인

맥도날드는 필리핀에서 실시간 날씨 데이터와 유동인구 데이터를 결합한 DOOH 광고 캠페인을 진행했다. 특정 지역의 기온이 일정 수준 이상으로 올라가면, 해당 지역의 DOOH 스크린에 시원한 음료나 아이스크림 광고를 자동으로 노출시키는 방식이었다. 이 캠페인은 Moving Walls의 플랫폼을 통해 운영되었으며, 광고 노출 지역의 유동인구 분석을 통해 광고 효과를 측정했다. 그 결과, 캠페인 기간 10일 동안 약 100만 회의 노출을 달성했으며, 캠페인 내 최적화로 인해 캠페인은 초기 예측 대비 152%의 추가 측정되었다[18]. 이는 유동인구가 많은 시간대와 특정 날씨라는 상황적 요인을 결합하여 광고 메시지의 효과를 극대화하고, 실제 매장 방문으로 이어지는 효과를 데이터로 입증한 사례이다.

그림 102. 맥도날드 DOOH 광고사례

출처: https://www.movingwalls.com/case-studies/mcdonalds-uses-dynamic-dooh-to-unlock-deals-based-on-real-time-weather-conditions-in-the-philippines/

기네스 호주 날씨 연동 캠페인

기네스는 호주 시장에서 겨울철 맥주 소비를 촉진하기 위해 날씨 연동형 프로그래매틱 DOOH 캠페인을 선보였다. 실시간 기온 데이터를 활용하여 특정 지역의 온도가 섭

씨 7도 이하로 내려가면, 해당 지역의 DOOH 스크린에 "기네스를 즐기기 완벽한 시간" 이라는 메시지와 함께 광고를 활성화했다. 광고에는 QR코드를 삽입하여 소비자들이 스캔 시 무료 기네스 한 잔을 받을 수 있는 쿠폰을 제공했으며, 유동인구 데이터와 관심 지점(POI, Point of Interest) 타겟팅을 통해 기네스를 판매하는 펍(Pub) 근처의 스크린에 광고를 집중적으로 노출했다.

이 캠페인은 상당한 성과를 거두었는데, 총 1,180만 회 이상의 노출을 기록했고, 브랜드 현저성(Brand Salience)은 3% 증가했다. 또한, 전년 동기 대비 매출은 18% 증가했으며, 제휴 펍 방문객 수는 15% 증가했고 (총 2,000개의 무료 샘플 제공), 겨울철 기네스 음용량은 10만 파인트 이상 증가(전년 대비 13% 증가)하는 등 구체적인 수치로 효과가 입증되었다[19]. 이 사례는 날씨라는 상황적 맥락과 유동인구 및 POI 데이터를 정교하게 결합하여 특정 제품의 소비를 효과적으로 촉진하고, 오프라인 매장 방문 및 실제 매출 증대로 이어진 성공적인 데이터 활용 사례로 평가받는다.

그림 103. 기네스 호주 캠페인 사례

출처: https://45228924.fs1.hubspotusercontent-na1.net/hubfs/45228924/VM%20-%20AUS%20-%20Guinness%20Case%20Study%20One%20Sheet.pdf

모토브(Motov) 택시 광고 플랫폼

국내 스타트업 모토브는 택시 상단에 설치된 디지털 디스플레이 광고판을 통해 혁신적인 OOH 광고 서비스를 제공하고 있다. 이 광고판에는 약 30여 개의 IoT(사물인터넷) 센서가 탑재되어 있어, 택시가 운행하는 동안 실시간으로 주변의 유동인구, 차량 이동 데이터, 날씨, 미세먼지 농도, 자외선 지수 등 150가지가 넘는 다양한 도시 환경 데이터를 수집한다.

모토브는 이렇게 수집된 방대한 실시간 데이터를 기반으로 특정 시간, 특정 장소, 특정 상황(예: 미세먼지가 심한 날에는 공기청정기나 마스크 광고, 특정 지역의 맛집 광고 등)에 가장 적합한 맞춤형 광고를 택시 상단 스크린에 자동으로 송출한다. 또한, 'OOH Analytics'라는 자체 솔루션을 통해 자사 택시 광고뿐만 아니라 다른 OOH 매체 주변의 유동인구 데이터를 분석하고, 이를 기반으로 광고 노출당 비용(CPM) 분석 서비스를 광고주에게 제공한다. 모토브는 광고주에게 실시간으로 광고 성과 리포트를 제공하며 , 구체적인 캠페인 KPI는 광고주 및 캠페인 목표에 따라 다양하지만, 데이터 기반의 정교한

그림 104. 차량 루프탑 디스플레이 광고 (이미지 출처 : 모토브)

타겟팅과 성과 측정 가능성을 제시하며 OOH 광고 시장에 새로운 가능성을 열고 있다. 이러한 '움직이는 OOH(Moving OOH)'와 IoT 기술의 결합은 도시 전체를 하나의 거대한 데이터 수집장이자 광고 플랫폼으로 활용하는 새로운 패러다임을 제시하며, 특히 스마트시티 구축과 맞물려 그 중요성이 더욱 커질 것으로 예상된다[20].

포커스미디어 버거킹 엘리베이터 광고

포커스미디어는 시청률 조사 기업 닐슨미디어코리아와 협업하여 '엘리베이터TV 광고 시청행태 조사'를 시행하고 있으며, 이른바 "포커스애널리틱스"시스템을 개발하여 데이터를 수집·분석하고 있다. 실제 서울생활권 입주민(약 515만 명)중 2,000여명의 대표성 있는 패널을 구축하여 Reach, Frequency, CPM, CPRP등의 측정과 더불어 입주민 시청자의 모바일 앱 이용행태(특정 브랜드 광고 시청자의 해당 브랜드 앱 신규설치 지수, 도달률, 평균 이용시간 등)도 함께 분석한다[21].

실제로 입주민과 일반 수도권 거주자의 롯데마트, 버거킹 앱 사용률을 비교했을 때, 입주민의 사용률이 버거킹 앱의 경우 1.9배까지 차이나는 결과를 보여주었다[22]. 이 사례는 생활 반경 내 깊숙이 침투하는 OOH 매체(엘리베이터 TV)와 실제 소비자들의 오프라인 행동 데이터를 결합함으로써, 매우 정교한 하이퍼로컬 타겟팅이 가능함을 보여주었으며, 특히 매장 방문 유도와 같은 직접적인 행동 전환 성과를 데이터로 명확히 분석했다는 점에서 큰 의의를 지닌다.

통신사 데이터, Wi-Fi 센싱, IoT 센서, 지오펜싱 등 다양한 기술을 통해 유동인구 측정의 정확도는 과거에 비해 상당히 높아졌다. 그러나 OOH 광고 매체의 종류가 매우 다양하고(예: 대형 빌보드, 버스정류장 쉘터, 지하철 내부 광고, 엘리베이터 TV 등), 설치 환경 또한 각기 다르기 때문에, 수집된 유동인구 데이터가 실제 해당 광고에 얼마나 주목했는지를 정확히 반영한다고 보기는 어렵다. 이러한 이유로 매체별 최종 광고 효과를 평가하는 데 있어 업계 내에서도 의견 차이가 존재한다고 지적한다. 또한, 전통적인 OOH 광고는 특정 지역의 유동인구 데이터를 기반으로 광고 성과를 추산하지만, 그 유동인구 중 실제 광고주의 '타겟 오디언스'가 얼마나 포함되어 있는지, 그리고 그들이 실제로 광고에 주목했는지를 확인하기 어렵다는 근본적인 한계가 있다. 이러한 한계

그림 105. 포커스미디어 버거킹 광고 사례

출처: https://speakerdeck.com/datarian/eoje-elribeiteoeseo-bon-geu-gwanggo-yeop-apateueneun-an-na-ondagoyo?slide=36

를 극복하기 위해 카드사나 통신사의 부가 데이터를 활용하여 사후 분석을 진행하기도 하지만, 여전히 완벽한 해결책이라고 보기는 어렵다.

OOH 광고 업계에서 객관적이고 표준화된 데이터에 기반한 매체 선택 및 효과 평가는 아직 초기 단계에 머무르고 있다. 많은 광고주가 여전히 과거의 경험이나 직관에 의존하여 OOH 광고 매체를 선택하는 경우가 많으며, 이는 과학적이고 객관적인 근거에 기반한 의사결정을 어렵게 만드는 요인이다. 가장 큰 문제 중 하나는 OOH 미디어 업계에 TV 시청률과 같이 공신력 있는 제3의 기관에서 객관적으로 산출하고 제공하는 표준화된 데이터가 거의 없다는 점이다. 이로 인해 광고주들은 각 매체사가 제공하는 데이터의 신뢰성을 판단하기 어렵고, 다양한 OOH 매체 간의 효과를 객관적으로 비교하는 데도 한계가 있다. 데이터 기반의 광고 집행이 OOH 광고 시장의 중요한 트렌드로 자리 잡고 있는 만큼, 유동인구의 특성을 객관적이고 과학적으로 측정하여 산출하고, 이를 업계 전반에서 신뢰하고 활용할 수 있는 표준화된 지표와 방법론을 개발하는 것이 시급한 과제이다. 이러한 표준화된 데이터는 OOH 광고의 가치를 객관적으로 입증하고, 광고 시장의 투명성을 높이며, 결과적으로 시장 전체의 성장을 이끄는 데 중요한 역할을 할 것이다.

3. 광고 효과 측정

과거 OOH 광고의 효과는 주로 광고를 본 사람들의 기억에 의존하거나, 광고물이 설치된 장소의 유동인구를 기반으로 추정하는 방식으로 측정되었다. 대표적인 전통적 방법으로는 광고 시인성 조사(Ad Recognition Survey)와 유동인구 계수(Foot Traffic Counting)를 들 수 있다. 광고 시인성 조사는 특정 OOH 광고물을 본 적이 있는지, 어떤 내용이었는지 등을 소비자에게 직접 질문하여 기억 회상률을 측정하는 방식이다[23]. 유동인구 계수는 특정 시간 동안 광고물 주변을 지나간 사람의 수를 직접 세거나 추정하여 광고의 잠재적 노출량을 파악하는 방법이다.

그러나 이러한 전통적인 측정 방법들은 여러 가지 명확한 한계를 가지고 있다. 첫째, 실제 광고를 주목했는지 여부를 정확히 파악하기 어렵다. 단순히 광고물 근처를 지나갔다고 해서 모든 사람이 광고를 인지하고 주목했다고 볼 수는 없기 때문이다. 둘째, 광고 시인성 조사의 경우 응답자의 기억 왜곡 가능성이 존재하며, 다른 매체에서 접한 광고 내용을 해당 OOH 광고로 착각하는 경우도 발생할 수 있다. 셋째, 광고주의 핵심 타겟 오디언스에게 얼마나 도달했는지, 그리고 그들의 태도나 행동에 어떤 변화를 가져왔는지에 대한 구체적인 정보를 제공하지 못한다. 넷째, 다양한 OOH 캠페인 간의 성과를 객관적으로 비교하거나, 디지털 광고와 같이 세분화된 측정 지표를 제공하는 데 한계가 있다. 이러한 한계점들은 OOH 광고의 실제 효과를 과소평가하게 만들 수 있으며, 광고주들이 OOH 광고에 대한 투자를 망설하게 만드는 요인으로 작용하기도 했다[24].

디지털 기술의 발전과 데이터 분석 역량의 향상은 OOH 광고 효과 측정 방식에도 혁신적인 변화를 가져오고 있다. 과거의 한계를 극복하고 보다 정교하고 다각적인 방법으로 OOH 광고의 성과를 분석하려는 시도들이 활발하게 이루어지고 있다.

OOH 광고와 디지털 채널을 연동하여 광고 효과를 측정하는 디지털 연동 측정 (Digital Integration Measurement)방식이 주목받고 있다. 이는 오프라인에서의 광고 노출이 온라인에서의 소비자 행동 변화로 어떻게 이어지는지를 추적하고 분석하는 데 초점을 맞춘다.

- **웹/앱 행동 분석 (Web/App Behavior Analysis)**: OOH 광고가 집행된 지역의 사용

자들이 특정 기간 동안 광고주의 웹사이트를 방문하거나 모바일 앱을 사용하는 빈도, 특정 키워드 검색량 변화 등을 분석한다. 광고주의 제1자 데이터(자사 고객 데이터)와 결합하여 OOH 광고에 노출된 그룹과 노출되지 않은 통제 그룹 간의 온라인 행동 차이를 비교함으로써 OOH 광고의 순수한 효과를 분리해낼 수 있다.

- **QR코드/NFC 활용 (QR Code/NFC Utilization)**: OOH 광고물(특히 DOOH 스크린이나 포스터)에 QR코드나 NFC(Near Field Communication) 태그를 삽입하여, 소비자들이 자신의 스마트폰을 통해 광고와 직접적으로 상호작용하도록 유도한다. 소비자는 QR코드 스캔이나 NFC 태깅을 통해 광고주의 웹사이트로 바로 연결되거나, 프로모션 페이지로 이동하거나, 관련 앱을 다운로드하거나, 이벤트에 참여할 수 있다. 이러한 상호작용 데이터는 실시간으로 수집되어 광고 효과를 즉각적으로 측정하고 분석하는 데 활용된다.

데이터 기반 OOH 광고 효과 측정에는 다양한 KPI가 활용된다. 이러한 KPI는 광고 캠페인의 목표에 따라 선택적으로 사용되며, 크게 노출 기반, 인지/태도 변화 기반, 행동 변화 기반, 주목도/체류시간 기반 지표로 나눌 수 있다.

✔ 노출 기반 지표

- **광고 노출수 (Impressions)**: 광고가 잠재 고객에게 노출된 총 횟수. DOOH의 경우, 한 번의 광고 송출로 여러 사람에게 동시에 노출될 수 있으므로, 실제 시청자 수를 추정하기 위해 '노출 승수(Impression Multiplier)'라는 개념을 사용하기도 한다. 이는 카메라, 센서, 위치 데이터 등을 활용하여 특정 시간, 특정 장소의 실제 시청자 수를 보다 정확하게 추정하는 방식이다.

- **유효 도달률 (Effective Reach)**: 특정 기간 동안 광고에 한 번 이상 노출된 순수 잠재 고객의 비율 또는 수. 연구에서는 광고물을 하나 이상 인지한 청중을 '유효 광고 청중'으로 정의하고, 이들의 수를 예측하는 모델을 제시했다.

- **빈도 (Frequency)**: 특정 기간 동안 한 명의 잠재 고객이 광고에 평균적으로 노출된 횟수.

- **CPM (Cost Per Mille / Cost Per Thousand Impressions):** 광고를 1,000회 노출시키는 데 소요되는 비용. 광고 매체 간 효율성을 비교하는 데 사용된다.

✔ 인지/태도 변화 지표

- **브랜드 인지도 (Brand Awareness):** 광고 캠페인 이후 해당 브랜드를 얼마나 많은 사람들이 알고 있는지 측정한다.
- **광고 상기도 (Ad Recall):** 광고를 본 후 얼마나 많은 사람들이 해당 광고를 기억하는지 측정 (비보조 상기도, 보조 상기도 등)한다.
- **브랜드 선호도 (Brand Preference):** 광고 캠페인 이후 해당 브랜드에 대한 선호도가 얼마나 변화했는지 측정한다.
- **구매 의향 (Purchase Intent):** 광고 캠페인 이후 해당 제품이나 서비스를 구매할 의향이 얼마나 높아졌는지 측정한다.

✔ 행동 변화 지표

- **웹사이트 트래픽 증가 (Website Traffic Lift):** OOH 광고 집행 후 광고주 웹사이트의 방문자 수 증가율
- **앱 다운로드 수 (App Downloads):** OOH 광고를 통해 유도된 모바일 앱 다운로드 횟수.
- **실제 매장 방문객 수 증가 (Footfall Lift):** OOH 광고 노출 지역 또는 광고 노출 후 특정 기간 동안 실제 매장을 방문한 고객 수의 증가율
- **구매 전환율 (Conversion Rate):** OOH 광고를 통해 유입된 고객 중 실제 구매로 이어진 비율
- **ROAS (Return On Ad Spend):** 광고비 지출 대비 발생한 매출액. OOH 광고의 직접적인 재무적 성과를 나타내는 중요한 지표이다.

✔ **주목도/체류시간 지표**

- **광고 주목률 (Attention Rate)**: 광고에 실제로 주목한 사람들의 비율
- **시선 체류 시간 (Dwell Time)**: 사람들이 특정 OOH 광고물에 시선을 고정한 평균 시간.
- 광고 크리에이티브의 매력도나 메시지 전달력을 평가하는 데 활용된다.

이러한 KPI들을 측정하기 위해 다양한 측정 기술 (Measurement Technologies)들이 OOH 광고 효과 분석에 도입되고 있다.

- **아이트래킹 (Eye-Tracking)**: 특수 제작된 안경 형태의 장비나 고정형 센서를 사용하여, 실제 거리 환경이나 가상현실(VR) 시뮬레이션 환경에서 사람들이 OOH 광고물을 볼 때 시선이 어디로 향하고, 어떤 부분에 얼마나 오래 머무는지 등을 정밀하게 측정하는 기술이다. 이를 통해 광고 디자인의 효과성, 주목도 높은 요소 등을 객관적으로 파악할 수 있다.
- **브랜드 리프트 조사 (Brand Lift Study)**: OOH 광고 캠페인에 노출된 실험 집단과 노출되지 않은 통제 집단을 대상으로 설문조사를 실시하여, 두 집단 간의 브랜드 인지도, 광고 상기도, 브랜드 선호도, 구매 의향 등의 차이를 비교 분석함으로써 광고의 순수한 효과(Lift)를 측정하는 방법이다.
- **풋폴 분석 (Footfall Attribution Study)**: 스마트폰의 익명화된 모바일 광고 ID(-MAID)나 통신사 위치 데이터 등을 활용하여, 특정 OOH 광고에 노출된 사람들이 실제로 광고주가 지정한 오프라인 매장(예: 소매점, 레스토랑 등)을 방문했는지 여부를 추적하고 분석하는 기술이다. 이를 통해 OOH 광고가 실제 매장 방문에 얼마나 기여했는지를 정량적으로 파악할 수 있다.
- **마케팅 믹스 모델링 (MMM, Marketing Mix Modeling)**: OOH 광고를 포함하여 TV, 디지털, 프로모션 등 다양한 마케팅 채널들의 과거 성과 데이터(광고비, 노출량, 매출 등)를 통계적으로 분석하여, 각 마케팅 활동이 매출이나 브랜드 인지도

등에 얼마나 기여했는지를 종합적으로 평가하는 방법론이다. OOH 광고의 장기적인 효과나 다른 채널과의 시너지 효과를 파악하는 데 유용하다.

- **감성 반응 측정 (Emotional Response Measurement)**: 광고를 시청하는 동안 소비자의 표정 변화, 뇌파, 심박수 등 생체 신호를 측정하거나, 설문을 통해 광고에 대한 감성적인 반응(예: 기쁨, 슬픔, 놀람, 흥미 등)을 파악하여 광고의 정서적 영향력을 평가하는 기술이다. 이는 브랜드와 소비자 간의 감성적 연결을 강화하는 데 중요한 정보를 제공한다.

이처럼 OOH 광고 효과 측정은 '노출 추정'에서 벗어나 실제 '행동 검증' 및 '인지 변화 측정'으로 진화하고 있다. QR코드, 모바일 데이터 연동, 풋폴 분석 등은 실제 소비자 행동 변화를 직접 측정하려는 시도이며, 브랜드 리프트 조사, 감성 반응 측정 등은 소비자의 인지 및 태도 변화까지 파악하려는 다각적인 접근을 보여준다. 이는 OOH 광고의 실질적인 가치를 입증하고 광고주에게 신뢰를 제공하려는 노력의 일환이다. 이러한 디지털화된 측정 방식은 OOH 광고를 더 이상 단독적인 매체가 아니라, 다른 디지털 채널과 유기적으로 연동되어 옴니채널 마케팅 전략의 중요한 한 축으로 기능하도록 만들고 있다. OOH 광고 노출이 온라인 행동(웹/앱 방문, 검색 등)이나 모바일 앱 참여로 이어지는 것을 측정할 수 있게 되면서, OOH는 전체 마케팅 퍼널에 기여하는 핵심 요소로 자리매김하고 있는 것이다[25].

부츠(Boots) 감성 반응 측정 캠페인 (System1 활용)

영국의 대형 약국 및 헬스케어 유통 체인인 부츠(Boots)는 광고 효과 측정 전문 기업 System1의 테스트 플랫폼을 활용하여 자사 광고 캠페인에 대한 소비자의 감성적 반응을 측정하고 이를 바탕으로 광고 메시지를 최적화했다. System1의 플랫폼은 광고 시청 시 소비자가 느끼는 주요 감정(예: 행복, 놀람, 슬픔 등)의 강도와 유형을 분석하여 광고의 정서적 영향력을 평가한다. 부츠의 마케팅 담당 최고 책임자(CMO)는 "System1의 테스트를 통해 고객이 광고에 대해 어떻게 느끼는지 추측하는 과정을 없애고, 크리에이티브 과정에 더 많은 과학과 데이터를 도입하여 메시지를 최적화하고 브랜드 구축 노력을 지원할 수 있었다"고 언급했다. 실제 캠페인 결과, 최종적으로 편집된 광고는 System1에서 테스트한 모든 광고 중 상위 0.7%에 해당하는 우수한 성과를 거두었으며, 최고 등급인 5-Star를 획득하는 등 소비자와의 강력한 감성적 연결을 확인했다[26].

그림 106. 부츠 광고 효과 측정 사례

출처: https://system1group.com/how-to-measure-ooh-advertising

포르쉐 타이칸 DOOH 캠페인

포르쉐코리아는 자사의 순수 전기 스포츠카 '타이칸(Taycan)'의 국내 출시를 기념하여 대규모 DOOH 캠페인을 진행했다. 서울의 주요 랜드마크인 DDP(동대문디자인플라자)에 타이칸의 강력한 성능(761마력)을 상징하는 761마리의 말이 질주하는 모습을 홀로그램으로 연출한 디스플레이를 설치하고, 이 홀로그램 영상을 탑재한 트럭이 서울 도심을 누비며 소비자들의 시선을 사로잡았다. 또한, 삼성역, 강남역 등 유동인구가 많은 서울 시내 주요 23개 거점의 DOOH 스크린에 타이칸 광고를 동시에 송출했으며, 특히 삼성역에서는 6개의 대형 스크린을 라이브로 연동하여 압도적인 시각적 몰입감을 선사했다.

이 캠페인은 총 1억 2천만 회 이상의 노출을 기록하며 높은 주목도를 이끌어냈고, 포르쉐의 공식 SNS 채널을 통해 약 38만 명에게 홀로그램 프로젝트가 노출되었으며,

그림 107. 포르쉐 타이칸 DOOH 광고 캠페인 사례

출처: https://thewatermelon.com/work/276

오프라인 이벤트를 통해서도 약 58만 명에게 도달하는 등 자연스러운 바이럴 효과와 함께 다수의 언론 매체로부터 뜨거운 반응을 얻었다[27]. 이 캠페인은 혁신적인 크리에이티브(홀로그램)와 대규모 DOOH 매체의 전략적 연동을 통해 소비자에게 강렬한 브랜드 경험을 제공하고 브랜드 가치를 효과적으로 전달한 사례로 평가받는다. 다만, 노출수 외에 실제 구매 전환율이나 브랜드 인지도 변화와 같은 구체적인 행동 전환 KPI는 명확히 제시되지 않아, 광고의 최종적인 사업 성과 기여도를 판단하기에는 다소 한계가 있다.

서브웨이 코리아 QR코드 활용 캠페인

글로벌 샌드위치 브랜드 서브웨이 코리아는 소비자와의 인터랙션을 강화하기 위해 대형 DOOH 스크린에 QR코드를 활용한 참여형 이벤트를 진행했다. 소비자들은 스크린의 QR코드를 스캔하여 서브웨이 모바일 앱을 다운로드하고, 앱 내에서 자신만의 취향

그림 108. 서브웨이 QR 활용 DOOH 광고 사례

출처: https://m.blog.naver.com/ohbrown/223078993174

에 맞는 재료를 선택하여 '나만의 샌드위치'를 만들어보는 이벤트에 참여할 수 있었다. 이벤트 참여 과정에서 소비자가 선택한 재료에 따라 샌드위치가 만들어지는 모습이 대형 스크린에 실시간으로 시각화되었으며, 완성된 샌드위치는 실제 제품으로 제작되어 참여자에게 선물로 제공되었다.

이 캠페인에는 수백 명의 시민들이 적극적으로 참여하며 큰 화제를 모았고, 단순한 광고 시청을 넘어 실제 제품을 경험하도록 유도함으로써 브랜드에 대한 긍정적인 이미지를 성공적으로 각인시켰다는 평가를 받았다. 자료에 따르면, 일반적으로 OOH 광고에 QR코드를 활용할 경우 클릭 유도율(CTA, Call To Action)이 15% 향상되고, 특히 Z세대와 밀레니얼 세대에서는 전환율이 더욱 높게 나타나며, QR코드를 통해 유입된 고객 중 57%가 신규 고객이거나 구매 없이 이탈했던 고객이었다는 연구 결과도 있어[28], 서브웨이 캠페인 역시 유사한 효과를 거두었을 것으로 추정된다.

데이터를 통한 OOH 광고 집행 사례

모토브는 택시표시등광고를 하는 회사인데, 다양한 데이터를 모으고 있다. 예를 들어, 서울시내 OOH광고 매체의 노출 빈도와 유동인구 기반 노출효과 데이터를 보여준다. 서울과 수도권의 유동인구 데이터도 보여준다. 아래는 대시보드에 나타난 데이터이다.

▣ 그림 109. 택시표시등 데이터를 활용한 시간대별 유동인구 데이터

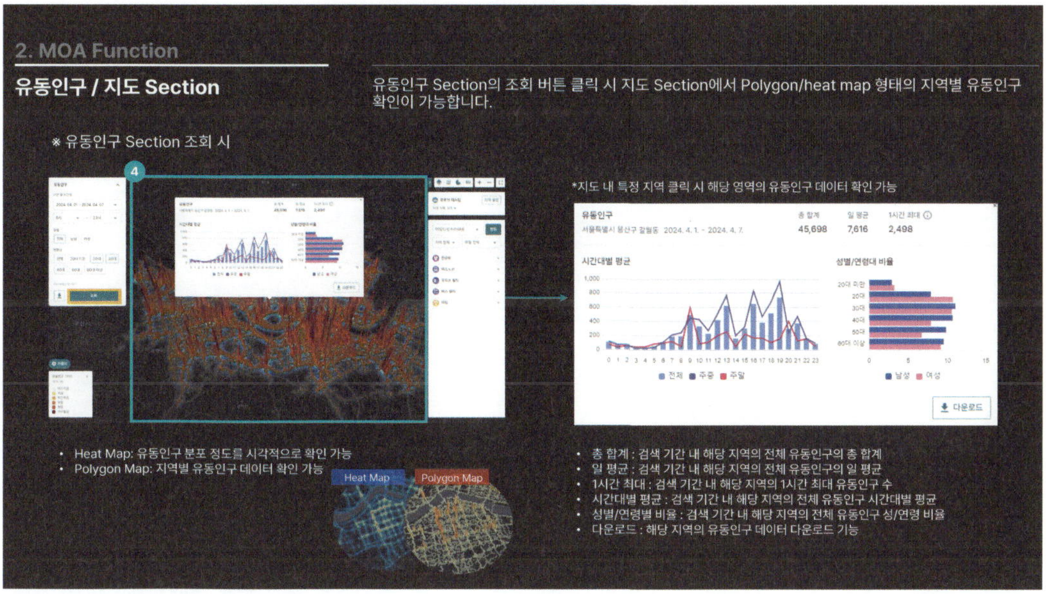

위의 데이터를 살펴보면 서울 영등포구 여의도동에서 시간대, 성별, 연령대별로 유동인구 추이를 볼 수 있다. 주중과 주말을 따로 구분하여 볼 수 있다. 그리고 특정 위치의 광고 노출도 볼 수 있다.

▣ 그림 110. 택시표시등 데이터를 활용한 매체별 광고 노출도

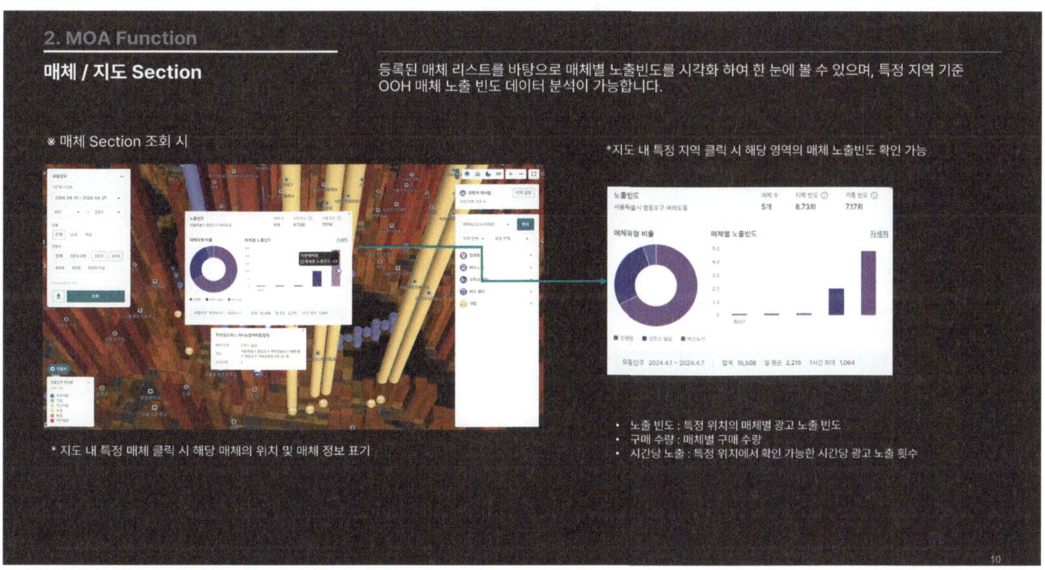

그리고 2024.4.1.-4.7 사이에 유동인구는 18,787명이며 일 평균 2,398명, 1시간 최대 780명임을 알 수 있다. 매체 수 7개, 지역 빈도 12.52회, 가중빈도 11.56회임을 알 수 있다.

아울러, 다양한 매체도 살펴볼 수 있다.

그림 111. 지역별 매체 구분

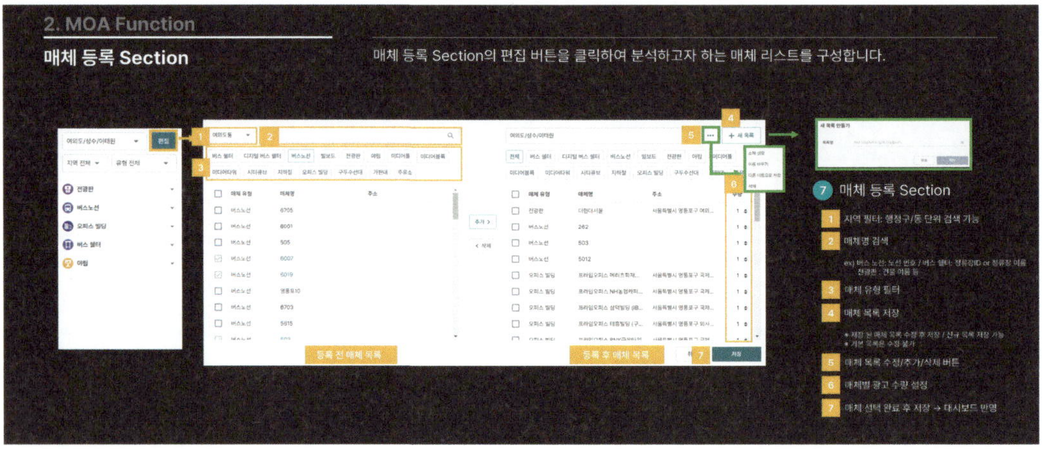

각 지역에 따라 버스쉘터, 빌보드, 전광판, 야립, 미디어폴, 등을 추가적으로 검색할 수 있게 되어 있다.

유동인구 데이터도 구체적으로 다음과 같은 정보를 가지고 있다. 타켓유동인구 분석을 통해 유동인구가 밀집된 메인 핵심 지역을 선정하고 타켓노출비율이 높은 서브 지역을 선정할 수 있다.

그림 112. 지역별 유동인구 통계 데이터

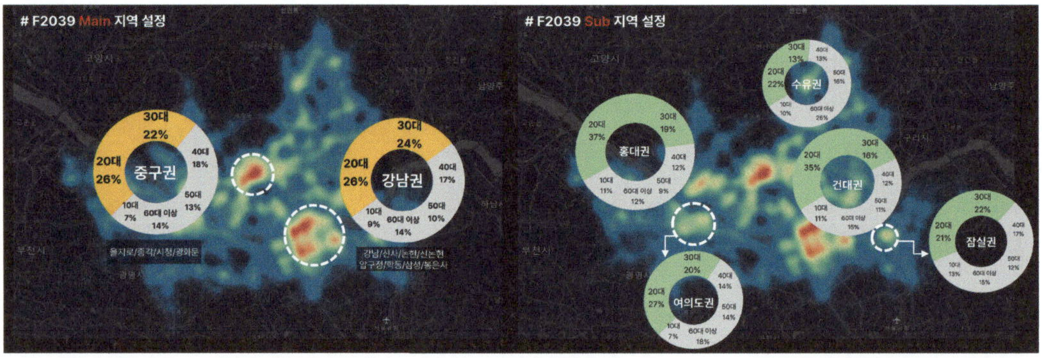

위의 그림처럼 메인 지역인 중구권과 강남권을 중심으로 연령대별 퍼센테이지를

알 수 있으며 서브 지역도 마찬가지로 홍대권, 수유권, 여의도권, 잠실권등의 연령대별 퍼센테이지를 알 수 있다.

실제적인 사례로 다음과 같이 할 수 있다. 첫 번째 단계이다. 여의도 지역에 관한 데이터를 본다.

그림 113. 지역 통계 데이터 검토

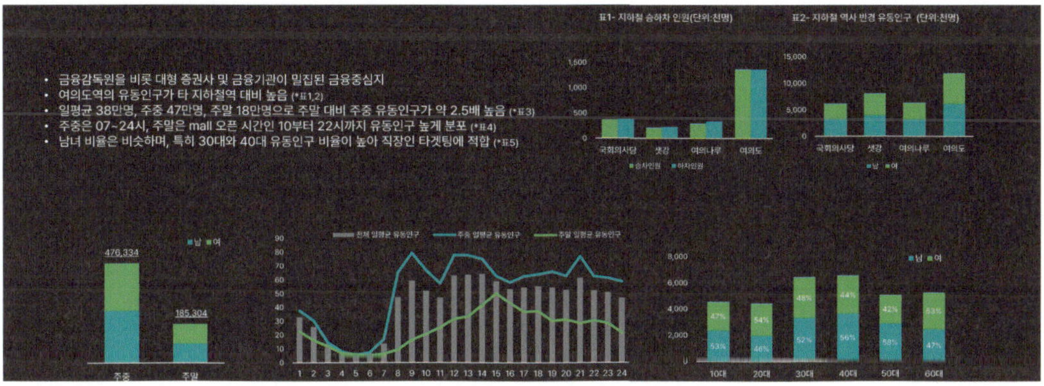

위와 같이 주중/주말 일평균 유동인구와 시단대별 유동인구, 지하철 역사 승하차 인구를 파악하는 것이다.

두 번째 단계이다.

그림 114. MOA 집행 활용 예시_여의도

위와 같이 여의도 지역에 유동인구에 기반하여 OOH 매체를 선정할 수 있다. IFC 몰-더현대서울에서 더현대 전광판 광고를 집행하고 유동인구가 밀집해 있는 여의도 환승센터/여의도역 버스쉘터를 구매한다. 지도를 따라 유동인구가 밀집해 있는 곳을 지도를 통해 확인해 볼 수 있다.

세 번째 단계이다.

그림 115. OOH 집행 매체 시각화 지도

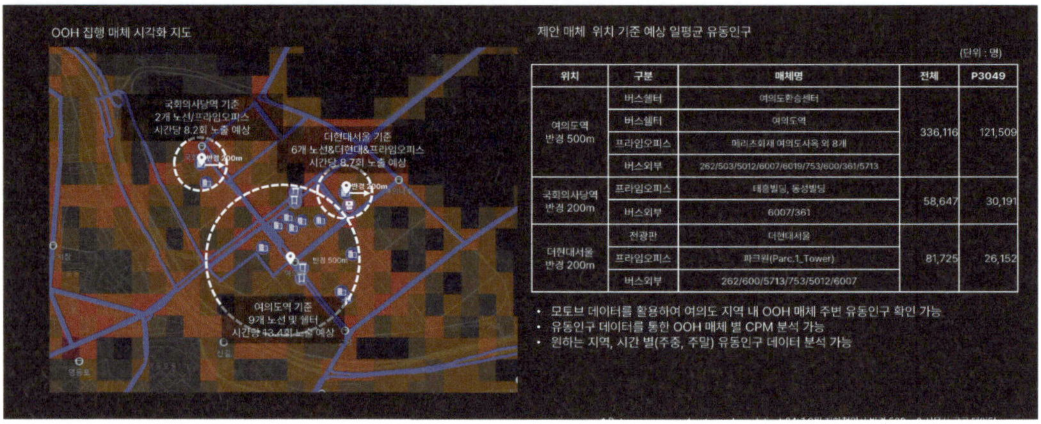

위치	구분	매체명	전체	P3049
여의도역 반경 500m	버스쉘터	여의도환승센터	336,116	121,509
	버스쉘터	여의도역		
	프라임오피스	메리츠화재 여의도사옥 외 8개		
	버스외부	262/503/5012/6007/6019/753/600/361/5713		
국회의사당역 반경 200m	프라임오피스	태흥빌딩, 동성빌딩	58,647	30,191
	버스외부	6007/361		
더현대서울 반경 200m	전광판	더현대서울	81,725	26,152
	프라임오피스	파크원(Parc.1_Tower)		
	버스외부	262/600/5713/753/5012/6007		

이 단계에서는 OOH 집행 매체 시각화 지도와 제안 매체의 위치와 일평균 유동인구를 파악할 수 있다. 전체 유동인구와 타켓유동인구 확인이 가능하며 OOH 매체별 CPM도 분석이 가능하다.

모토브에서 개발한 데이터는 택시표시등 광고를 기반하여 다양한 데이터를 수집하여 기본적인 유동인구를 파악하여 OOH 광고 매체 집행에 과학적인 방법을 통해 활용되고 있다.

포도미디어도 타겟 기반의 캠페인을 기획하고 있다. 먼저, 미디어 분포를 다음과 같이 표시하고 있다.

그림 116. 미디어 분포지도

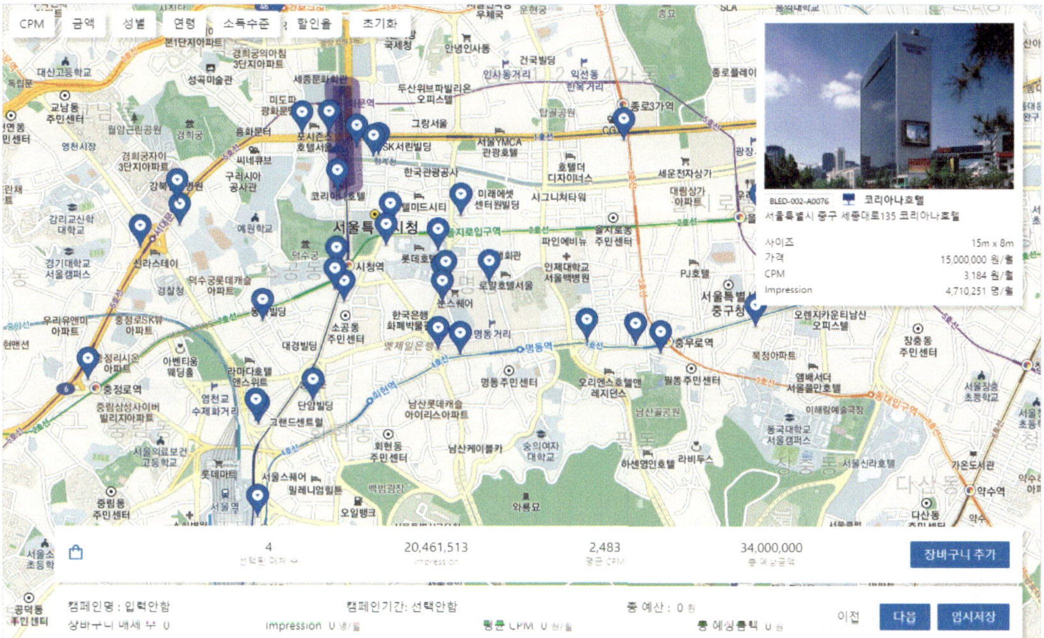

위에 나타난 이미지처럼 코리아나 호텔의 경우, 사이즈, 가격, CPM과 임프레션이 소개되어 있으며 OOH 광고에 있어 객관적인 데이터를 기반으로 하여 집행하고자 한다. 여기에서 임프레션은 기존의 유동인구가 아닌 광고노출 가능성을 계산한 리얼리스틱 OTS(Opportunity to See)라 소개하고 있다.

미디어 리포트의 대시보드 (디지털 빌보드의 경우)를 살펴보면 다음과 같은 항목을 가지고 있다.

H-Wall, 신한은행, 한섬빌딩, 더현대서울 여의도 디지털 빌보드의 경우 임프레션이 8,249,719명으로 나타났고 인지는 1,534,448명으로 나타났다. 인구학적 속성으로는 남성 40.1%, 여성이 59.9%로 나타났으며 연령에서는 40-49대가 25.2%로 제일 많이 나타났다. 소득수준은 5천 이하가 43%, 5천-8천만 원 사이가 31%로 나타난 것을 알 수 있다.

그림 117. 디지털 빌보드 미디어 리포트

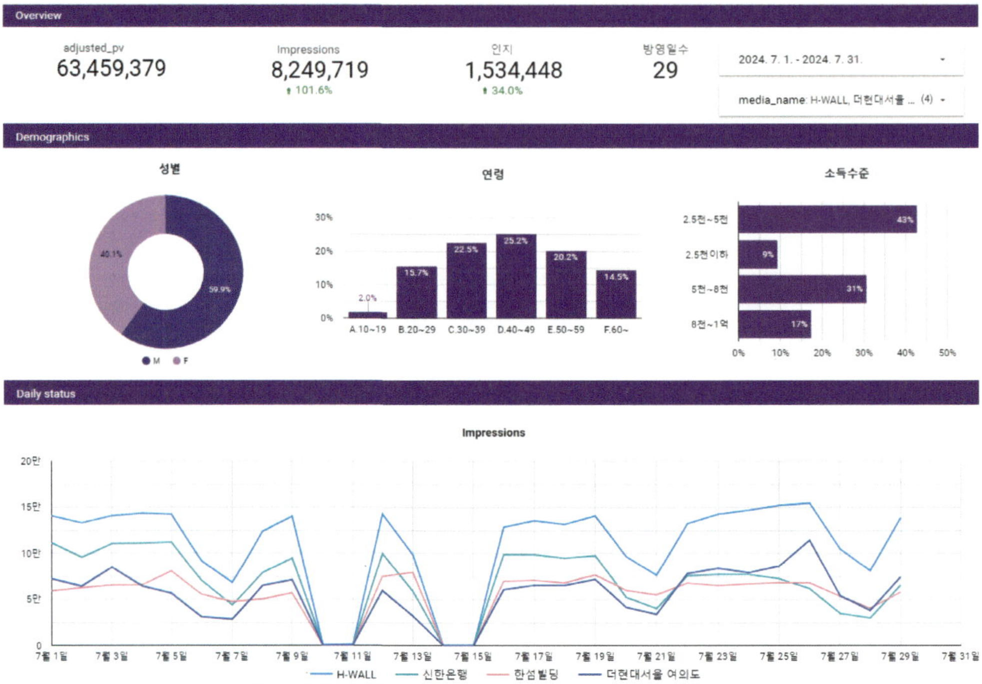

다음의 데이터를 통해 테헤란로, 홍대, 도산대로 등의 매체별 총 유동인구, 임프레션, 성별, 연령대별 페센테이지를 알 수 있다. 아울러, 소득별 분포도 알 수 있어 유용한 정보를 통해 매체 집행을 할 수 있다.

마지막으로 캠페인 리포트를 보면, 매체별 방영수, 임프레션, 일평균 방영수, 시간대별 방영수를 알 수 있다. 날짜별 방영수와 획득, 일별/매체별, 시간대별/매체별 평균 방영수 등이 나타나고 있다.

그림 118. 디지털 빌보드 캠페인 리포트

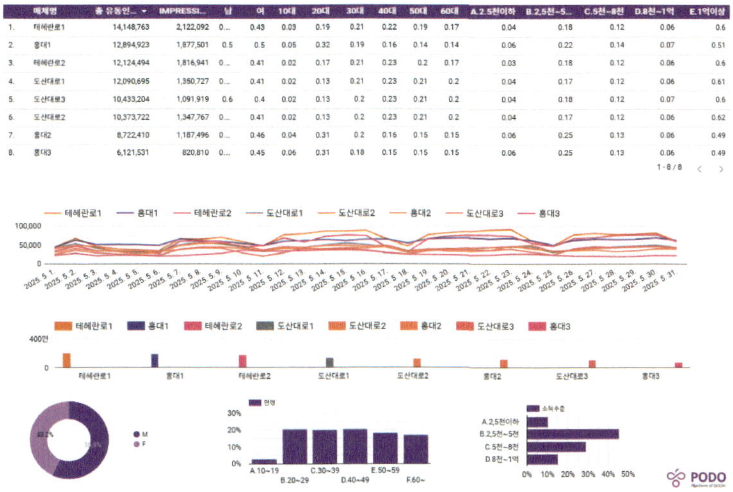

그림 119. 디지털 빌보드 캠페인 리포트

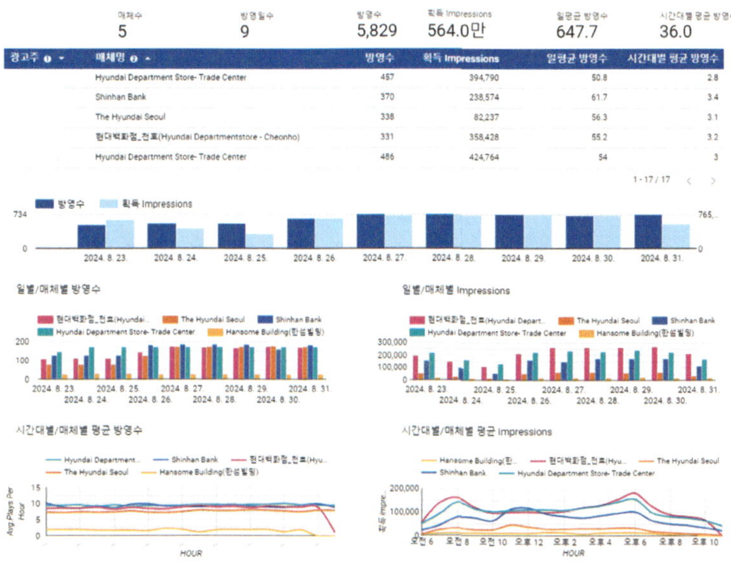

그림 119처럼 일목요연하게 캠페인 결과를 확인할 수 있다. 예를 들어, 매체수(5), 방영일수(9), 방영수(5829), 임프레션(564만), 일평균 방영수(647.7), 시간대별 평균 방영수(36) 등이 나타나 있다.

15
CHAPTER

AI를 활용한 캠페인 분석

광고 계정을 AI를 통해 결과를 본다면 다음과 같다. 분석계정은 위브랩이며 기간은 최근 30일이다. 주어진 광고들의 주요 크리에이티브(이미지 설명·텍스트)와 퍼포먼스를 간략히 분석한 뒤, 새로운 광고 제작 방향을 제안한다.

AI 리포트 프로세스는 다음과 같다.

Input: 광고 계정 ID, 분석 기간
Output: 광고 소재 리포트

Process:

1. 광고 계정에서 다음의 정보를 가져온다. - via Meta Marketing API
2. 크리에이티브 속성: 소재별 이미지(or 동영상 썸네일)와 광고문구
3. 광고 집행 결과: 집행금액, 노출, 클릭 수 등
4. 이미지를 텍스트로 변환한다 - via OpenAI API
5. 소재 분석의 포인트를 프롬프트로 제시하여 이미지를 텍스트로 설명하도록 요청
6. 분석 결과에 대한 텍스트를 얻는다 - via OpenAI API
7. 텍스트로 변환된 소재 속성(텍스트화한 이미지 + 원래의 텍스트)과 광고 지표, 분석의 방향을 프롬프트로 제시하여 분석 결과를 텍스트로 설명하도록 요청
8. 데이터와 분석 결과를 html 리포트로 가공

우선 데이터는 다음과 같다.

표 12. 데이터 표

ad_id	ad_name	spend	CPM	CTR	CPC
	이벤티	88760	2067	0.04	4671
	241017_페이콘 오픈애즈	82990	346	0.01	3951
	250207_위브봇	64718	32868	0.36	9245
	250211_위브봇	53646	33341	0.31	10729
	250313_위브봇	37522	46323	0.12	37522
	250204_위브봇	28929	38110	0.40	9642
	250114_특허	16126	22273	0.00	0
	240701_위브봇리포트	15469	24990	0.32	7734
	241016_위브봇	9738	38039	0.00	0

ad_id	ad_name	spend	CPM	CTR	CPC
	240819_페이콘	4560	352	0.00	0
	250110_특허	3495	18994	0.54	3495
	241107_위브랩	3342	35935	0.00	0
	240722_위브봇리포트	2355	28035	2.38	1177
	241002_페이콘	2348	296	0.03	1174
	240704_위브봇리포트	2133	21989	0.00	0
	240708_위브봇리포트	1820	21411	1.18	1820

1. 퍼포먼스는 다음과 같이 분석된다.

<table>
<tr><th>광고소재</th><th>제안내용</th></tr>
<tr><td>

Wivlabs :: Beyond User Acquisition
오전 내내 리포트 작업 Ctrl+C, Ctrl+V...
마케터들의 디지털 노가다를 끝내는 방법
✔ 위브봇 리포트
콘텐츠 리포트에 들어가는 모든 정보는 채널과의 시스템 연동을 통해 각 채널을 접속하지 않고도 작업에 필요한 모든 정보를 가져...
</td><td>
- 광고 계정 ID:120210033591810041
- 캠페인명: 240722_위브봇리포트
- CTR: 2.380952 (가장 높음)
- 크리에이티브 텍스트 요약: “오전 내내 리포트 작업 Ctrl+C, Ctrl+V... 디지털 노가다를 끝낼 방법” 처럼 마케터들의 ‘반복/수작업 고충’을 직접적으로 언급하고, 해결책(광고 리포트 자동화)을 강조함.
- 분석 포인트: 반복 업무라는 ‘고통점’을 전면에 내세워 눈길을 끌었고, 바로 이어 해결책을 제시하면서 클릭을 유도하는 구조가 성공적으로 작동한 것으로 보임.
</td></tr>
</table>

<table>
<tr><th>광고소재</th><th>제안내용</th></tr>
<tr><td>

Wivlabs :: Beyond User Acquisition
수많은 작업이 필요한 캠페인 집행 프로세스.

캠페인 집행 단계에 따른 수많은 작업들을 더욱 효율적으로 더욱 효과적으로 진행할 수 있다면 더 다양한 캠페인 전략을 활용할 수 있지 않을까?

위브봇 리포트를 활용하면 다양한...

</td><td>

- **광고 계정 ID:** 120209701970570041
- **캠페인명:** 240722_위브봇리포트
- **CTR:** 1.176471 (두 번째로 높음)
- **크리에이티브 텍스트 요약:** 대량 데이터 통합, 반복 업무 자동화 같은 '실무 효율화'를 강조하면서, "효과적인 캠페인 운영이 가능해진다"는 메시지를 전달.
- **분석 포인트:** '리포트 자동화→데이터 통합→휴먼에러 최소화'라는 구조가 마케터 입장에서 명확히 와닿아 CTR 상승에 기여한 것으로 추정.

</td></tr>
<tr><td>

Wivlabs :: Beyond User Acquisition
위브랩이 광고 자동화와 관리 효율성을 극대화하는 '광고 집행 정보 제공 시스템' 특허를 등록하게 되었습니다.

위브랩은 지난 10년간 광고 실무에서의 다양한 경험과 데이터를 축적하며, 광고업계 실무진들이 느끼는 업무의 부담과 어려움을 깊이 고민해왔습...

</td><td>

- **광고 계정 ID:** 120213957937380041
- **캠페인명:** 250110_특허
- **CTR:** 0.543478
- **크리에이티브 텍스트 요약:** 광고 자동화 관련 '특허 등록' 소식을 전면에 내세워 차별화를 강조하고, 실무자들의 반복 업무를 덜어주는 '새로운 기술' 이미지를 부각.
- **분석 포인트:** '특허'라는 키워드로 혁신 이미지를 주며 관심을 끌었다고 볼 수 있음. 다만 메시지가 '반복 업무 해소'처럼 실무자의 구체적 이점을 바로 보여주는 방향으로 연결될 경우 CTR을 더 높일 여지가 있어 보임.

</td></tr>
</table>

광고소재	제안내용
 **Wivlabs :: Beyond User Acquisition** 마케터 여러분, 퇴근 시간 놓치지 마세요! 광고 세팅, 최적화, 보고서 작업까지… 반복 업무는 이제 위브봇(Wiv Bot)이 대신합니다! ✔ 광고 세팅 자동화 – 클릭 몇 번이면 캠페인 완료! ✔ AI 기반 최적화 – 조건에 따라 …	– **광고 계정 ID**: 120214847609910041 – **캠페인명**: 250204_위브봇 – **CTR**: 0.395257 – **크리에이티브 텍스트 요약**: "퇴근 놓치지 마세요!" "반복 업무 AI가 대신" 등의 문구로, 야근 없이 광고를 운영할 수 있다는 실질적 이점을 강조. – **분석 포인트**: '야근 방지'라는 현실적인 포인트를 내세워 공감대를 형성하는 전략이 CTR에 긍정적 영향을 준 것으로 보임.

2. 크리에이티브 특징과 인사이트 결과는 다음과 같다.

- 공통적으로 "반복 업무 자동화" 또는 "데이터 정확성 & 효율성"을 강조하는 광고들이 높은 CTR을 보임.
  - 특히 240722_위브봇리포트처럼 "디지털 노가다 해소"를 직설적으로 언급하거나, 250204_위브봇처럼 '퇴근 보장' 등 '실제 업무 편의'를 어필하는 톤이 효과적임.
- 특허나 기술적 배경(250110_특허, 250114_특허)을 내세운 광고는 주목도는 어느 정도 있지만, 사용자가 바로 느낄 '혜택'이 구체적으로 드러나는 경우(0.543478 CTR)와 그렇지 않은 경우(0%대 CTR)의 성과 차이가 큼.

- 단순히 "특허 획득"을 알리는 것보다 "이 특허가 당신의 일에 어떤 직접적 편의를 주는가"를 스토리로 풀어내야 흥미를 끄는 데 유리함.

- CTR이 매우 높았던 크리에이티브들은 전반적으로 다음 공통점이 있음:
  ① 실무 현장의 고충을 먼저 제시("리포트 수작업", "야근", "데이터 누락")
  ② 이를 해결하는 구체적 솔루션("광고 자동화", "보고서 자동 생성")
  ③ 긍정적 결과("시간 절약", "퇴근 가능", "광고 효율 상승")를 짧고 스마트하게 전달

3. 새로운 광고 제작 방향이 제안된다.

- (a) 명확한 '문제 → 해결 → 이점' 구조 유지
  - 이미 높은 CTR을 기록한 광고들의 공통 패턴인 '문제 제기 → AI/자동화 → 결과 혜택'을 더욱 강화해, 한눈에 이해되는 짧고 직관적인 문안 구성이 중요.
  - 예: "매일 밤 리포트 작성? 이젠 AI가 대신! 퇴근시간 칼같이 지켜요"

- (b) '특허' 혹은 '기술' 강조 시, 실사용 사례·이점 먼저 제시
  - "신기술"이나 "특허" 같은 단어가 호기심을 일으킬 수 있으나, 성과로 이어지려면 "이 기술이 실제로 어느 부분을 얼마나 편하게 만드는가"가 즉각적으로 드러나야 함.
  - 예: "광고 운영 10분 만에 끝내는 특허 받은 시스템 – 지금부터 야근은 없다!"

- (c) 시각적 차별화: '단순×컬러풀' 인포그래픽 스타일
  - 현재 잘 나온 CTR 크리에이티브들은 배경 색감이 밝고 명랑하며, 텍스트 강조 포인트가 분명함.
  - 새 광고에서도 컬러 대비가 선명한 레이아웃, 간단한 아이콘·일러스트 등을 적극 활용해 주목도를 높이는 방안을 추천.

• (d) CTA(Call to Action) 분명하게

– "지금 바로 신청하기" "더 알아보기" 등 후속 행동을 이끄는 버튼·문구를 눈에 띄게 배치해, 호기심을 가진 사용자가 즉시 행동할 수 있도록 유도.

위와 같은 분석으로 다음과 같은 결론을 도출한다.

"높은 CTR을 보인 광고들은 주로 "실무적 고충을 누가 봐도 공감할 만한 메시지"와 "광고 자동화로 얻는 구체적 이득"을 빠르고 직관적으로 보여준 점이 주효했습니다. 따라서 신규 광고 제작 시에도 같은 논리를 유지하되, "특허나 기술"이라는 키워드를 활용할 경우에는 꼭 '즉각적인 효용'을 함께 전달하여 사용자 관심을 실제 클릭까지 이어가도록 설계하는 것을 권장합니다."

이와 같이 AI를 통해 기존 캠페인 분석을 하면 위와 같이 광고퍼포먼스를 요약해주며 크리에이티브 특징과 인사이트를 도출하여 새로운 광고 제작 방향을 제안한다. 사실상 사람이 해야 할 분석을 대신 해줌으로써 광고 제작의 효율성을 높이고 있다.

1M+
AI

3 PART

미래의 광고 시장의 전망과 우리의 과제

16
CHAPTER

신유형 광고의 업계 동향 및 전망

1. 신유형 광고의 다양한 평가

❶ 신유형 광고에 대한 긍정적 전망

신유형 광고가 광고 업계에 미치는 영향을 긍정적으로 바라보는 관점은 일반적으로 기존 광고 시장에 신유형 광고가 가져올 수 있는 광고 효과 측면의 발전 및 이용자의 편익 만족으로 정리될 수 있다. 특히 신유형 광고가 가지는 데이터 기반 접근방법의 강점은 개인 맞춤형 광고 메시지를 전달하고 효과를 상대적으로 쉽게 측정할 수 있으며, 이용자를 더 다양하게 파악할 수 있다는 점, 이용자가 미디어 및 플랫폼 안에서 상호작용과 함께 광고를 체험하며 더욱 즐길 수 있다는 점, 특히 메타버스 광고는 글로벌 플랫폼을 통해 전 세계 이용자에게 메시지를 전달할 수 있다는 점에서 기대하고 있는 것으로 평가된다[1].

예를 들면, 업계에서는 마케팅 성과를 측정하고 분석하는 노력이 증가하고 있는데, 최근 아이지에이웍스와 통신사가 협력하여 방송광고 노출 이후의 실질적인 반응을 측정하고 관리하는 Data & Tech 기반 마케팅 플랫폼 'ZTL'을 소개한 것도 이러한 흐름의 일부라고 볼 수 있다. 광고기획 및 제작, 또는 마케터들의 니즈를 반영한 ZTL 플랫폼은 방송광고의 성과를 측정하는 데 새로운 가능성을 제시한다고 평가된다. 또한 기존의 전통 매체에 포함되는 TV, 라디오를 통한 타겟팅 역시 고도화되고 있다. 국내에서는 TV 스크린을 통한 개인화된 콘텐츠 시청이 강조되고 있으며, 스마트 TV사의 퍼스트 데이터를 활용한 타겟팅을 통해 브랜드와의 연관성을 높일 수 있는 가능성이 기대되고 있다. 특히 어드레서블 TV는 다양한 채널을 커버하며 빅데이터 기반의 타겟팅 업그레이드를 통해 방송광고의 영향력을 높이고 있다. 국내외에서 커넥티드 TV의 활용 역시 주목받고 있으며, 스마트 TV의 보급으로 TV 스크린에서의 콘텐츠 소비가 늘어나면서 커넥티드 TV 광고비의 증가로 전체적인 TV 광고 시장의 성장을 견인하고 있는 상황이다. 이러한 다양한 변화를 통해 광고매체가 단순한 브랜딩 매체를 넘어 효과적이고 성과를 측정할 수 있는 중요한 마케팅 도구로 인식되고 있다고 할 수 있겠다.

❷ 신유형 광고에 대한 우려

신유형 광고가 광고 업계에 미치는 영향에 대한 우려는 일반적으로 신유형 광고를 이용하는 이용자 보호 차원의 문제와 규제 또는 제도의 미흡으로 정리된다. 예를 들면, 개인정보 보호의 측면에서 사용자 ID에 의존하지 않는 광고(ID-less advertising)의 도입을 들 수 있다[2]. 디지털 미디어 발전 과정에서 구글의 검색 엔진과 페이스북의 소셜 미디어를 중심으로 소비자 데이터를 활용하여 광고를 최적화했다면, 이제는 리테일 미디어에서 동의된 소비자 데이터를 기반으로 한 고유한 접근을 통해 새로운 수익원을 창출하고 있다. 그러나 현재까지의 추세와 규제의 강화로 인해 소비자들은 광고 추적을 거부하고 있으며, 규제 당국 역시 개인정보 보호를 강조하고 있다. 이러한 상황을 고려하면, 개인화된 광고의 한계가 있다는 것을 이해할 필요가 있으며, 써드파티 쿠키를 대체하기 위한 새로운 방향이 필요하다고 할 수 있다. 예를 들면, 브랜드의 데이터 기술 인프라를 평가하고, 동의된 소비자 데이터를 분석하여 이를 활용하는 방안이나 사용자 ID 대신에 디지털 목적지를 중심으로 한 새로운 접근 방식을 채택하여 기존의 사용자 ID 기반 식별을 대체할 수 있는 방안을 모색할 필요가 있다. 이러한 사용자 ID에 의존하지 않는 새로운 광고 패러다임은 이미 시작되었으며, 2024년에는 더욱 뚜렷해질 것으로 예상된다[3].

또한 신유형 광고는 다양한 콘텐츠 형태와 시/공간 제약이 없어 기존의 규제 방식으로는 한계가 있다. 기존의 규제 방식은 각 방송광고 유형을 법적으로 정의하고, 그 정의에 따라 광고를 규제하는 긍정적 규제 방식을 채택하는 것이었으나, 이러한 전통적인 방식으로 신유형 광고를 적절히 규제하는 것은 현실적으로 어려운 일이다[4]. 이에 따라 신유형 광고를 현재의 법적 규제에 통합하기 위해서는 방송 및 통신과 관련된 법과 제도의 보완이 필요하다. 박종구·박성철(2012)은 신유형광고를 도입함에 따라 방송광고 시장을 활성화하려면 법적 및 제도적 규제 방향과 원칙을 고려해야 함에도, 현재의 법적·제도적 규제가 이러한 혁신적인 광고 형태를 충분히 이해하고 대응할 수 있는지에 대해 우려를 표했다. 또한 이시훈(2010)은 온라인광고는 소비자들의 행태정보를 기반으로 하는데 방송통신위원회가 제시하는 가이드라인은 현실성이 결여되어 있다고 지적하였다. 광고산업 차원에서도 일정한 규제의 틀 속에서 온라인 맞춤형 광고를 도입하는 것이 유리함에도 이러한 차원의 노력이 미흡하다는 것이다. 그런 이유로 정책기관은 소비자의 개인정보 관련 통제권 요구를 수렴하여 균형 잡힌 가이드라인을 개정하는 작업이 필요함을 제기하였다. 따라서 이러한 향후 과제에 대한 효과적인 대응을 위해서는 업계와 규제 당국 간의 협력이 요구된다고 할 수 있다.

2. 신유형 광고와 데이터의 활용에 따른 광고 산업계

앞에서 신유형 광고의 종류와 데이터의 활용에 대해 알아보았다. 사실상 지금 이 순간에도 신유형 광고는 계속 개발되고 있다. 다양한 측면에서 만들어지고 있는 신유형 광고는 광고시장에서 검증을 거치면서 장기적으로 정착하게 될 것이다. 이러한 신유형 광고는 소비자의 능동적 처리 과정을 거치면서 광고에 몰입하거나 인게이지트먼트가 향상될 것으로 보인다. 아울러, 신유형 광고와 더불어 데이터를 활용은 더욱 활성화될 것으로 보인다. 빅데이터를 활용하여 광고 집행을 하게 될 것이며 지금보다는 더욱 정교하게 진행될 것이다.

광고 산업계의 대응을 본다면, 우선 전통적인 광고대행사는 M&A(Merge and Acquisition)를 통해 디지털 역량을 확보하려고 노력한다. 글로벌 1위 광고 그룹인 WPP는 2020년 마케팅 시뮬레이션 기술을 보유한 Sandtable를 인수하고 2021년 기업용 AI 솔루션 사업자인 Satalia와 이커머스 솔루션 사업자인 Cloud Commerce Group을 연속적으로 인수하여 데이터 기반에 대해 준비를 하고자 했다[5] 국내 광고대행사인 제일기획은 국내 디지털 마케팅 사업자 하이브랩에 85억 원 규모를 투자하고 이브이알 스튜디오의 VFX(Visual Effects), VR, 메타버스 콘텐츠 제작에 대한 투자도 진행하고 있다[6]. 이노션도 마찬가지로 시각특수효과(VFX) 기업 스튜디오레논 지분 47.5%(5만8000주)를 290억원에 인수해 최대주주가 되었다. 스튜디오레논은 특수영상 등 디지털 콘텐츠를 제작하는 기업이다. 이노션의 목적은 콘텐츠의 강화이다. 시각특수효과는 증강현실(AR)과 가상현실(VR), 메타버스 등 최신 디지털 콘텐츠에 모두 활용되기 때문에 온라인동영상 서비스(OTT), 뉴미디어 등 콘텐츠 사업 전 영역에서 기술력을 높이려 하고 있다[7].

3. 신유형 광고와 관련된 광고 시장의 전망

이처럼 새로운 신유형 광고는 다양한 형태로 나타나고 있으며 새로운 광고 시장에 활력을 줄 수 있다. 새로운 매체에 따른 새로운 형태의 신유형 광고들은 우선 소비자의 주목을 끌 것이다. 예전보다는 좀 더 소비자 지향적인 광고로서 소비자들의 행위를 유도할 수 있는 광고가 될 것이다. 소비자와 상호작용성이 더욱 커지며 소비자들이 신유형 광고를 접하면서 새로운 소비패턴을 가질 것으로 보인다. 예를 들면, AR이 구현된 메타버스 환경에서 볼 수 있는 신유형 광고를 통해 소비자의 인게이지먼트가 높아질 수 있으며 그 환경에서 나타나는 브랜드의 태도가 향상될 것으로 보인다. 가상세계와 실제 세계가 혼합된 환경에서 소비자들은 가상세계에서 나타나는 광고를 실제 세계에도 접할 수 있어 사실상 이중인식(Double Recognition)도 가능할 것으로 보인다. 지금까지의 인식할 수 있는 광고의 범위를 넘어 가상-실재 혼합환경에서 소비자들은 광고에 노출될 수 있을 것이라 본다.

그렇지만 전체적으로 광고 시장에 새로운 영향을 줄 수 있는 환경도 존재한다. 현재 미디어 산업을 본다면 넷플릭스, 유튜브 프리미엄 유료 구독 모델이 확산되고 있다. 소비자가 돈을 지불하고 서비스나 컨텐츠를 이용하는 유료모델(구독모델)의 확산이 코로나 전만 하더라도 굉장히 어려운 상황이었으나 코로나 시기에 자리를 잡은 듯하다. 그리고 스마트TV의 보급이 확산되면서 TV 리모콘에 넷플릭스와 유튜브 버튼이 기본으로 장착되었고 방송채널을 찾기 위해 채널을 돌리던 습관에서 넷플릭스와 유튜브 버튼을 선택하는 소비자들이 증가하게 되었다. 이것은 방송미디어의 소비자 시간 점유율이 대폭 줄어드는 것을 의미한다. 기존의 방송채널에서는 새로운 신유형 광고가 나온다 해도 소비자가 도달되지 못하는 상황이 될 수 있다.

네이버, 메타, 틱톡 등 주요 플랫폼 사들도 위치 기반 정보를 활용하여 새로운 형태의 광고를 선보일 것이며 AI 기술을 활용한 다양한 숏폼 광고가 더욱 늘어날 전망이다. OTT 시장이 확대됨에 따라 광고형 구독이 늘어날 수 있기에 새로운 형태가 광고가 보여질 전망이다. SNS와 결합한 쇼핑 커머스가 늘어날 전망이다. 생성형 AI 기술로 인하여 실시간 검색광고를 할 수 있을 것이다[8].

앞으로는 AI와 관련된 신유형 광고가 등장하게 된다. AI와 접목하여 검색광고가 확장할 것이다. 지금까지는 검색기능을 통해 상품의 정보를 탐색했지만, AI 검색을 통해 상품을 검색하게 된다면 소비자 맞춤형 상품 및 광고가 노출되기 때문에 이전보다 더 적확한 콘텐츠를 노출시킬 전망이다.

기업들 입장에서 보면, 소비자와 커뮤니케이션 할 수 있는 공간과 시간이 줄었다는 의미가 된다. 기업들은 소비자와의 커뮤니케이션할 수 있는 공간과 시간을 확보하기 위해 새로운 방법을 찾게 되었다. 기존 광고를 통한 커뮤니케이션을 유지해도 광고가 노출될 시간 자체가 줄었기 때문에 바이럴을 통한 커뮤니케이션 확대에 점차 비중을 늘어가고 있는 것 같다[9]. 바이럴이 중요해지다 보니 기업들은 콘텐츠에 더욱 비중을 둘 것 같다. 사실상 프로그램 안에 들어가 있는 브랜디드 콘텐츠가 중요해질 수 있다. 이 브랜디드 콘텐츠도 실질상으로는 광고로도 볼 수 있다.

직접적인 광고보다는 광고의 형태가 바뀐 상황에서 신유형 광고는 진화할 것으로 보인다. 사실상 직접적인 광고 노출보다는 프로그램 안에 녹아 들어있는 브랜디드 콘텐츠 형태의 광고가 더 많아질 수도 있겠다. OTT를 통한 드라마, 영화, 그리고 다른 방식의 콘텐츠에서 자사의 브랜드가 노출되거나 간접 광고가 더 많이 진행될 것으로 보인다.

4. 향후 제언

지금까지 신유형 광고의 정의와 종류, 국내외 신유형 광고 유형과 특성을 알아보았다. 아울러, 신유형 광고가 국내 광고 시장에 미칠 영향력에 대해서도 알아보았다. 그리고 광고 데이터의 활용에 대해서도 살펴보았다. 전체 광고 시장이 변화함에 따라 광고의 성격이 변화할 것이다. 우리가 지금까지 보았던 광고보다는 다른 형태의 광고로 진화할 것으로 보인다. 지금의 신유형 광고가 앞으로 광고 시장에 연착륙하여 발전되기 위해서는 다음과 같은 점들이 고려되어야 할 것이다.

먼저, 신유형 광고가 활성화될 수 있는 환경이 조성되어야 한다. 이 신유형 광고가 계속 나타날 수 있는 테스드베드를 만들어야 한다. 이를 위해서는 관련 기관의 지원이 필요하다. 스타트업과 같이 신유형 광고를 만들 수 있는 기업이 나타날 수 있는 환경이 만들어져야 한다.

두 번째, 신유형 광고의 성공사례가 쌓일 수 있도록 관련 기관에서 신유형 광고 효과를 표준화를 시도하며 이와 관련된 연구가 계속 진행될 수 있도록 하여야 한다. 이 기관에서는 데이터, 측정과 관련하여 신유형 광고 효과 측정의 가이드라인을 만들어 신유형 광고의 효과 측정 지표를 정의하고 측정 방법을 제시해야 할 것이며 향후 신유형 광고의 미래 전략도 논할 수 있어야 할 것이다.

세 번째, 제도적 부분이 뒷받침되어야 한다. 신유형 광고의 발전에 걸림돌이 될 수 있는 개인의 프라이버시 문제이다. 개인정보보호위원회가 이와 관련하여 가이드라인을 만들었는데, 현재 광고산업이 신유형 광고를 기반으로 발전하기 위해서는 이런 가이드라인을 기반으로 하여 현재 광고산업이 발전하기 위해 어떠한 법적 제도가 필요한지를 찾아내어 신유형 광고가 활성화되도록 노력하여야 한다.

네 번째, 신유형 광고와 관련하여 전문인력을 확보하고 교육이 되도록 해야 한다. 관련 기관들이 인력들을 교육 시킬 수 있도록 프로그램들을 만들어야 한다. 향후 성장할 수 있는 광고는 가상공간을 기반으로 하는 메타버스 광고이기 때문에 이 광고가 발전할 수 있는 토대를 마련해야 할 것이다.

다섯 번째, 신유형 광고 데이터를 기반으로 하여 데이터 공유가 필요하다. 회사마다 광고 데이터 솔루션을 개발하겠지만 기본적인 내용은 공유하여 관련 주체들이 검증할 수 있도록 해야 한다. 이런 방향으로 진행된다면 지금보다 더 효율적인 광고를 할 수 있으리라 본다.

부록

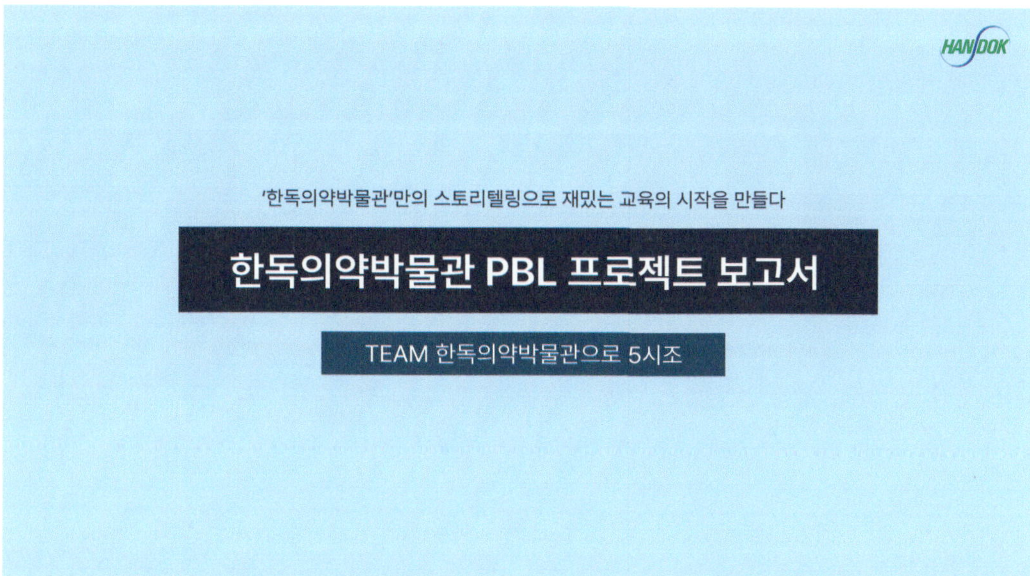
HANDOK
'한독의약박물관'만의 스토리텔링으로 재밌는 교육의 시작을 만들다
한독의약박물관 PBL 프로젝트 보고서
TEAM 한독의약박물관으로 5시조

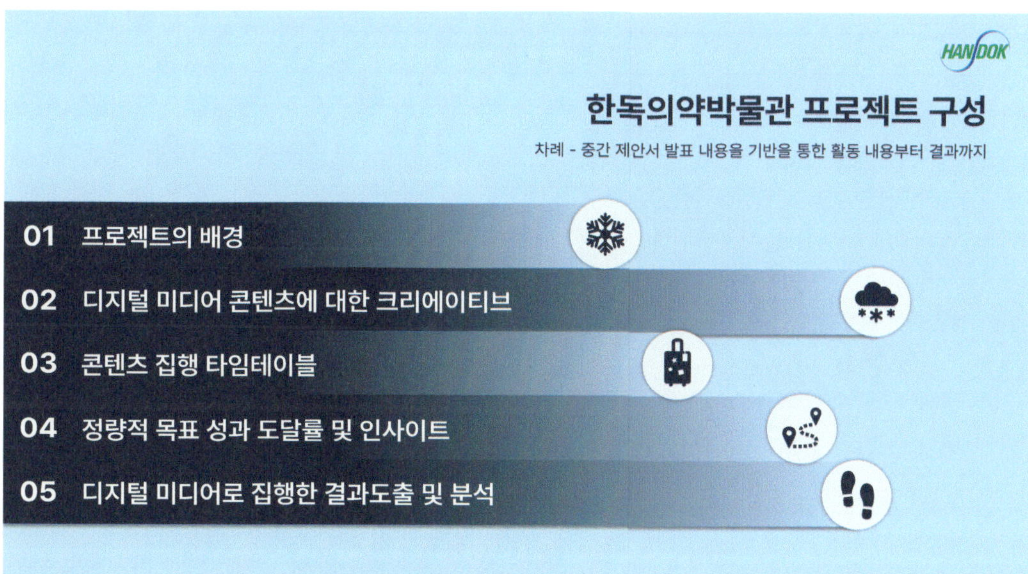
HANDOK
한독의약박물관 프로젝트 구성
차례 - 중간 제안서 발표 내용을 기반을 통한 활동 내용부터 결과까지
01 프로젝트의 배경
02 디지털 미디어 콘텐츠에 대한 크리에이티브
03 콘텐츠 집행 타임테이블
04 정량적 목표 성과 도달률 및 인사이트
05 디지털 미디어로 집행한 결과도출 및 분석

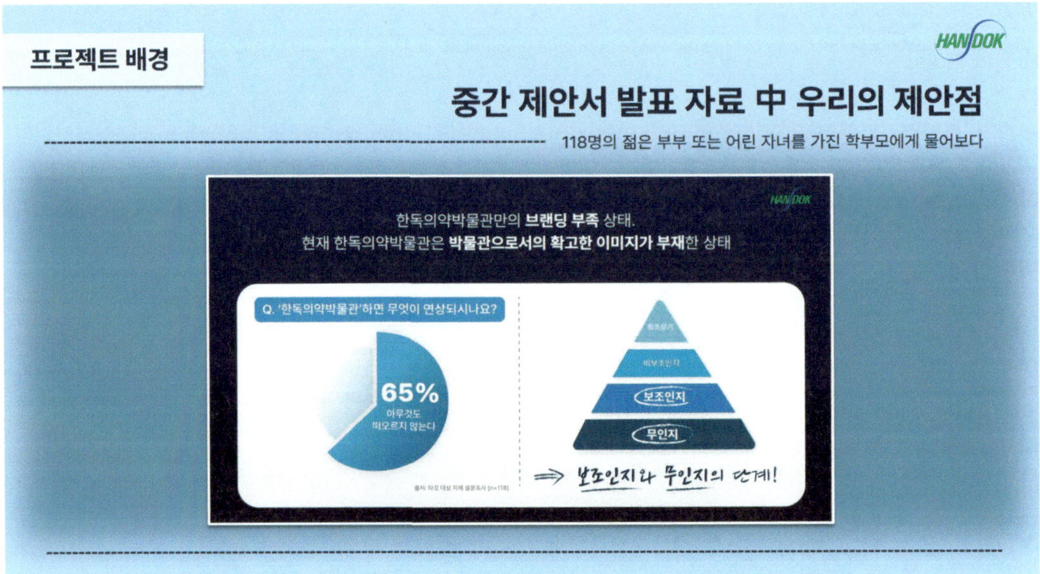
프로젝트 배경
HANDOK
중간 제안서 발표 자료 中 우리의 제안점
118명의 젊은 부부 또는 어린 자녀를 가진 학부모에게 물어보다
한독의약박물관만의 브랜딩 부족 상태.
현재 한독의약박물관은 박물관으로서의 확고한 이미지가 부재한 상태
Q. '한독의약박물관'하면 무엇이 연상되시나요?
65%
아무것도
떠오르지 않는다
보조인지
무인지
⇒ 보조인지와 무인지의 단계!

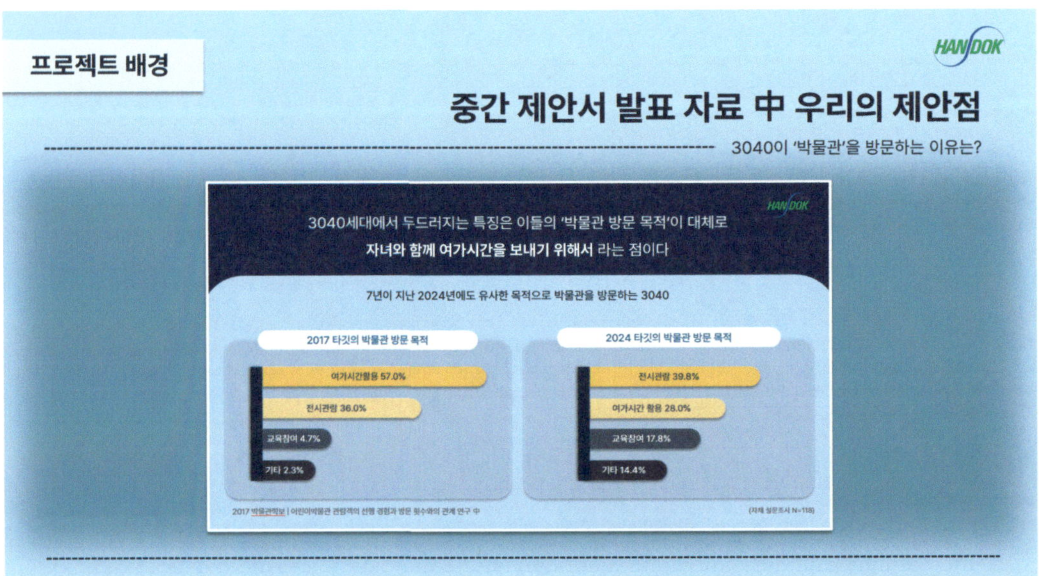
프로젝트 배경
HANDOK
중간 제안서 발표 자료 中 우리의 제안점
3040이 '박물관'을 방문하는 이유는?
3040세대에서 두드러지는 특징은 이들의 '박물관 방문 목적'이 대체로
자녀와 함께 여가시간을 보내기 위해서 라는 점이다
7년이 지난 2024년에도 유사한 목적으로 박물관을 방문하는 3040
2017 타깃의 박물관 방문 목적
여가시간활용 57.0%
전시관람 36.0%
교육참여 4.7%
기타 2.3%
2024 타깃의 박물관 방문 목적
전시관람 39.8%
여가시간 활용 28.0%
교육참여 17.8%
기타 14.4%

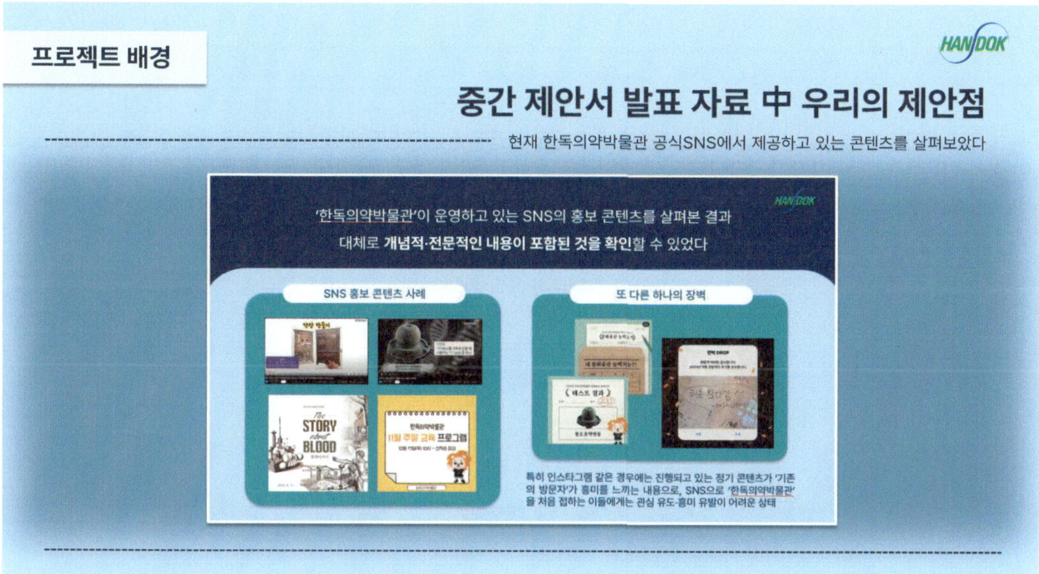
프로젝트 배경
HANDOK
중간 제안서 발표 자료 中 우리의 제안점
현재 한독의약박물관 공식SNS에서 제공하고 있는 콘텐츠를 살펴보았다
'한독의약박물관'이 운영하고 있는 SNS의 홍보 콘텐츠를 살펴본 결과
대체로 개념적·전문적인 내용이 포함된 것을 확인할 수 있었다
SNS 홍보 콘텐츠 사례
The STORY about BLOOD
한독의약박물관
11월 주말 교육 프로그램
또 다른 하나의 장벽
테스트 결과
특히 인스타그램 같은 경우에는 진행되고 있는 정기 콘텐츠가 '기존의 방문자'가 흥미를 느끼는 내용으로, SNS으로 '한독의약박물관'을 처음 접하는 이들에게는 관심 유도·흥미 유발이 어려운 상태

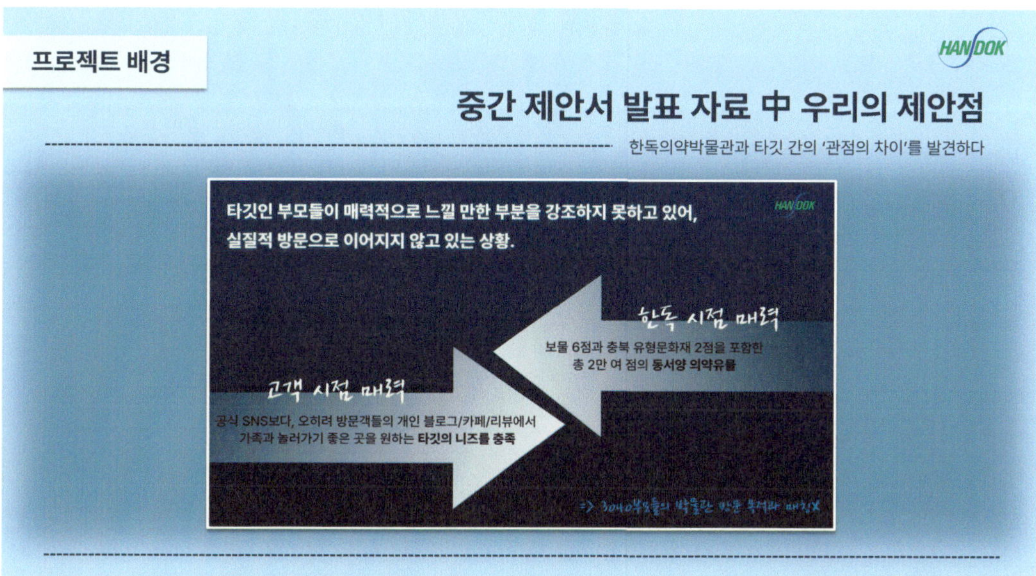
프로젝트 배경
HANDOK
중간 제안서 발표 자료 中 우리의 제안점
한독의약박물관과 타깃 간의 '관점의 차이'를 발견하다
타깃인 부모들이 매력적으로 느낄 만한 부분을 강조하지 못하고 있어,
실질적 방문으로 이어지지 않고 있는 상황.
한독 시점 매력
보물 6점과 충북 유형문화재 2점을 포함한
총 2만 여 점의 동서양 의약유물
고객 시점 매력
공식 SNS보다, 오히려 방문객들의 개인 블로그/카페/리뷰에서
가족과 놀러가기 좋은 곳을 원하는 타깃의 니즈를 충족
=> 3040부모들의 박물관 방문 목적과 매칭X

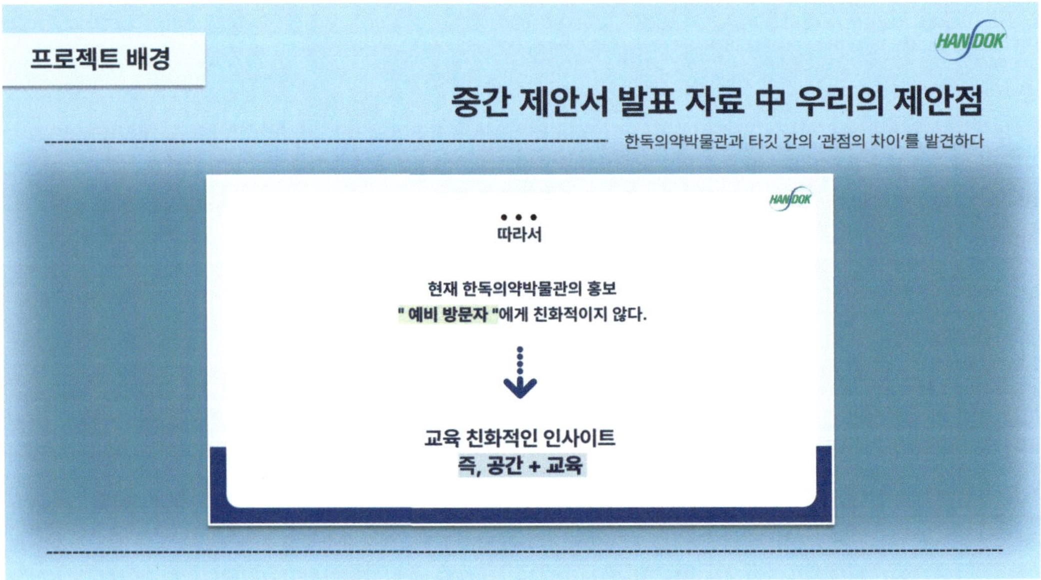
프로젝트 배경
HANDOK
중간 제안서 발표 자료 中 우리의 제안점
한독의약박물관과 타깃 간의 '관점의 차이'를 발견하다
따라서
현재 한독의약박물관의 홍보
" 예비 방문자 "에게 친화적이지 않다.
교육 친화적인 인사이트
즉, 공간 + 교육

여니의 공간
아기동자 여니와 함께하는
한독의약박물관

컨셉도출 | 크리에이티브

HANDOK

"아기동자 여니의 집에 놀러와"

안녕? 한독의약박물관에 내 친구들을 초대하겠다연!

"옛날 옛날에~"

어린 시절 어머니가 **자기 전에 들려주시던 옛날 이야기처럼**, 한독의약박물관에 방문하여 여니와 함께 지식을 쌓는 시간을 갖는 것을 목표로 한다

아이들의 눈높이로 '한독의약박물관'을 편안하고 재밌게 느낄 수 있도록 '여니'의 '집'에 놀러온 컨셉으로 서재, 온실, 약방 등 다양한 테마의 '방'을 SNS로 구현하여 흥미를 돋군다

크리에이티브

HANDOK

디지털 미디어 활용방안 및 전략

타깃의 눈높이에 맞춘 인터랙티브 마케팅 및 몰입감 있는 콘텐츠

흥미로운 정보전달	공감과 재미	타깃의 참여
카드뉴스	**숏폼 콘텐츠**	**이벤트**
#퀴즈형식 카드뉴스	#콘텐츠 체험 릴스	#팔로우 이벤트
#인스타툰	#인터랙티브 콘텐츠	#댓글 이벤트

진행 일정

Timetable 11월

SUN	MON	TUE	WED	THU	FRI	SAT
					1	2
3	4	5	6	7	8	9 초대장
10	11 팔로우 이벤트	12 릴스 1	13	14	15	16
17	18	19 릴스 2,3,4	20	21	22	23
24	25	26 릴스 5 & 이벤트 발표	27	28	29	30

Timetable 12월

SUN	MON	TUE	WED	THU	FRI	SAT
1	2	3	4	5	6 릴스 6	7
8	9	10 인스타툰 & 릴스 7	11	12	13	14 릴스 8
15	16	17 릴스 9	18	19 퍼즐 카드뉴스	20	21
22	23	24	25	26	27	28
29	30	31				

결과물

Our Project Contents

#카드뉴스 프로젝트 진행 결과물

#인스타툰

'여니'라는 캐릭터에 대한 스토리 형성 → 한독의약박물관에 대한 브랜드 이미지 구축

결과물

HANDOK

Our Project Contents

#카드뉴스 프로젝트 진행 결과물

#여니의방

결과물

HANDOK

Our Project Contents

#카드뉴스 프로젝트 진행 결과물

#여니의방

결과물
HANDOK
Our Project Contents
#숏폼 콘텐츠 프로젝트 진행 결과물
#팔로우 확보
#밈 활용
#교육 콘텐츠
#여행 컨셉
끈질기다
한독 너...
애 방학인데
어디 놀러가자!
두 동그라미에
혈액을 한 방울씩!
안산 ➡ 음성
1시간 48분 걸렸습니다

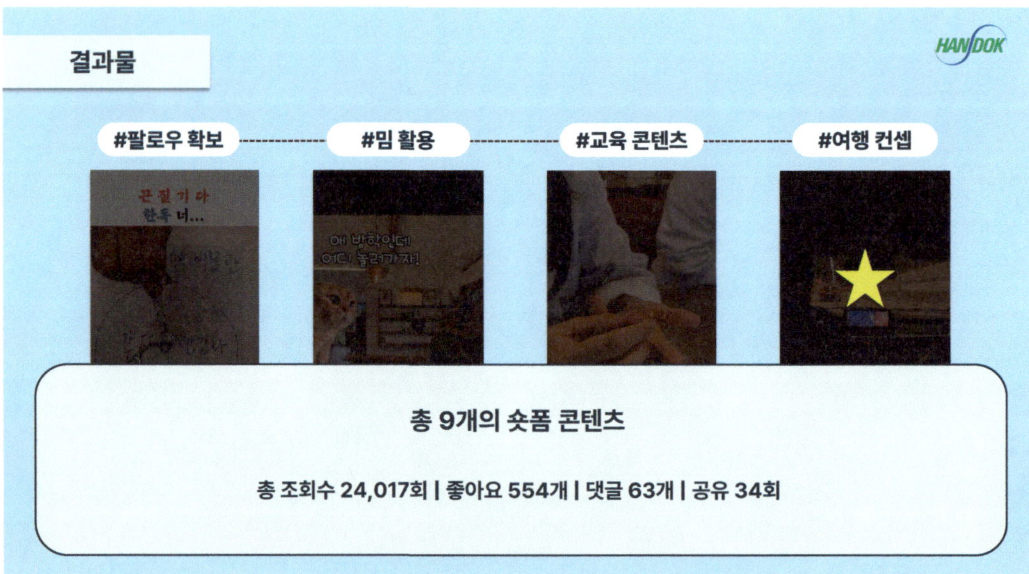
결과물
HANDOK
#팔로우 확보
#밈 활용
#교육 콘텐츠
#여행 컨셉
총 9개의 숏폼 콘텐츠
총 조회수 24,017회 | 좋아요 554개 | 댓글 63개 | 공유 34회

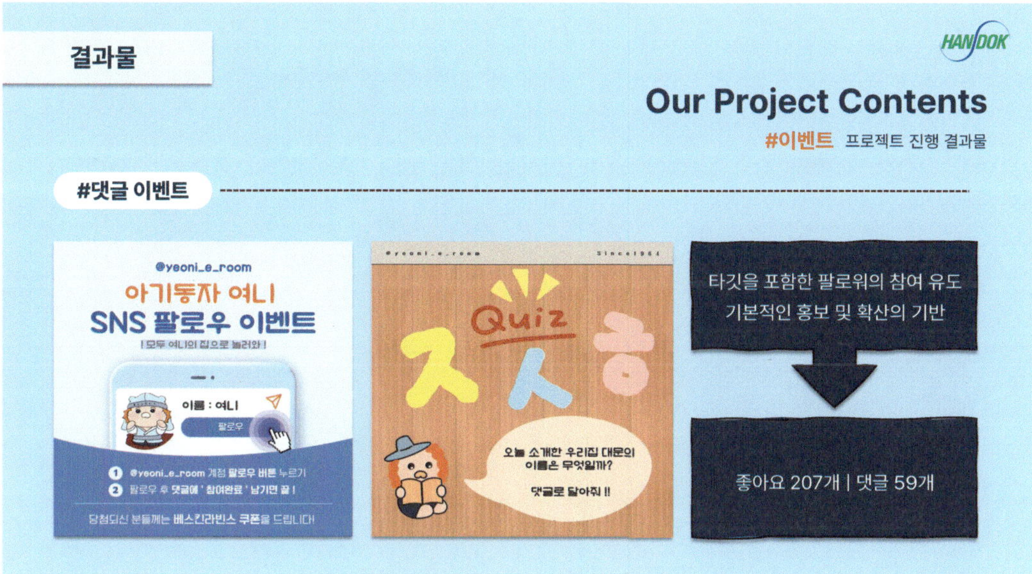
결과물
HANDOK
Our Project Contents
#이벤트 프로젝트 진행 결과물
#댓글 이벤트
@yeoni_e_room
아기동자 여니
SNS 팔로우 이벤트
| 모두 여니의 집으로 놀러와 |
이름 : 여니
팔로우
1 @yeoni_e_room 계정 팔로우 버튼 누르기
2 팔로우 후 댓글에 '참여완료' 남기면 끝!
당첨되신 분들께는 베스킨라빈스 쿠폰을 드립니다
Quiz
ㅈㅅㅎ
오늘 소개한 우리집 대문의 이름은 무엇일까?
댓글로 달아줘!!
타깃을 포함한 팔로워의 참여 유도
기본적인 홍보 및 확산의 기반
좋아요 207개 | 댓글 59개

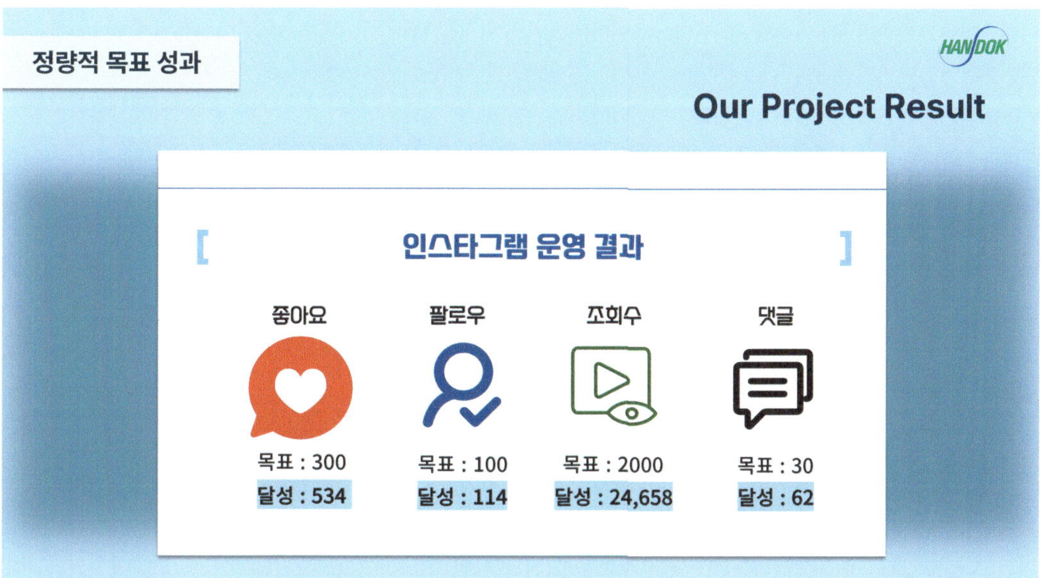
정량적 목표 성과
HANDOK
Our Project Result
[인스타그램 운영 결과]
좋아요
목표 : 300
달성 : 534
팔로우
목표 : 100
달성 : 114
조회수
목표 : 2000
달성 : 24,658
댓글
목표 : 30
달성 : 62

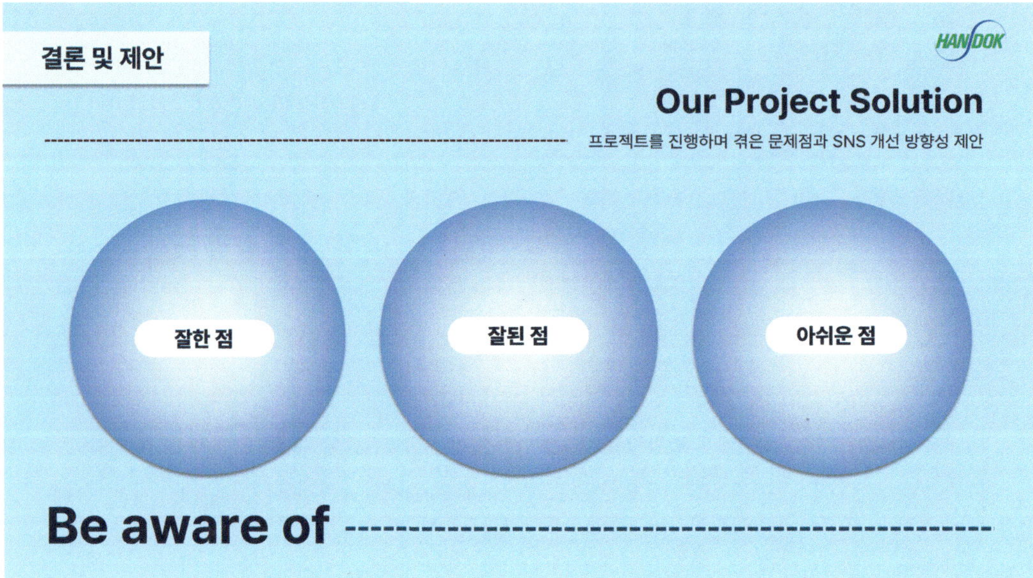
결론 및 제안
HANDOK
Our Project Solution
프로젝트를 진행하며 겪은 문제점과 SNS 개선 방향성 제안
잘한 점
잘된 점
아쉬운 점
Be aware of

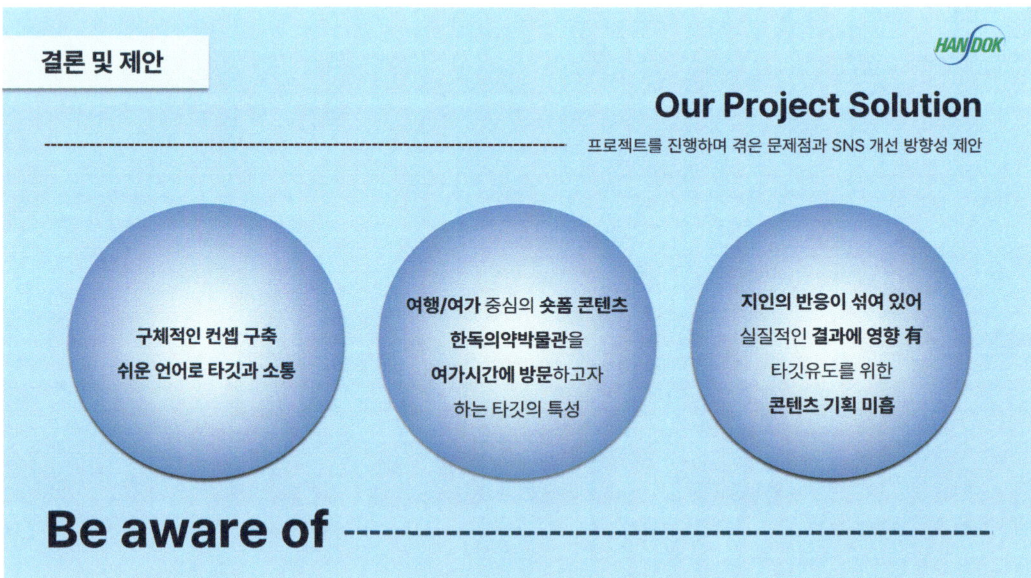
결론 및 제안
HANDOK
Our Project Solution
프로젝트를 진행하며 겪은 문제점과 SNS 개선 방향성 제안
구체적인 컨셉 구축
쉬운 언어로 타깃과 소통
여행/여가 중심의 숏폼 콘텐츠
한독의약박물관을
여가시간에 방문하고자
하는 타깃의 특성
지인의 반응이 섞여 있어
실질적인 결과에 영향 有
타깃유도를 위한
콘텐츠 기획 미흡
Be aware of

참고문헌

Chapter 1

1. 심성욱,김운한,신일기,김신엽,김상현 (2019). 인터랙티브광고론, 서울경제경영.
2. 강신규, 이해수 (2020). 미디어· 광고산업 혁신성장을 위한신유형광고 진흥방안, 한국방송광고진흥공사 연구보고서.

Chapter 2

1. Wunderkind (2023). homepage. https://www.wunderkind.co/
2. eMarketer (2022). Programmatic Digital Display Advertising in 2022: Ad spend, formats, and forecast, https://www.insiderintelligence.com/insights/programmatic-digital-display-ad-spending/
3. eMarketer (2022). Programmatic Digital Display Advertising in 2022: Ad spend, formats, and forecast, https://www.insiderintelligence.com/insights/programmatic-digital-display-ad-spending/
4. 아이지에이웍스 (2020). 2020 상반기 대한민국 모바일 앱 랜드스케이프, https://www.igaworksblog.com/post/2020-%EC%83%81%EB%B0%98%EA%B8%B0-%EB%8C%80%ED%95%9C%EB%AF%BC%EA%B5%AD-%EB%AA%A8%EB%B0%94%EC%9D%BC-%EC%95%B1- %EB%9E%9C%EB%93%9C%EC%8A%A4%EC%BC%80%EC%9D%B4%ED%94%84
5. 한결, 김희현. (2021). Z세대 타깃 디지털 광고 전략 연구- 시세이도 츠바키의 유튜브 동영상 광고 사례를 중심으로, 브랜드디자인학연구, 19(1), 17-28.

6. 김지원 (2020). Z세대의 패션 숏폼 콘텐츠 소비와 관련 요인에 대한 질적 연구. 석사 학위논문 연세대학교 대학원.

7. 아이지에이웍스 (2022). 2022 상반기 대한민국 모바일 앱 랜드스케이프,

https://landscape.mktcloud.igaworks.com/

8. 김동호 (2022). 디지털광고시장, '경계없는 마케팅(Boundaryless Marketing)' 으로 나간다, https://www.sedaily.com/NewsView/261039L1RB.

9. PwC Korea Insight Flash (2023). ChatGPT, 기회인가위협인가: ChatGPT 이해와 영향분석, 삼일PWC경영연구원.

10. 인사이트42 (2023). 외신 "챗지피티가 '검색의 왕' 구글에 위기 초래", https://www.tech42.co.kr/%EC%99%B8%EC%8B%A0-%EC%B1%97%EC%A7%80%ED%94%BC%ED%8B%B0%EA%B0%80-%EA%B2%80%EC%83%89%EC%9D%98-%EC%99%95-%EA%B5%AC%EA%B8%80%EC%97%90-%EC%9C%84%EA%B8%B0-%EC%B4%88%EB%9E%98/

11. 에이빙(AVING)(https://kr.aving.net)

https://kr.aving.net/news/articleView.html?idxno=1776960.

12. 매드타임스 (2023). 광고 및 기술 전문가들이 예측하는 광고 분야 AI의 미래, https://www.madtimes.org/news/articleView.html?idxno=17706.

13. 매드타임스 (2023). 광고 및 기술 전문가들이 예측하는 광고 분야 AI의 미래, https://www.madtimes.org/news/articleView.html?idxno=17706.

14. 김용환 (2020). 데이터기반 마케팅과 빅데이터 그리고 광고, 디지털변화속 광고PR 산업: 현재와 미래. 한국광고홍보학회. 학지사.

15. 김용환 (2020). 데이터기반 마케팅과 빅데이터 그리고 광고, 디지털변화속 광고PR 산업: 현재와 미래. 한국광고홍보학회. 학지사.

Chapter 3

1. Aiolfi, S., Bellini, S., & Pellegrini, D. (2021). Data-driven digital advertising: benefits and risks of online behavioral advertising. International Journal of Retail & Distribution Management.

2. Kerr, G., & Richards, J.I. (2021). Redefining advertising in research and practice. International Journal of Advertising, 40, 175 – 198.

3. Kumar, V., & Gupta, S. (2016). Conceptualizing the evolution and future of advertising. Journal of Advertising, 45(3), 302–317.

4. Taylor, C.R., & Carlson, L.C. (2021). The future of advertising research: new directions and research needs. Journal of Marketing Theory and Practice, 29, 51 – 62.

5. 김병희, 손영곤 (2023). 광고생태계변화에 따른 광고산업 통계조사 개선방안, 한국광고총연합회

6. Taylor, C.R., & Carlson, L.C. (2021). The future of advertising research: new directions and research needs. Journal of Marketing Theory and Practice, 29, 51 – 62.

7. 변상규(2015). 신유형광고유형 분석 및 정책 연구. 정보통신정책학회.

8. 이종원, 주성희, 곽동균, 홍석영, 송민선, 진전은영(2017). Mega FTA 시대의 신유형 서비스(스마트미디어, 광고 등) 규범체계 및 스마트미디어 콘텐츠 규제에 관한 연구, 미래창조과학부 연구보고서.

9. 강신규, 이해수 (2020). 미디어· 광고산업 혁신성장을 위한신유형광고 진흥방안, 한국방송광고진흥공사 연구보고서.

10. 변상규(2015). 신유형광고유형 분석 및 정책 연구. 정보통신정책학회.

11. IAB (2017. 7). IAB Releases New Ad Portfolio with Flexible Ad Sizes in Alignment with LEAN Principles. Retrieved from https://www.iab.com/news/new-ad-portfolio-release/

Chapter 4

1. 김병희, 손영곤 (2023). 광고생태계변화에 따른 광고산업 통계조사 개선방안, 한국광고총연합회

2. CJ홈페이지 (2025). NEWSROOM, CJ올리브영, 전국매장에 '체험형 뷰티 서비스' 확산한다.

3. 이노션 홈페이지 (2025). 이노션, 삼양식품 '불닭소스'글로벌 캠페인 온에어 2. 윤민혁 (2023. 12). 애플 '비전 프로' 2월 출시說… 메타버스 침체 반전될까. Retrieved from https://www.sedaily.com/NewsView/29YLI692HT

4. Forbusiness 홈페이지 (2025). https://forbusiness.snapchat.com/inspiration/nike-new-york-augmented-reality

5. 이지수(2021. 11.)나이키, 로블록스에 가상 '나이키랜드' 세웠다. Retrieved from https://www.ktnews.com/news/articleView.html?idxno=121694.

6. 매드타임스 (2021). [해외 크리에이티브] 코카콜라, NFT 기념품을 갖고 메타버스 세계로 들어가다, https://www.madtimes.co.kr/news/articleView.html?idx-no=9005.

7. 이솔 (2023. 6.) '나이키를 찾아라' 포트나이트, 나이키와 이색 콜라보. https://www.mhnse.com/news/articleView.html?idxno=196699

8. 신지형 2022. 디지털 환경에서 광고 시장의 변화: 메타버스, 어드레서블 TV 광고를 중심으로 (KISDI)

9. 현대자동차 홈페이지

10. 신지형 2022. 디지털 환경에서 광고 시장의 변화: 메타버스, 어드레서블 TV 광고를 중심으로 (KISDI)

11. 이성관 (2022.8.). '메타버스 서울'1단계 서비스 테스트 오픈… 향후 행정 서비스로 확장. https://www.aitimes.com/news/articleView.html?idxno=146539

Chapter 5

1. InfluencerMarketingHub(2025). Discover The Top 12 Virtual Influencers for 2025 – Listed and Ranked!, https://influencermarketinghub.com/virtual-influencers/

2. InfluencerMarketingHub(2025). Discover The Top 12 Virtual Influencers for 2025 – Listed and Ranked!, https://influencermarketinghub.com/virtual-influencers/

3. 서송이(2025). 가상 인플루언서의 인간 유사성과 광고 효과, 조형미디어학 28(1), 125-132.

4. 염동섭(2025). 가상 인간 인플루언서의 인간 유사성이 소비자 태도에 미치는 영향: 매력성과 호기심의 이중직렬매개효과를 중심으로, 비즈니스융복합연구 19(2), 175-181.

5. 한국방송광고진흥공사. (2022). 2022 방송통신광고비 조사 보고서.

6. Amazon Ads. (2022. 9). 6 ways virtual product placement (beta) can help advertisers grow their brand. Retrieved from https://advertising.amazon.com/blog/virtual-product-placement

Chapter 6

1. IAB (2018). Advanced TV targeting. Retrieved from HYPERLINK "https//www.iab.com/wp-content/uploads/2018/11/IAB_Advanced_TV_Targeting_2018-11.pdf"https://www.iab.com/wp-content/uploads/2018/11/IAB_Advanced_TV_Targeting_2018-11.pdf

2. IAB. (2023). 2022 Video Ad Spend &2023 Outlook: Defining the Next Generation. Retrieved from https://www.iab.com/wp-content/uploads/2023/04/2023_IAB_Video_Ad_Spend_Report.pdf

3. 한국방송광고진흥공사. (2022). 2022 방송통신광고비 조사 보고서.

4. 박종구 (2021). TV광고의 진화: '어드레서블' TV광고. 한국광고학회(편), <광고의 미래: 넥스트 10년>. (220-237쪽). 서울: 학지사.

5, 한국방송광고진흥공사. (2022). 2022 방송통신광고비 조사 보고서.

6. 홍문기 (2015) 신 유형 스마트 광고시대의 방송광고 시장 활성화 연구 : 유럽과 한국의 방송광고 규제완화 정책 방향 비교, 광고PR실학연구, 8:3, 191-228

7. 신지형 2022. 디지털 환경에서 광고 시장의 변화: 메타버스, 어드레서블 TV 광고를 중심으로 (KISDI)

8. 신지형 2022. 디지털 환경에서 광고 시장의 변화: 메타버스, 어드레서블 TV 광고를 중심으로 (KISDI)

9. 아이지에이웍스 (2021.7). 아이지에이웍스-KT, TV-모바일 간 데이터 '초협력' 시대 연다. HYPERLINK "https//www.igaworksblog.com/post/아이지에이웍스-kt-tv-모바일-간-데이터-초협력-시대-연다"https://www.igaworksblog.com/post/아이지에이웍스-kt-tv-모바일-간-데이터-초협력-시대-연다

10. 정은경. (2022. 6). SK브로드밴드, 4140만 롯데멤버스 회원 데이터로 어드레서블 TV 광고 경쟁력 높인다. https://www.fntimes.com/html/view.php?ud=202206210955287600645ffc9771_18

11. 나현준. (2022.7.) LG유플, 광고와 쇼핑 통합한 플랫폼 추진. HYPERLINK "https//www.mk.co.kr/news/it/10381643"https://www.mk.co.kr/news/it/10381643

12. 나스미디어 (2023. 3). 나스리포트 338호_어드레서블TV 광고 집행 사례. Retrieved from https://www.nasmedia.co.kr/wp-content/uploads/2023/02/5.nasreport338-IPTV_CASE_STUDY_Addressable_TV_성공사례편_2302.pdf

13. Amazon Ads. (2022. 9). 6 ways virtual product placement (beta) can help advertisers grow their brand. Retrieved from https://advertising.amazon.com/blog/virtual-product-placement

14. Rodgers, S. (2021). Themed Issue Introduction: Promises and Perils of Artificial Intelligence and Advertising. Journal of Advertising, 50(1), 1_10.

-> https://www.tandfonline.com/doi/full/10.1080/00913367.2020.1868233

15. 정원준, 이정일, 김병희(2020). 인공지능(AI) 스피커의 사회적 가치 실현 가능성 예측 : 머신러닝 알고리즘의 적용 https://kiss.kstudy.com/Detail/Ar?key=4060073

16. 박종구 (2023). 생성형 인공지능과 광고, AD & Media Trend Report, Vol. 2, 1-31.

17. 정원준, 이정일, 김병희(2020). 인공지능(AI) 스피커의 사회적 가치 실현 가능성 예측 : 머신러닝 알고리즘의 적용 https://kiss.kstudy.com/Detail/Ar?key=4060073

18. 정원준, 이정일, 김병희(2020). 인공지능(AI) 스피커의 사회적 가치 실현 가능성 예측 : 머신러닝 알고리즘의 적용 https://kiss.kstudy.com/Detail/Ar?key=4060073

19. 박종구 (2022). 디지털 전환시대, 방송광고의 진화. <Media Issue & Trend>, 52호, 86-99. 나주시: 한국방송통신전파진흥원. Retrieved from HYPERLINK "https//www.kca.kr/Media_Issue_Trend/vol52/download/KCA_Media_Issue_Trend_vol52_Ad_Teck_01.pdf"https://www.kca.kr/Media_Issue_Trend/vol52/download/KCA_Media_Issue_Trend_vol52_Ad_Teck_01.pdf

20. 박종구 (2023). 생성형 인공지능과 광고, AD & Media Trend Report, Vol. 2, 1-31.

21. HSAD Blog. (2018). 2등입니다. 그래서 더 열심히 할 수밖에 없습니다. HYPERLINK "https//blog.hsad.co.kr/2646\?category=588512"https://blog.hsad.co.kr/2646?category=588512

22. 세일즈포스 (2023). 세일즈포스 라이브 코리아 2023 컨퍼런스.

23. Jeff (2023. 4.) How AI could power advertising's next creative revolution. HYPERLINK "https//www.fastcompany.com/90885615/ai-advertising-next-creative-revolution"https://www.fastcompany.com/90885615/ai-advertising-next-creative-revolution

Chapter 7

1. 카카오모빌리티 (2022). 카카오모빌리티 광고상품소개서.

2. 정유림 (2021.6.). 택시표시등 디지털광고 모토브, 시리즈B 110억 투자 유치. https://www.digitaltoday.co.kr/news/articleView.html?idxno=404647.

3. 정유림 (2021.6.). 택시표시등 디지털광고 모토브, 시리즈B 110억 투자 유치. https://www.digitaltoday.co.kr/news/articleView.html?idxno=404647.

Chapter 8

1. 뉴닉 (2024). 아마존도 눈독 들이는 '리테일 미디어' 뜯어보기, HYPERLINK "https//newneek.co/@techsnack/article/11998"https://newneek.co/@techsnack/article/11998.

2. 뉴닉 (2024). 아마존도 눈독 들이는 '리테일 미디어' 뜯어보기, HYPERLINK "https//newneek.co/@techsnack/article/11998"https://newneek.co/@techsnack/article/11998.

3. Statista (2025). https://www.statista.com/outlook/amo/media/tv-video/ott-video/ott-video-advertising/worldwide.

4. Coherent Market Insight (2025). https://www.coherentmarketinsights.com/market-insight/avod-services-market-6128.

5. 넷플릭스 (2023). 광고상품소개서

6. The Synthetic Mind (2025). 아마존 프라임비디오에 CTV광고 3종 신규도입, https://featureless.tistory.com/309.

7. The Synthetic Mind (2025). 아마존 프라임비디오에 CTV광고 3종 신규도입, https://featureless.tistory.com/309

Chapter 9

1. www.iab.net

2. 나스리포트(2025). 디지털미디어 마케팅 전망.

3. InfluencerMarketingHub(2025). Meta Unveils New AI-Powered Ad Tools to Enhance Engagement and Drive Sales, https://influencermarketinghub.com/meta-ai-powered-ad-tools/
4. SocialMediaToday (2025). Meta Adds a Range of AI-Powered Ad Updates for Facebook and Instagram, https://www.socialmediatoday.com/news/meta-announces-ai-ad-updates-ads-in-notifications/743262/

Chapter 10

1. AXINSIGHTS(April 19, 2024). An Expert's Guide to Programmatic Targeting. https://insights.audiencex.com/programmatic-targeting/
2. 오픈애즈(2023, 11월 23일). 프로그래매틱 광고에서의 퍼스트파티 데이터 활용 방법. https://www.openads.co.kr/content/contentDetail?contsId=11971,
3. AXINSIGHTS(April 19, 2024). An Expert's Guide to Programmatic Targeting. https://insights.audiencex.com/programmatic-targeting/
4. AXINSIGHTS(April 19, 2024). An Expert's Guide to Programmatic Targeting. https://insights.audiencex.com/programmatic-targeting/
5. Mediajel(2025). The Top 5 Benefits of Programmatic Advertising. https://www.mediajel.com/blogs/top-5benefits-of-programmatic-advertising.
6. Power(February 20, 2025). Using Programmatic Data to Optimize Search. https://powerdigitalmarketing.com/blog/using-programmatic-data-to-optimize-search/
7. 월드 가든(walled garedn): 광고주가 사용자 데이터에 대한 접근이 제한되고, 광고 성과를 측정한는 방식도 제한적인 폐쇄형 디지털 플랫폼을 의미함. 대표적으로 페이스북, 구글, 아마존 등이 있음
8. 오픈애즈(2025. 04월 03일). 월드 가든 (walled garden) 의존도를 낮추고 광고 노출을 다각화 하는 방법. https://openads.co.kr/content/contentDetail?con-

tsId=15724.

8. Pixis(14 February, 2025). DCO Marketing: How It Supports Real-Time Ad Personalization. https://pixis.ai/blog/dco-marketing.

9. Improvado(July 1, 2025). Dynamic Creative Optimization: Best Platforms & Tips 2025. https://improvado.io/blog/dynamic-creative-optimization-dco-guide.

10. Improvado(July 1, 2025). Dynamic Creative Optimization: Best Platforms & Tips 2025. https://improvado.io/blog/dynamic-creative-optimization-dco-guide.

11. 매일경제(2017.05.24.). 대선때 빛 발한 디지털 마케팅 기법, A/B 테스팅. https://www.mk.co.kr/news/business/7834043.

12. 매일경제(2017.05.24.). 대선때 빛 발한 디지털 마케팅 기법, A/B 테스팅. https://www.mk.co.kr/news/business/7834043.

13. Pixis(14 February, 2025). DCO Marketing: How It Supports Real-Time Ad Personalization. https://pixis.ai/blog/dco-marketing.

14. Amazon ads(2025). 동적 크리에이티브 최적화(DCO): 정의, 예시, 팁 HYPERLINK "https//advertising.amazon.com/ko-kr/library/guides/dco-dynamic-creative-optimization"https://advertising.amazon.com/ko-kr/library/guides/dco-dynamic-creative-optimization.

15. Pixis(14 February, 2025). DCO Marketing: How It Supports Real-Time Ad Personalization. https://pixis.ai/blog/dco-marketing

Chapter 12

1. 방송통신위원회 (2024). 2024 방송통신광고조사 보고서.

2. PWC(2010), Measuring the effectiveness of online advertising. https://www.yumpu.com/en/document/read/29903329/measuring-the-effective-

ness-of-online-advertising-pwc

3. xica(2025). What is advertising effectiveness measurement? https://xica.net/en/xicaron/what-is-advertising-effectiveness-measurement/

Chapter 13

1. AIMTechnolgies (2025). https://www.aimtechnologies.co/social-media-marketing-analytics-the-digital-success-story/
2. Slingshot (2025). https://www.slingshotapp.io/ko/blog/managing-your-social-media-ads.
3. Almabetter (2025). https://www.almabetter.com/bytes/articles/case-study-of-coca-cola.
4. Almabetter (2025). https://www.almabetter.com/bytes/articles/case-study-of-coca-cola.
5. 틱톡 (2025). 틱톡홈페이지.

Chapter 14

1. 고문석(2023). 최초의 옥외광고량 조사 멀지 않았다, KAA Journal. HYPERLINK "https//www.kaa.or.kr/k/mag/2023/09_10/KAA_journal_2023_09_10_60.pdf"https://www.kaa.or.kr/k/mag/2023/09_10/KAA_journal_2023_09_10_60.pdf.
2. Stackadapt(November 13, 2024). How to Measure Your DOOH Campaign: Metrics, Methods, and Tips. https://www.stackadapt.com/resources/blog/dooh-measurement-methods-performance-metrics.
3. WARC(Q2, 2022) The Advertising Association/ WARC Expenditure Report.
4. Blipbillboards(March 26, 2025). Behavioral Targeting in OOH: 5 Case

Studies. https://www.blipbillboards.com/blog/behavioral-targeting-in-ooh-5-case-studies.

5. Blipbillboards(March 26, 2025). Behavioral Targeting in OOH: 5 Case Studies. https://www.blipbillboards.com/blog/behavioral-targeting-in-ooh-5-case-studies.

6. BrandXR (2025). Ultimate Guide to Augmented Reality Advertising: Transforming OOH for the Digital Age, https://www.brandxr.io/ultimate-guide-to-augmented-reality-advertising-transforming-ooh-for-the-digital-age.

7. 뉴스아이에스(2022, 12월 10일). '넥슨 '메이플스토리M' 싱가포르 캠페인'…"2022 대한민국 디지털 광고 대상" 금상 수상 영예. https://www.newsiesports.com/news/articleView.html?idxno=2191.

8. Agilityads (2025). What is Geofencing? Advantages & Disadvantages. HYPERLINK "https//agilityads.com/blog/what-isgeofencing"https://agilityads.com/blog/what-is-geofencing.

9. Agilityads (2025). What is Geofencing? Advantages & Disadvantages. HYPERLINK "https//agilityads.com/blog/what-isgeofencing"https://agilityads.com/blog/what-is-geofencing.

10. Agilityads (2025). What is Geofencing? Advantages & Disadvantages. HYPERLINK "https//agilityads.com/blog/what-isgeofencing"https://agilityads.com/blog/what-is-geofencing.

11. Demandlocal(January 13, 2020). Ethics in Geofencing: Post GDPR & CCPA. https://www.demandlocal.com/blog/ethics-in-geofencing/

12. Demandlocal(January 13, 2020). Ethics in Geofencing: Post GDPR & CCPA. https://www.demandlocal.com/blog/ethics-in-geofencing/

13. Exchangewire(24th Jul 2025). "Programmatic DOOH is Rapidly Gaining Favour with Digitally Focussed Marketers": JCDecaux's Mark Halli-

day on Omnichannel Effectiveness. https://www.exchangewire.com/blog/2025/07/24/programmatic-dooh-is-rapidly-gaining-favour-with-digitally-focussed-marketersjcdecauxs-mark-halliday-on-omnichannel-effectiveness-2/

14. 아이보스(2024, 08월 29일). 메타 광고처럼, 성과 측정이 가능한 옥외광고, HYPERLINK “https//www.i-boss.co.kr/ab-614164839”https://www.i-boss.co.kr/ab-614164839.

15. 천용석, (2017). 디지털사이니지 산업 육성을 위한 지방정부 역할론 제시, 정보통신정책 29(14), 1-19.

16. 이형민, 김신엽, 천용석. (2019). OOH(Out-of-Home) 광고 매체 유효접촉인구의 과학적 측정 : WiFi 감지 기술과 수용자 시선 행태 측정(Eye-tracking) 기술의 복합 적용 사례 연구. 언론과학연구, 19(2), 70-111.

17. 미디어투데이(2023, 08월 28일). [2023 미디어의 미래] 디지털 기술 만난 옥외광고의 변신. https://www.mediatoday.co.kr/news/articleView.html?idxno=312119.

18. Movingwalls(September 6, 2023). McDonald’s Uses Dynamic DOOH to Unlock Deals Based on Real-Time Weather Conditions in The Philippines. https://www.movingwalls.com/case-studies/mcdonalds-uses-dynamic-dooh-to-unlock-deals-based-on-real-time-weather-conditions-in-the-philippines/

19. Blipbillboards(March 26, 2025). Behavioral Targeting in OOH: 5 Case Studies. https://www.blipbillboards.com/blog/behavioral-targeting-in-ooh-5-case-studies.

20. 미디어투데이(2023, 08월 28일). [2023 미디어의 미래] 디지털 기술 만난 옥외광고의 변신. https://www.mediatoday.co.kr/news/articleView.html?idxno=312119.

21. Datarian(2023, 8월 17일). 상품 구매 주기별 엘리베이터TV 집행 성공 사례.

https://datarian.io/blog/elevator-tv-execution-best-practices-by-purchase-cycle

22. Datarian(2023, 8월 17일). 상품 구매 주기별 엘리베이터TV 집행 성공 사례. https://datarian.io/blog/elevator-tv-execution-best-practices-by-purchase-cycle
23. 김신엽, 심성욱(2019). 디지털 옥외광고 매체 효과 측정 모델 개발에 관한 연구:옥상형과 벽면형을 중심으로. 한국광고홍보학보. 21(4). 99-134.
24. 오픈애즈(2025, 5월 21일). 옥외광고도 이제 데이터로 측정 가능한 이유(feat. 브랜드 서베이, 타겟 전략, 성과측정 솔루션). https://openads.co.kr/content/contentDetail?contsId=16286.
25. 오픈애즈(2025, 5월 21일). 옥외광고도 이제 데이터로 측정 가능한 이유(feat. 브랜드 서베이, 타겟 전략, 성과측정 솔루션). https://openads.co.kr/content/contentDetail?contsId=16286.
26. System1group(2025). How to measure OOH advertising: OOH measurement with System1. HYPERLINK "https//system1group.com/how-to-measure-ooh-advertising"https://system1group.com/how-to-measure-ooh-advertising.
27. Thewatermelon(2020). Porsche Taycan Launching Campaign. HYPERLINK "https//thewatermelon.com/work/276"https://thewatermelon.com/work/276.
28. Movingwalls(September 6, 2023). McDonald's Uses Dynamic DOOH to Unlock Deals Based on Real-Time Weather Conditions in The Philippines. https://www.movingwalls.com/case-studies/mcdonalds-uses-dynamic-dooh-to-unlock-deals-based-on-real-time-weather-conditions-in-the-philippines/

Chapter 16

1. 강신규, 이해수 (2020). 미디어· 광고산업 혁신성장을 위한신유형광고 진흥방안, 한국방송광고진흥공사 연구보고서

2. Forbes (2023. 11). The Fourth Wave Of Advertising Will Crest In 2024: Are Advertisers Ready To Ride It To Success?. Retrieved from https://www.forbes.com/sites/forbesbusinesscouncil/2023/09/05/the-fourth-wave-of-advertising-will-crest-in-2024-are-advertisers-ready-to-ride-it-to-success/?sh=ac05da465b2d

3. Forbes (2023. 11). The Fourth Wave Of Advertising Will Crest In 2024: Are Advertisers Ready To Ride It To Success?. Retrieved from https://www.forbes.com/sites/forbesbusinesscouncil/2023/09/05/the-fourth-wave-of-advertising-will-crest-in-2024-are-advertisers-ready-to-ride-it-to-success/?sh=ac05da465b2d

4. 박종구, 강신규 (2016). 방송통신융합시대 신유형광고 법제 정비방안 연구: 방송법령 및 미디어렙법 개정방안을 중심으로, 한국방송광고진흥공사 연구보고서.

5. CB Insights. (2022). M&A trend archives. HYPERLINK "https//www.cbinsights.com/research/ma-trend/"https://www.cbinsights.com/research/ma-trend/

6. 노유정 (2022). 이노션·제일기획, 다음 격전지는 가상현실. 한경닷컴, https://www.hankyung.com/economy/article/202203222909

7. 노유정 (2022). 이노션·제일기획, 다음 격전지는 가상현실. 한경닷컴, https://www.hankyung.com/economy/article/202203222909

8. 나스미디어 (2025). 디지털 미디어 & 마케팅 전망 보고서.

9. 신원수 (2023). 개인인터뷰

신유형 광고와 데이터 활용

2026년 1월 2일 | 제1판 1쇄 인쇄
2026년 1월 9일 | 제1판 1쇄 발행

지 은 이　심성욱
발 행 인　이민동
발 행 처　(주)서울경제경영출판사
북 디 자 인　에이팩토리

주　소　03767 서울특별시 서대문구 신촌로 205, 201호
전　화　02) 313-2682
팩　스　02) 313-8860
등　록　1998년 1월 12일 제5-63호

ISBN 979-11-6282-142-8　93320
정가 27,000원

※ 이 출판물은 한양대학교 교내연구지원 사업으로 연구됨(HY-2024-1850)
※ 파본은 바꾸어 드립니다.